Je vous écris de Téhéran

DU MÊME AUTEUR

Jeunesse d'Iran
Les voix du changement
(direction d'ouvrage)
Autrement, 2001

Les Pintades à Téhéran
Chroniques de la vie des Iraniennes, leurs adresses, leurs bons plans
Le Livre de poche, 2009

Moi Nojoud, 10 ans, divorcée
(en collaboration avec Nojoud Ali)
J'ai lu, 2009

Tripoliwood
Grasset, 2011

DELPHINE MINOUI

Je vous écris de Téhéran

ÉDITIONS DU SEUIL
25, bd Romain-Rolland, Paris XIVe

ISBN 978-2-02-122357-6

www.seuil.com

À ma fille, Samarra

Téhéran, 25 juin 2009.

Le taxi roule le long de lignes grises. C'est tout ce qu'on perçoit dans l'obscurité : des lignes grises, à perte de vue, qui balisent la route de l'aéroport. Derrière la vitre, la nuit dévore les derniers mots entendus. Combien sont-ils à encore oser crier « Allah-o-Akbar » (« Dieu est plus grand ») et « Mort au dictateur » sur les toits de Téhéran ?

Ceci n'est pas un article – il est mort-né. Juste une pensée. Une pensée qui défile à la vitesse du taxi le long de ces lignes grises qui n'en finissent pas de s'étirer. Cette fois-ci, ce n'est pas un faux départ. Je m'en vais pour de bon.

Les minutes s'écoulent, semblables à des heures. C'est si long une route d'aéroport, quand on roule vers l'inconnu. On avance, on rembobine. On pense aux disparus, aux amis qui ne répondent plus aux appels. Aux taches de sang sur la chaussée. Aux rêves assassinés. Aux menaces gravées sur du papier. Aux récits qu'on ne pourra plus relayer. Et cette peur dont on ne parvient pas à se débarrasser. Elle est inévitable, la peur. Elle ne s'apprivoise pas. C'est comme apprendre à nager plus vite que le courant. On coule, on se ressaisit. Jusqu'à la noyade.

Soudain, les lignes grises se perdent sous un faisceau de lumière aveuglant. Je lève la tête. Nous sommes arrivés à l'aéroport. Surtout, ne pas regarder en arrière. Descendre du taxi, comme si de rien n'était. Tirer la valise, la seule qu'on a pu sauver. Passer aux rayons X. Endurer les pressions gantées de la policière voilée. Au contrôle, présenter son passeport, l'iranien, pas le français. Dissimuler la boule d'angoisse sous un coin du foulard. Rejoindre à pas serrés la salle d'embarquement. Monter dans l'avion sans courir. Sans courir, attention. S'asseoir dans l'appareil. Prier pour la fermeture imminente des portes, prier pour qu'elles se ferment avant l'irruption des agents de la sécurité…

L'avion décolle. Enfin ! Vu du ciel, le mausolée de l'imam Khomeyni ne forme plus qu'un point dans la nuit avant d'être englouti par les nuages. À quoi pense-t-on quand on est libre ? À ces lignes grises qu'on pourra de nouveau remplir à sa guise. On se dit que le cauchemar est terminé. Qu'on va pouvoir réapprendre à respirer. En réalité, le plus pénible ne fait que commencer. Le plus pénible, c'est d'abandonner l'Iran à sa page blanche.

Lettre à Babai, mon grand-père. Paris, été 2014.

J'ai quitté ton pays sans me retourner. Comment dire adieu à une moitié retrouvée de soi-même ? En ce début d'été 2009, la capitale iranienne pleurait ses martyrs et les cachots débordaient. Le temps d'une élection en trompe-l'œil, nous étions passés du vert espoir au rouge sang. Le rêve d'un changement s'était brisé contre le mur de la répression. Moi, je signais à contrecœur la fin d'un long reportage dont tu détenais le secret. De retour à Paris, je n'ai rien pu écrire. Les mots se disputaient ma page. Entre vécu et ressenti. Journaliste, j'étais redevenue citoyenne. J'avais perdu la distance nécessaire pour raconter. Alors j'ai posé ma plume. Longtemps, bien longtemps, avant de me remémorer ces vers de Hafez qu'un jour tu m'offris en cadeau.

> Celui qui s'attache à l'obscurité a peur de la vague.
> Le tourbillon de l'eau l'effraie.
> Et s'il veut partager notre voyage,
> Il doit s'aventurer bien au-delà du sable rassurant du rivage.

C'était à Paris, un matin de novembre 1997. Je ne le savais pas encore, mais, de ce poème, j'allais faire ma profession de foi. Ce jour-là, tu venais d'arriver d'Iran pour une opération du cœur. Une intervention bénigne, avaient dit les médecins. J'avais 23 ans. Tu en avais au moins trois fois plus et je te croyais immortel. À cause de la distance, sans doute, qui nous avait toujours séparés. Lors de tes rares passages en France, tu avais cette manie de t'exprimer en poèmes que tu omettais de traduire. Toi qui avais représenté l'Iran à l'Unesco à la fin des années cinquante, tu connaissais Hafez sur le bout des doigts. Tu disais que l'illustre poète du XIVe siècle avait réponse à tout, que ses écrits valaient mieux que n'importe quelle boule de cristal. Qu'il suffisait d'en piocher un au hasard pour entrevoir son avenir proche. Il y avait quelque chose de magique à t'écouter réciter ce que je percevais comme du charabia. Ce jour-là, sur ton lit d'hôpital, tu avais pris la peine de t'expliquer. Tu avais manifesté ce désir inattendu de m'initier à ta langue natale. Un étonnant caprice. Comme un besoin vital. Personne, à la maison, ne s'était jamais soucié de m'enseigner mes origines. De droite à gauche, ton stylo s'était mis à danser, en habillant les consonnes de minuscules accents colorés. À chaque ligne, une petite traduction française talonnait ta calligraphie. Ce poème, mon premier cours de persan. Un de tes derniers soupirs.

Ta disparition soudaine me prit de court. De toi, je connaissais si peu. Et de ton pays, encore moins. Enfant, je t'envoyais des lettres comme on toise l'inconnu. Je les agrémentais toujours de dessins colorés aux personnages invariables. Papa. Maman. Ma sœur, Nasrine, et moi-même. Un petit échantillon de ta famille dispersée à travers la planète sous forme de chroniques miniatures rédigées en français. Mes premiers reportages… On dit que l'écriture libère. À l'époque, j'y voyais un jeu de cache-cache avec ton ombre. Ou plutôt un intrigant puzzle, dont je cherchais obstinément les pièces manquantes.

Tant d'années sont passées depuis ta mort. Quelle troublante sensation que de reprendre aujourd'hui la plume en sachant tout de toi. De te dédier cette longue lettre alors que tu n'es plus là. Petite, quand je t'écrivais depuis Paris de mes mains potelées, je t'imaginais en train de feuilleter mes missives, assis sur ta jolie terrasse téhéranaise où j'avais passé l'été de mes 4 ans. Car l'Iran de ma mémoire de gamine, c'était ça et rien d'autre : une terrasse ornée de forsythias, des glaces à l'eau de rose, une piscine gonflable pour patauger, et les mélopées du persan en fond sonore. Papa nous y avait envoyées toutes les trois pour les vacances. C'était en août 1978. En plein milieu du jardin, maman dorait sa peau de Française, le visage encadré de feuilles d'aluminium pour capter le reflet des UV, au grand désespoir de grand-mère qui la traitait de grille-pain. En Orient, la blancheur est sacrée. Au pied d'un arbre à kakis, des cousins jouaient au backgammon, en sirotant un jus de grenade. Le crépitement de la radio accompagnait leurs rires quand, soudain, une terrible nouvelle vint entamer ce petit coin de Paradis. Je me souviens du claquement des voix, de cette langue indéchiffrable qui perdit brusquement de sa musicalité. Puis de ma mère paniquée, collée au téléphone, murmurant en français à papa, resté à Paris : « Ça chauffe en Iran… Le cinéma Rex a été incendié à Abadan… Des centaines de morts… On ignore qui est derrière… Les manifestations contre le chah se multiplient… » Ces événements aux allures de conte pour grands annonçaient les prémices de la révolution contre la monarchie en place. Mais, à l'époque, je n'y vis que l'injuste déclencheur de notre retour précipité en France.

Deux mois plus tard, une image envahit le petit écran français. Celle d'un vieux barbu aux allures de sorcier, un « Gargamel » au turban noir, recroquevillé sous son pommier, dans un château appelé « Neauphle » : l'ayatollah Khomeyni, l'ennemi du « Chat » d'Iran, un roi cupide et cruel, retranché dans un palais doré. La rumeur racontait que le sorcier voulait sa peau et sa place. Et que, de son exil français, il rêvait de le détrôner. Le nez collé au téléviseur de notre appartement parisien, papa ne disait mot. Il regardait, impuissant, ce grand manitou ensorceler ton pays à distance. Là-bas, ils étaient nombreux, religieux comme laïcs, à s'enivrer de la potion maléfique. « révolution, liberté, République islamique ! » criaient ses partisans à tue-tête. Tu connais la suite : le 6 janvier 1979, le monarque finit par prendre la poudre d'escampette. En trois semaines, le sorcier était de retour à Téhéran.

Chez nous, à Paris, l'Iran devint un non-dit. De ton pays au goût de grenadine, il ne serait plus jamais question. Dans les journaux français, sa description se résumait désormais à trois mots : islam, tchador et terrorisme. Papa en était malade. Un soir qu'il rentrait du travail, il s'effondra dans le canapé. « Je me suis fait arrêter par les flics ! Ils m'ont traité de bougnoule ! » Lui que tu avais inscrit dans un pensionnat français dès l'âge de 11 ans, avant de rentrer à Téhéran une fois ta mission de l'Unesco terminée, ne supportait pas l'image qu'on lui renvoyait de sa terre natale. À partir de ce jour, il se fit appeler « Henri ». À part le *H* de Homayoun, ce pseudonyme n'avait rien à voir avec son prénom. Faute de pouvoir changer son pays, il s'était changé lui-même.

J'en conclus que j'étais française. À 100 %. Rien, chez nous, ne donnait à penser autrement. Nous parlions français. Nous mangions français. Nous rêvions en français. Lorsque, à chaque rentrée des classes, l'institutrice m'interrogeait sur le pays de mes origines, je répondais : « La France ! » sans hésiter. Par mimétisme, sans doute. Par crainte, aussi, de causer du tort à papa si je révélais ce qui semblait être un secret d'État. Un gros souci, pourtant, me contrariait. De plus en plus espacés, tes passages en France s'interrompirent pour de bon en 1980. Dans ton pays, un conflit meurtrier venait d'éclater avec l'Irak voisin, soutenu par la plupart des puissances occidentales. La nuit, je faisais des cauchemars en pensant aux bombes qui tombaient sur Téhéran. Pour moi, la guerre, c'était dans les films pour adultes. Elle prenait soudain une dimension plus familière. Ta vie était-elle en danger ? À quoi ressemblait votre quotidien, à toi et grand-mère ? Pourquoi ne veniez-vous pas vous réfugier à Paris ? Je vous aurais prêté ma chambre. Mon lit, aussi, et mes peluches. Dans mes lettres, je te déclarais mon amour. Je te dessinais notre quotidien, l'école, les week-ends à la campagne, le père Noël et sa hotte à joujoux, en priant naïvement pour que mes récits te donnent la force de tenir. Mais te parvenaient-elles, ces missives sans réponse ?

Une fois la guerre achevée, huit ans plus tard, j'appris avec soulagement que vous étiez en bonne santé. Un précieux réconfort. Avec l'âge, je commençais également à prendre conscience de mes origines. Mais l'étoile de ton pays, elle, ne cessa de pâlir. En 1992, le best-seller international *Jamais sans ma fille* de Betty Mahmoody acheva d'entamer son image. Qui aurait pu l'imaginer ? Ce témoignage racoleur d'une Américaine mariée à un Iranien violent, séquestrée à Téhéran avec sa fille, finit, aussi, par empoisonner mon quotidien. De la salle d'attente du médecin au boucher du quartier, tout le monde y allait de sa petite phrase condescendante sur les « pauvres Iraniennes ». « Et toi ? me demandait-on, tu n'as pas peur qu'il t'arrive la même chose ? » Au lycée, je fuyais les regards inquisiteurs. Un jour, le père d'un ami me demanda : « C'est parce que ton père est iranien que tu ne portes pas de minijupes ? » De quoi se mêlait-il ? Les robes courtes n'avaient jamais été ma tasse de thé.

Les commentaires des uns et des autres finirent par attiser ma curiosité. À quoi donc ressemblait cette République islamique que la planète entière dénigrait ? Fallait-il mettre tous les Iraniens dans le même panier ? À l'école de journalisme, que j'avais intégrée sur concours en 1995, mes professeurs m'encouragèrent à dépasser les clichés. Une des règles d'or de notre métier. Voir, sentir, aller au plus près, avant de juger. Deux ans plus tard, je fis de la « presse iranienne » le sujet de mon mémoire de fin d'études. Un prétexte idéal pour revenir dans ton pays. Et te retrouver. « *Khoch Amadi* (Bienvenue) sur la terre de tes origines ! » m'avais-tu lancé à mon arrivée, avec cette habitude de faire naviguer les mots entre ta langue maternelle et le français appris dans ta jeunesse à la Sorbonne. Je disposais de quinze jours pour faire ma recherche. Étonné par mon engouement, tu riais de me voir porter le voile obligatoire comme on enfile un costume de théâtre, de m'entendre négocier une course de taxi sans parler un mot de persan. Innocente, je m'enthousiasmais au moindre rien. Le soir, nous parcourions ensemble tous ces nouveaux magazines qui étaient en train de fleurir sous l'impulsion d'un certain Mohammad Khatami. Ce mollah réformiste, ministre de la Culture pendant dix ans, avait laborieusement bataillé pour assouplir la censure. Homme de dialogue, il incarnait une nouvelle génération de politiciens, avides d'ouverture politique dans cette République islamique trop longtemps isolée. Un vrai *rowchanfekr* – un « penseur éclairé », comme tu disais. Le 23 mai 1997, quand il remporta l'élection présidentielle à la surprise générale, j'étais déjà de retour à Paris, en pleine rédaction de mon mémoire. Je m'empressai de t'appeler. Au téléphone, ta voix tremblait de joie. Tu jubilais. Tu voulais y voir un tournant pour ton pays. Pour la première fois depuis la révolution, l'Iran tendait la main vers le monde.

Ta mort subite, six mois plus tard, coïncida avec ces changements. Trop fragile, ton cœur cessa de battre avant que les médecins français ne puissent t'opérer. Le jour de tes obsèques, au cimetière du Montparnasse, j'ai senti l'injustice s'abattre sur mes épaules. Tu étais parti trop tôt. Et moi, venue trop tard à ta rencontre. Ironie de l'Histoire : toi qui avais toujours voulu rester dans ton pays, pour des raisons que j'ignorais alors, tu avais fini par mourir en dehors de ses frontières. Le cœur en bandoulière, j'ai posé ma main sur ton cercueil. Sous cette terre humide, la poussière de tes secrets était ensevelie à jamais. Il faisait lourd, ce jour-là. Au-dessus de ma tête, le ciel était à l'orage. J'ai repensé à ce poème de Hafez. « S'aventurer au-delà du sable rassurant du rivage ». Un poème : c'est tout ce que tu m'avais laissé en héritage. Avec un message entre les lignes. Comme une dette à honorer. Un matin d'éclaircie, après quelques mois d'hésitation, j'ai sauté dans le métro, direction Opéra. Au comptoir d'une agence de voyages, j'ai demandé un billet pour Téhéran. « Pour combien de temps ? » s'est enquis le vendeur. « Une semaine », ai-je répondu. Au final, j'y resterais dix ans.

Et dire que tout avait commencé avec des fleurs. Des fleurs, partout des fleurs. Et tous ces cris de joie s'échappant des tchadors. Je me souviens de ce 23 mai 1998 comme si c'était hier. Le 2 Khordad, selon le calendrier iranien. Une année s'était écoulée depuis l'élection de Khatami. Un parfum de printemps embaumait la capitale iranienne. Sur Enqelab, l'avenue de la « révolution », les Iraniens célébraient à l'unisson le premier anniversaire de sa victoire. J'avais atterri à Téhéran quelques jours plus tôt. Je logeais chez grand-mère, le dernier maillon familial en Iran depuis ton décès. Malgré son protectionnisme démesuré, j'étais parvenue à m'extirper de chez elle. C'était ma première sortie. Pour amortir mon voyage, j'avais vendu à Radio France un projet de documentaire sur la jeunesse iranienne. Vu d'Occident, l'Iran était redevenu fréquentable et, dans les rédactions parisiennes, les questions fusaient dans tous les sens. La victoire de Khatami sonnait-elle le glas de la théocratie répressive ? La démocratie était-elle soluble dans l'islam ? De quoi rêvait la « génération K », tous ces jeunes de mon âge nés sous Khomeyni, élevés sous Khamenei, son successeur, et principaux électeurs du nouveau président ? Le montant de ma « pige » me permettait à peine de rembourser mon billet d'avion. Mais l'idée de travailler pour un des plus grands médias français sur la terre de mes origines me suffisait amplement.

Le hedjab plaqué sur la tête, je lançais des coups d'œil circulaires. L'avenue Enqelab était noire de monde. Ils étaient des milliers, filles et garçons mélangés, à défiler en silence sur ce long ruban de bitume qui parcourait la capitale d'est en ouest, là où, vingt ans plus tôt, leurs parents avaient renversé le chah. Moi, je les regardais timidement piétiner cette « révolution islamique » dont ils étaient les héritiers. J'avais soif de décoder leurs moindres gestes, leur joie de vivre retrouvée. Je scrutais leurs visages, leur façon de brandir des roses rouges comme on défie le passé. En eux, je sondais celle que j'aurais pu être si j'étais née dans ton pays. D'un pas lent et déterminé, ils avançaient vers ce quelque chose d'inédit qui semblait se cristalliser en la personne de Khatami. Plébiscité un an plus tôt avec plus de 70 % des voix, il incarnait leurs espoirs de changement. Sur ses posters qui flottaient comme des totems au-dessus des têtes, il avait le rire espiègle, la barbe poivre et sel. Même ses élégants souliers à l'italienne contrastaient avec l'austérité de ses pairs. Sur une de ses photos, quelqu'un avait écrit en anglais : *Iran is in love again* – L'Iran est de nouveau amoureux.

Portée par la foule, je me suis frayé un chemin jusqu'à l'entrée principale du campus. En m'approchant de la tribune, j'ai reconnu son turban noir, celui des descendants du Prophète. Le président venait juste d'arriver. Aussitôt, un épais murmure enroba l'espace. « *Dadash Khatami, doustet darim !* » « Frère Khatami, nous t'aimons ! » En quatre mots, l'image du père, si sacrée en Iran, volait en éclats. Les monarques de Perse, puis à son tour l'imam Khomeyni, en avaient toujours allégrement abusé pour infantiliser le peuple. À la mort du Guide suprême, en 1989, l'ayatollah Khamenei n'avait pas failli à la règle. Dans la pyramide du pouvoir, le président Khatami disposait de prérogatives limitées. Mais il avait refusé de céder à la tentation du trône. On disait de lui qu'il avait fait campagne à travers le pays à bord d'un simple bus. Depuis sa victoire, il serrait les mains, osait les bains de foule. Une nouvelle façon d'être, un style bien à lui. « L'Iran pour tous les Iraniens », disait l'un de ses slogans favoris qui résonnait sur le campus. Une fois à la tribune, Khatami balaya la foule du regard avant d'entamer son discours. À mes côtés, un étudiant m'en fit une traduction sommaire. Il y était question de « société civile », de « droits de l'homme » et de « liberté d'expression ». Avec la candeur d'un enfant, il buvait ses paroles.

De jeunes hommes s'emparèrent soudainement d'une allée bordée d'arbres. Ils étaient vêtus de noir, arboraient des barbes mal taillées. Les mains en entonnoir, l'un d'eux se mit à hurler : « Mort à l'Amérique ! » Une des raisons d'être de la République islamique. Un refrain qui rythmait la prière du vendredi et décorait les murs de l'ex-chancellerie américaine, prise d'assaut douze ans plus tôt. Ce jour-là, Khatami l'avait volontairement omis de son discours. Quelques semaines plus tôt, il avait même accordé une interview à CNN dans laquelle il exprimait ses regrets relatifs à la fameuse prise d'otages de 1979, à l'origine de la rupture des relations diplomatiques entre les deux pays. Une audace inédite que les nouveaux intrus en costume noir ne savaient tolérer. À mes côtés, l'étudiant me souffla que c'étaient des *bassidjis*, ces miliciens du régime qui n'en juraient que par un islam radical. Loin de se laisser démonter, le président-vedette esquissa alors un nouveau sourire : « La mort est une affaire du passé », lança-t-il. Avant d'enchaîner : « C'est la vie qu'il faut regarder ! » Le silence s'empara de la foule. Mon jeune voisin tremblait. La vie contre la mort. C'était donc ça le credo de Khatami, le secret de son succès auprès de ses adeptes. Son discours me faisait frissonner. J'y trouvais un écho singulier. La vie contre la mort… Ma vie contre ta mort. Quel message devais-je y lire entre les lignes ?

« Mort à l'Amérique ! » surenchérirent les miliciens. Mais, cette fois-ci, leurs cris se noyèrent dans les applaudissements adressés au président iranien. Comme un bras d'honneur à la noirceur du passé.

C'est à cet instant, je crois, que mon regard croisa celui d'une jeune fille. D'une main gracile, elle faisait danser sa rose rouge dans le ciel azur en poussant des petits cris d'extase. Un *maghnaheh*, le foulard-cagoule que portent les étudiantes, encadrait son visage pâle. Elle était fière, ça se voyait. Fière d'appartenir à cet Iran qui aimait à nouveau. À ce pays qui tournait le dos à ses vieux démons. Des larmes d'émotion s'échappaient de ses yeux en amande. Elles dessinaient des lignes de mascara sur ses joues pouponnes. Je lui tendis un mouchoir.

– Merci, me dit-elle.

– *Esmet chié ?* lui demandai-je. Comment t'appelles-tu ?

Du persan, je ne connaissais que ces quelques mots.

– Sepideh, répondit-elle.

– *Why are you crying ?* Pourquoi pleures-tu ?

– C'est l'émotion… Tu sais, aujourd'hui, j'ai l'impression d'entrouvrir les portes d'une grande prison.

– À ce point ? ai-je rétorqué.

– Tu n'es pas d'ici ? reprit-elle.

– Non, enfin pas vraiment.

– Alors, tu ne peux pas comprendre…

« Tu ne peux pas comprendre. » À ces mots, je ressentis un pincement. Il est vrai que je n'étais pas vraiment de son pays. De ton pays. À première vue, nous avions tout pour nous ressembler. L'une et l'autre, nous portions des baskets Adidas, un blue-jeans sous le manteau de rigueur. Peut-être avions-nous les mêmes goûts musicaux, la même passion pour la lecture et le chocolat ? Et pourtant, elle disait vrai. Moi qui avais grandi dans le confort de la démocratie, comment pouvais-je prendre la réelle mesure des rêves d'ouverture qui la faisaient vibrer ? Comment pouvais-je me mettre à sa place ? J'étais justement là pour comprendre. Enfin, pour essayer.

Sepideh me donna rendez-vous quelques jours plus tard au Shouka, un de ces nouveaux cafés branchés de la capitale qui n'existaient pas en ton temps. En entrant, je la reconnus aussitôt à son visage rond de poupée en porcelaine. Elle avait troqué son maghnaheh d'usage contre une mousseline de couleur bleue qui, en comparaison, me donnait l'air d'une bonne sœur, avec mon foulard gris et épais. Sur la porte vitrée, un petit panneau assorti du dessin d'une femme en voile noir rappelait aux « chères sœurs » de « respecter les mœurs islamiques », autrement dit de privilégier une tenue comme la mienne. Pensant lui éviter des ennuis, je ne pus m'empêcher de lui faire un clin d'œil pour lui signaler l'avertissement. Elle explosa de rire :

– Toi, il va falloir te mettre à la mode téhéranaise !

Quelle assurance pour une jeune femme qui n'avait jamais quitté l'Iran, qui avait passé l'essentiel de sa vie sous une chape de plomb ! Ce n'était que le début de mes surprises. À la table d'à côté, un jeune homme aux cheveux gominés murmurait des mots doux à sa compagne. La belle avait calé son foulard imitation Hermès derrière ses oreilles pour éviter qu'il ne tombe dans sa glace au chocolat. Entre deux cuillerées, elle s'amusait à coller des petits baisers dans le cou de son amoureux. Depuis peu, les couples non mariés s'affichaient discrètement en public. Dans la rue, ils se tenaient même par la main. C'était ça aussi, l'effet Khatami. Mais là, les jeunes tourtereaux y allaient pourtant un peu fort…

– L'Iran est une bombe à retardement ! Plus de 60 % de la population à moins de 25 ans… Khatami a creusé une brèche dans le mur que les jeunes rêvent aujourd'hui de faire tomber ! surenchérit Sepideh.

En prononçant ces paroles, elle ne put s'empêcher d'adresser un regard espiègle en direction du comptoir, où trônait en bonne place un portrait du Guide suprême, l'ayatollah Khamenei. C'était lui, ce « représentant de Dieu sur terre », qui avait toujours le dernier mot en Iran. Mais pour combien de temps encore ?

– Pendant des années, les conservateurs ont voulu tout contrôler. Ils nous ont imposé des diktats archaïques : pas de cheveux qui dépassent du voile, pas de maquillage, pas de jeans moulants, aucune relation entre filles et garçons avant le mariage… Aujourd'hui, les réformateurs comprennent nos envies de changement. Ils sont plus à l'écoute de notre génération. Ils veulent faire bouger les choses. Ça prendra du temps, mais nos idées finiront par l'emporter…

Sepideh marqua une pause. J'en profitai pour allumer mon enregistreur. Je voulais m'enquérir de ses souvenirs d'enfance. Son visage se crispa. Avais-je été trop indiscrète ?

– Tu ne peux pas imaginer la chance que tu as de ne pas être née ici. Ma génération est une génération sacrifiée !

Une génération sacrifiée. Je ne sus trop quoi répondre. Sepideh était une véritable « enfant de la révolution ». L'aînée d'une famille de trois enfants issue de la classe moyenne, elle avait eu le malheur de naître en 1980, juste après la chute du chah, et trois mois après le déclenchement de la guerre Iran-Irak. Lorsque, de mon confort parisien, je t'écrivais des lettres en jouant à la marelle, elle vivait au rythme des coupures d'électricité et du rationnement alimentaire. La nuit, elle se réveillait avec le bruit des sirènes, annonciatrices d'un bombardement imminent. Ce jour-là, elle me raconta tout ce que tu m'avais épargné.

– Mon enfance a le goût du deuil. Quand Saddam Hussein

attaqua l'Iran, peu après la révolution, mon père fut envoyé au front. Il était commandant dans l'armée de l'air, un poste qu'il occupait sous le chah et qu'il avait conservé sous Khomeyni. Alors nous l'avons suivi à Disfoul, non loin du champ de bataille. Un jour, ma meilleure amie, Leyla, fut fauchée par un obus. Le choc ! Rester là-bas devenait trop dangereux... Avec maman, nous sommes repartis à Téhéran. Avant de nous dire au revoir, mon père me glissa : « Ne t'en fais pas, nous serons bientôt de nouveau réunis. La paix est proche... »

Mais la guerre s'éternisa. Les permissions du père de Sepideh étaient tellement rares qu'elle avait de la peine à le reconnaître les rares fois où il parvenait à s'échapper du front.

– À la maison, c'était mon grand-père que j'appelais « papa », poursuivit-elle.

Huit années s'écoulèrent. Huit longues années pendant lesquelles son quartier ne cessa de se remplir de petits *hédjlés*, ces monuments funéraires parsemés de miroirs et de paillettes, dressés en l'honneur des combattants morts sous les balles de l'ennemi.

– Je me souviens des visages, en larmes, des voisines en deuil qui devaient cacher leur tristesse, car officiellement, il fallait se flatter d'avoir offert un « martyr » à la patrie. Avec la guerre, les dirigeants religieux avaient trouvé l'excuse idéale pour étouffer la population sous un vernis de propagande. À l'école, l'ambiance était au lavage de cerveaux. Les filles devaient se draper d'un tchador noir en signe de deuil. Les cours de Coran étaient obligatoires. Chaque jour, l'institutrice nous contait les « exploits » des jeunes héros, comme Hossein Fahmideh, cet écolier de 13 ans, qui fit exploser sa grenade sous un char irakien... Et Khomeyni qui répétait aux Iraniennes : « Faites des enfants pour qu'ils aillent défendre notre pays ! »

En 1988, un concert de « youyous » envahit la rue de Sepideh. L'Iran et l'Irak venaient enfin de signer un cessez-le-feu. Son père était de retour, sain et sauf ! Sa base avait été attaquée au gaz chimique par l'armée de Saddam Hussein, mais il s'en était sorti indemne… En apparence, du moins.

– Il était fatigué, mais tout allait bien. Et puis, il y a quelques mois, mon père a commencé à sentir ses bras se raidir. Il s'est mis à perdre du poids à vue d'œil. Dès qu'il parlait un peu trop, sa voix s'enrouait. On a fait le tour des hôpitaux pour comprendre la cause de ces étonnants symptômes. Après une multitude d'examens, les médecins en ont conclu qu'il avait contracté la maladie de Parkinson, à cause des effets pervers que le gaz peut provoquer sur le long terme… Tu imagines, dix ans plus tard !

De toutes ces épreuves, Sepideh ressortit plus forte et déterminée. On lui avait volé son enfance, on ne lui volerait pas sa jeunesse. Elle me confia qu'entre deux cours de préparation au concours d'entrée à l'université, elle dévorait les traductions persanes des écrits de Habermas et de Hannah Arendt. Censurés pendant près de vingt ans, ces ouvrages étaient enfin de retour dans les librairies. Le soir, pour échapper à la langue de bois officielle, elle écoutait sur les ondes moyennes les programmes persans de la BBC et zappait sur les chaînes étrangères grâce à une mini-parabole camouflée sur le toit de son immeuble. Reportages d'actualité, documentaires animaliers, vidéoclips occidentaux, tout l'intéressait, tant que cela n'avait pas trait à l'islam. Sa boulimie de connaissance m'impressionnait. Quand je la complimentai sur son anglais, elle m'expliqua que c'est en regardant les séries américaines qu'elle avait appris la langue de Shakespeare. Sa mère rêvait de la voir devenir ingénieur, *mohandes*. En Iran, plus qu'un signe de réussite, c'est un titre qui vous colle à la peau jusqu'à la fin de vos jours. Mais sa vraie passion, c'était la politique… et le journalisme.

– Tu verras, moi aussi, un jour, je ferai des reportages, lança-t-elle.

Plus je l'écoutais, plus j'étais frappée par ce paradoxe de l'Iran contemporain : en misant sur le « baby-boom » dans les années quatre-vingt et en encourageant la gratuité de l'enseignement, Khomeyni n'avait-il pas, finalement, creusé le tombeau de la République islamique ? Car ce sont ces mêmes jeunes, nourris au biberon de la propagande, qui remplissaient à présent les bancs des universités et qui rêvaient de s'affranchir du carcan religieux... En vingt ans, le nombre d'étudiants avait doublé. Avec plus de deux millions d'inscrits à l'université et un taux d'alphabétisation de 80 %, la nouvelle génération constituait la principale menace au régime qui l'avait engendrée.

Je n'eus aucune peine à faire parler de Khatami à Sepideh. Elle en était une fan invétérée.

– Cet homme, c'est la seule issue de secours pour sortir du cul-de-sac de la République islamique ! affirma-t-elle.

Quand il s'était présenté en mai 1997, elle venait de fêter ses 16 ans, l'âge de voter. Avant de se rendre aux urnes, elle avait plongé de plain-pied dans la campagne électorale. Chaque jour, elle avait arpenté la capitale en collant des affiches du mollah souriant sur les voitures. Indécis, de nombreux parents, comme les siens, se laissèrent influencer par leurs enfants et votèrent eux aussi pour Khatami. Avec la spontanéité qui était la sienne, Sepideh s'empressa de lui envoyer une lettre de félicitations manuscrite dès qu'elle apprit sa victoire. « Et il m'a répondu ! » a-t-elle ri, en se remémorant l'anecdote. Tel un précieux sésame, elle avait minutieusement gardé ce courrier sur son bureau et ne ratait, depuis, aucun de ses discours. À l'écouter articuler si délicatement le nom de ce Gorbatchev à l'iranienne, j'avais l'impression d'avoir affaire à une adolescente qui vivait son premier amour. D'ailleurs, elle me raconta que, pour séduire les filles, de nombreux garçons s'étaient mis à porter une *firouzeh*, cette bague de pierre bleue qui habillait la main de Khatami.

– Tu sais comment on le surnomme ? me demanda-t-elle.

– Non.

– L'Ange.

L'Ange. Après le monarque corrompu et le méchant sorcier, l'Ange… Aurait-il le pouvoir de déplacer des montagnes, pour continuer d'émerveiller ses admiratrices ? Ou n'était-il qu'un mirage politique ?

Je jetai un coup d'œil autour de moi. Le café s'était vidé. Le jeune couple s'était volatilisé. D'autres têtes, encore plus jeunes, avaient pris leur place. Dehors, les réverbères du soir scintillaient à l'infini sur cette capitale tentaculaire de plus de 12 millions d'habitants. Absorbée par le récit de Sepideh, je n'avais pas vu la lune entrer par la fenêtre. Mais l'heure avait tourné et ses études l'appelaient. À la hâte, elle ramassa sa pile de livres posée sur la table, but d'une traite son café refroidi, et se leva en réajustant ses mèches folles sous sa mousseline. Avant de partir, elle me plaqua contre sa poitrine pour me donner l'accolade avec cette spontanéité qui ne semblait jamais la quitter. Puis, du haut de ses petits talons, elle s'enfonça dans la nuit.

Un mois plus tard, un autre coin du voile allait se lever sur ta ville. Cette fois-ci, dans l'intimité d'une soirée clandestine.

Quand la porte s'est entrouverte sur l'appartement dont le numéro figurait sur le carton d'invitation, je me suis aussitôt arrêtée. M'étais-je trompée d'étage ? De pays ? Niloufar, une de mes nouvelles connaissances, m'avait conviée à son anniversaire avec cette chaleur si naturelle qui est celle des Iraniennes. « Une petite fête conviviale entre amis », avait-elle précisé au bout du fil. Je ne pensais pas me retrouver dans une discothèque. À peine arrivée, je sentis le sol se dérober sous mes pieds. Une sono assourdissante résonnait à travers l'appartement. Les murs tremblaient. Les bouchons sautaient. Les talons claquaient au sol. Il y avait de l'alcool dans les rétines, et des mégots jusque dans la cage d'escalier. Dans le hall d'entrée, le parquet était jonché de foulards. Abandonnés par les belles du soir, ils trônaient comme des épaves, à côté des cadavres de bouteilles d'alcool illicite. Je dus donner des coudes pour me frayer un chemin jusqu'au salon. Dans le corridor, une guirlande de jeunes femmes voilées faisait la queue devant la salle de bains. Elles en ressortaient transformées, cheveux crêpés, robes zébrées et paillettes sur faux cils. Et moi qui avais hésité à mettre un décolleté.

Le salon aussi était méconnaissable. Les fauteuils plaqués contre les murs, les tapis roulés sur le côté. Perdu sur une table basse, un bol de pistaches vibrait sous l'effet de la techno.

D'un trait, un jet de laser lumineux transperça le nuage de fumée de cigarettes qui nimbait la pièce. Apparurent alors un buste, un bras, puis une Marlboro entre deux doigts manucurés. Vision fantomatique dans le nu de la nuit iranienne.

– Ça va ?

C'était Niloufar. Elle portait une minijupe et tenait un verre d'arak. De son rouge à lèvres carmin, elle me tatoua ses lèvres sur la joue gauche.

– Bon anniversaire, lui lançai-je gauchement en lui tendant un sac-poubelle.

Elle sourit d'un air complice et amusé. À l'emballage, elle avait deviné qu'il s'agissait d'un breuvage interdit. Et il lui tardait de savoir si la petite Française avait réussi à dénicher de la vodka russe ou du gin au marché noir.

– Du champagne ! Quelle trouvaille ! Mais où as-tu dégoté ça ? me lança-t-elle.

– Un « prétendant » de l'ambassade de France...

– Chapeau ! acquiesça-t-elle, comme si je venais de passer avec brio un test de bizutage.

Et elle éclata de rire, révélant une fossette sur sa joue gauche – sa seule ride, comme elle disait. À 40 ans, cette belle femme atypique, aux formes rondes, n'avait rien perdu de sa fraîcheur. Peut-être grâce à ses fréquentations. Surnommée la « marraine » des jeunes, elle était toujours entourée d'un aréopage de filles et de garçons. De jour comme de nuit, ils frappaient à sa porte, à l'affût d'une oreille attentive à laquelle confier leurs problèmes. Toujours disposée à aider, elle avait une solution à tout : le chirurgien hot-couture qui reficelle l'hymen des jeunes dépucelées, le consulat multivisa pour immigration express, l'avocat féministe qui sépare aussi vite qu'il marie... Elle-même divorcée, Niloufar vivait seule. Depuis qu'elle avait déniché des banques de sperme espagnoles sur Internet, elle rêvait de faire un bébé toute seule. Ses voisins avaient beau s'offusquer de son mode de vie, elle se moquait du qu'en-dira-t-on. Pour elle, c'était une forme de rédemption. Ex-opposante au chah, elle portait la culpabilité d'une révolution qui avait mal tourné. Pour compenser les maladresses des Iraniens de sa génération, qui crurent pour beaucoup en la personne de Khomeyni, elle s'était donné pour mission de venir en aide aux jeunes. Et de partager avec eux leurs échappées nocturnes.

Le magnum de champagne entre les jambes, Niloufar poussa un cri perçant avant de faire sauter le bouchon. Amusée, je l'ai regardé atterrir dans la pile de foulards qui avait doublé de volume entre-temps. Les coupes se mirent à pétiller.

– Tu connais la fameuse blague iranienne ? « Sous le chah, on buvait à l'extérieur et on priait à l'intérieur. Aujourd'hui, en République islamique, on boit à l'intérieur et on prie à l'extérieur ! » s'exclama-t-elle.

Un attroupement s'était formé autour de Niloufar. Mon magnum avait du succès. Au-dessus de la mêlée, je reconnus Leyla, une amie commune. En retard, comme d'habitude, elle titubait sur ses talons aiguilles. Elle avait dû écumer au moins trois soirées avant de nous rejoindre.

– Il faut que je te raconte ! rugit-elle en s'appuyant sur mon épaule. L'autre jour, j'étais au volant de ma voiture, avec Siamak… Tu sais, celui qui m'a draguée à la fac ? On écoutait une cassette de Madonna… Je venais de l'acheter sous le manteau… Quelques mètres plus tard, on est tombés sur un barrage de flics. C'était la police des mœurs ! T'aurais vu leur tête. Madonna, ça ne leur a pas plu du tout. On a eu beau tout essayé pour les amadouer, on a fini au poste… Soixante-dix coups de fouet pour lui. Et moi, t'imagines même pas, l'hu-mi-lia-tion suprême : un test de virginité… Heureusement que je suis vierge ! Sinon, je me retrouvais illico avec la bague au doigt !

L'écouter me donnait des frissons. Espiègle jusqu'au bout des ongles, elle avait toujours des expériences incroyables à partager. Celle-ci était particulièrement traumatisante. À sa place, je me serais enfermée chez moi, j'aurais tiré un trait sur mes sorties. Mais non ! Il fallait voir avec quelle agilité elle enchaînait les mésaventures : comme on récolte des trophées. Les timides ouvertures politiques n'avaient fait qu'aiguiser son sens du défi et de la provocation. Chaque jour, ses foulards rétrécissaient de plus en plus. Chaque week-end, ses soirées bien arrosées se terminaient au lever du soleil. Zigzaguer entre le *biroun* et l'*andaroun*, entre le dehors et le dedans, n'avait aucun secret pour cette *prima dona* noctambule. Comme si ce chassé-croisé entre le moi caché et le moi public était devenu sa raison d'être.

– Bienvenu au royaume de la schizophrénie ! reprit-elle, en désespérant de me faire sourire. Tu sais… c'est comme ça qu'on a grandi… C'est notre mode de vie. Ici, dès le jardin d'enfants, tu n'apprends qu'une chose : mentir… C'est ta clef de survie… À l'école, quand l'institutrice nous posait des questions, on s'empressait de répondre : « Oui, ma mère porte le tchador ! Non, mon père ne joue pas aux cartes et déteste le vin ! » Parfois, j'ai l'impression d'être un caméléon. Je change de peau au gré des circonstances. La journée, je supporte le voile. Le soir, je m'éclate pour oublier…

– Mais… ce n'est pas risqué ? lui demandai-je, dubitative.

– Risqué ? Bien sûr que c'est risqué. Mais a-t-on le choix ?

D'une traite, elle vida son verre de champagne et s'élança sur la piste de danse. Le DJ venait de mettre son tube favori : *La Isla Bonita*. Les mains tendues vers la boule disco qui pendait du plafond, Leyla se mit à ondoyer… du ventre, des doigts, des paupières, de partout ! Elle riait d'ivresse, d'audace, de tout. Ses éclats de rire se noyaient dans les paroles de Madonna.

– Tu ne danses pas ?

Dans la pénombre, je ne reconnus pas immédiatement Ardéchir, son visage fin, sa coupe au bol. Nous nous étions rencontrés la semaine précédente aux répétitions des *Nègres* de Jean Genet. C'était dans les sous-sols du Théâtre de la Ville de Téhéran. Une salle obscure, avec quelques tapis au sol et des gradins en bois. Après vingt ans de censure, la pièce allait se jouer pour la première fois en République islamique, et il en était l'assistant à la mise en scène. Ardéchir portait le prénom d'un roi de la Perse antique. Ses parents l'avaient sciemment choisi, en opposition aux noms arabes dont raffolaient les mollahs. Il était un passionné du genre absurde. Sa façon à lui de résister. Entre les lignes.

– On se croirait dans une de tes pièces de théâtre ! lui fis-je, en contemplant le carnaval de convives.

– Eh oui, notre vie est absurde !

Il s'interrompit pour attraper un bol d'olives. Puis, me faisant signe de m'asseoir, il poursuivit :

– Dans le fond, nous sommes tous des pantins qui…

Il s'arrêta sec. La sonnerie de l'interphone lui avait confisqué la fin de sa phrase. Une sonnerie soudaine, inattendue, intrusive. Il était minuit passé. Tous les invités étaient déjà arrivés. Niloufar n'en attendait pas d'autres. À moins que… Je la vis, armée d'une bougie, qui se mit à brasser l'air pour implorer les convives de se taire. Ses sourcils formaient des accents circonflexes. Son visage était livide. Un masque de panique. Je ne l'avais jamais vue comme ça. « Chuuuut ! » renchérit-elle. Instinctivement, le DJ se redressa derrière sa sono. D'une main experte, il débrancha les enceintes. Il y eut quelques pouffements de rire, un murmure d'indignation, puis d'inquiets chuchotements. Niloufar était accrochée au combiné de l'interphone, blême. Son corps s'était figé. Elle prit une grande inspiration, et de sa voix la plus douce, lança en persan le plus posé des « Allô ! Qui est là ? ». Un long silence s'opposa à sa question. Un long silence salvateur qui envahit le salon de Niloufar.

– Ouf ! Fausse alerte ! lança-t-elle, en raccrochant le combiné.

Et la musique reprit aussitôt.

Ardéchir poussa un soupir de soulagement. Il avala sa salive, puis se tourna de nouveau vers moi, en simulant un sourire.

– Je disais donc que, dans le fond, nous sommes tous des pantins désarticulés, qui s'agitent sans cohérence…

La sonnerie retentit de plus belle. Et cette fois-ci, de manière ininterrompue. Un faisceau d'anxiété traversa le salon enfumé. Instantanément, les danseuses se figèrent sur leurs hauts talons. Posées à la va-vite sur la table, les coupes de champagne titubaient. Puis, de nouveau le silence. Je crus reconnaître un crachat de talkie-walkie qui venait de la rue. Le regard crispé, Niloufar se dirigea vers la fenêtre. D'un doigt, elle écarta discrètement le rideau.

– Comité ! Comité ! s'égosilla-t-elle.

Les policiers du « Comité », la brigade des mœurs, étaient à la porte ! Dans le salon, des mots confus se mirent à fuser dans tous les sens. J'étais clouée sur ma chaise, je comprenais un mot sur cent. Je n'avais aucune idée de ce qui risquait de m'arriver. De nous arriver. En sueur, Leyla m'attrapa par la manche.

– Ne reste pas plantée là !

La suite ressembla à un film monté à la va-vite. D'une main ferme, Leyla me tendit du coton démaquillant. De l'autre, elle enfila d'une traite sa « tenue de secours », un blue-jeans et un châle cache-cheveux enterrés au fond d'un sac à dos. Au pas de course, des invités faisaient la navette entre le salon et les toilettes pour vider les fonds de bouteille. Des chewing-gums à la menthe circulaient de main en main. Niloufar aussi s'était métamorphosée à une vitesse éclair, méconnaissable. Une vraie chauve-souris noire sous son tchador épais ne révélant qu'un seul œil ! L'index posé sur la bouche, elle indiqua aux invités une porte dissimulée dans la cuisine avant de s'engouffrer, elle, dans l'ascenseur principal. Je lui attrapai le bras, inquiète.

– Te fais pas de bile ! Je descends négocier avec les flics, me glissa-t-elle en me repoussant vers les autres.

Je suivis le mouvement.

L'escalier de service était sombre. À la queue leu leu, nous avons dévalé les cinq étages pour atterrir dans un parking souterrain. Une odeur nauséabonde d'essence inondait l'espace. Dans l'obscurité, une main m'attrapa pour me forcer à ramper sous une voiture, la seule cachette qui nous restait. Je tremblais. J'avais du mal à respirer. La tête aplatie au sol, j'essayais de reprendre mes esprits. Qu'allait-il arriver à Niloufar ? Où étaient passés Leyla et Ardéchir ? Qu'adviendrait-il de nous si la police nous arrêtait ? Et moi, que risquais-je ? En Iran, la nationalité se transmet par le père. Aux yeux des Gardiens de la morale islamique, j'étais donc iranienne, et « criminelle », comme les autres. Coupable d'avoir voulu m'amuser. Mais je n'étais pas du même courage. Aurais-je la force d'endurer les coups de fouet ? Emportée par cette naïve curiosité qui m'animait depuis mon arrivée à Téhéran, j'avais omis d'envisager l'éventualité d'une arrestation. Une minute passa, deux minutes, trois minutes. Le temps semblait s'étirer à l'infini. Parfois, un sanglot explosait. Et puis à nouveau le silence. Nous étions condamnés à attendre.

Une heure plus tard, peut-être plus, un grincement de porte nous sortit de notre semi-coma. Notre cachette avait-elle été dénichée ? Des claquements de talons résonnèrent sur le sol du parking. Je tendis l'oreille. C'étaient des talons féminins. Y avait-il une femme flic parmi les visiteurs du soir ? Les claquements, de plus en plus prononcés, se rapprochèrent des voitures. Dans la pénombre, je finis par distinguer une paire de fins souliers en cuir noir. Les souliers de Niloufar ! Je sortis la tête du ventre de la Renault 5 qui m'abritait. Notre hôtesse était saine et sauve.

– C'était moins une, lança-t-elle dans un français parfait.

Des dizaines d'autres têtes surgirent aussitôt des entrailles des voitures. Noircies de cambouis, mais rassurées ! Niloufar reprit son souffle, s'appuya contre un des véhicules et s'adressa fièrement à l'assemblée :

– Ils étaient trois. Trois jeunes flics. Ils disaient que des voisins avaient entendu de la musique, qu'ils soupçonnaient une soirée « indécente », et qu'ils avaient un mandat pour monter dans l'appartement. J'ai fait la grimace, en prenant mon air le plus outré. Je leur ai répondu que c'était une réunion entre femmes, que ce n'était pas « moral » de les laisser rentrer chez moi. L'un d'eux s'est mis à ricaner, il ne croyait pas un mot de ce que je disais... Alors, j'ai tenté le tout pour le tout. De mon tchador, j'ai sorti quelques billets... et je les lui ai tendus. D'abord, il a hésité. Puis, encouragé par le coup de coude d'un de ses acolytes, il a pris les billets, les a glissés dans sa poche, et m'a dit : « Vous avez de la chance. La prochaine fois, c'est la prison assurée ! » Je n'ai rien répondu. J'ai vite refermé la porte derrière moi. Quand j'ai entendu le moteur de leur voiture, j'ai soufflé en me disant : Gagné !

Quel courage ! Et quel culot... En bonne « marraine », Niloufar nous invita à rester dormir chez elle. Elle disait qu'elle avait suffisamment de matelas à déployer sur le sol du salon. Elle craignait que les plus éméchés, en sortant, se fassent arrêter à un poste de contrôle. Encore sous le choc de cet imprévu, je préférai prendre congé au plus vite. Une amie, qui logeait non loin de là, m'offrit de passer la nuit chez elle. Le lendemain matin, je me réveillai en sursaut : et Ardéchir ? Je ne l'avais pas vu dans le parking, quand Niloufar nous y avait retrouvés. Soucieuse, je composai aussitôt son numéro. Au bout de quelques sonneries, il finit par décrocher.

– Tu ne devineras jamais ce qui m'est arrivé ! lâcha-t-il au bout du fil.

Il me raconta que, par crainte d'être attrapé, il s'était réfugié dans l'arrière-cour de l'immeuble. Acrobate à ses heures perdues, il en avait escaladé le mur d'enceinte. Trois bons mètres de ciment gris. De l'autre côté, la rue était sombre et déserte. Un tunnel. Au passage du premier taxi collectif, une de ces vieilles Peykan orange qu'on ne trouve presque plus en Iran, il héla le chauffeur et s'engouffra dans la voiture...

– Figure-toi que je n'étais pas le seul passager. La banquette arrière était déjà occupée par d'autres personnes ! Elles sentaient l'alcool. En fait, j'ai vite compris qu'on était tous dans le même bateau : des rescapés de descentes de police de deux soirées différentes ! ricana-t-il.

Moi, je riais jaune. De cette première soirée iranienne, je sortis pétrifiée. Les jours suivants, je déclinai les invitations, prétextant un mal de dos ou une fatigue passagère. Quand le soleil se couchait, je restais sagement à la maison, dans l'attente impatiente du lendemain. Mes amis ne comprenaient pas. Ils me trouvaient trop sérieuse. Ils riaient de me voir si prudente. Je n'avais pas leur audace. Je les enviais secrètement. Et puis, un soir, j'ai fini par céder. À contrecœur, j'ai accepté une invitation à un concert clandestin de rock alternatif. Ça se passait dans une église orthodoxe russe, non loin de l'ex-ambassade des États-Unis. Une bâtisse en briques rouges vidée de ses occupants depuis la prise d'otages. Pour déjouer les patrouilles de police, je suis descendue du taxi dans une avenue adjacente, et j'ai marché jusqu'à ma destination à pas de velours. J'avais retenu la leçon.

Les rues étaient désertes. Téhéran somnolait et je me sentais funambule. Devant la porte d'entrée, j'ai murmuré le nom du groupe, *O-hum*, comme un mot de passe. En persan, cela veut dire « Illusion ». En entrant, j'ai aussitôt été happée par le spectacle insolite qui se donnait sous mes yeux. L'église était bondée de jeunes, une croix autour du cou, et des bougies dans les mains. Sous la nef, ça sentait le cierge et la vodka. Les filles portaient des décolletés et les garçons des T-shirts noirs. Il fallait voir avec quelle aisance ils dansaient sans retenue sur des airs interdits. Au milieu d'une scène improvisée, quatre musiciens en blue-jeans grattaient leurs guitares électriques en déclamant des poèmes. Du sens des vers, tout m'échappait. Pourtant, ils avaient comme un tempo familier. Dans la pénombre, quelqu'un me glissa que c'était du Hafez. Du Hafez ! J'en ressentis un frisson. Cela me renvoya aussitôt à la « vague ». À mon premier cours de persan. À toi, Babai, mon grand-père parti trop vite.

C'est à cet instant-là, je crois, que la peur est tombée. Dans cet édifice religieux métamorphosé en Agora musicale, je me sentais désormais en terrain familier. Ton Iran changeait en catimini et voilà que je changeais avec lui. J'avais soif d'en saisir les moindres nuances, de me laisser guider par l'inattendu. Au bout de quelques autres soirées du même esprit, je me rendis à l'évidence : flirter avec le risque avait ce quelque chose de grisant, et je commençais à y prendre goût. Je finis par m'abonner aux séances privées de films censurés et piratés. J'appris par cœur les adresses des meilleures galeries d'art privées qui poussaient comme des champignons. Entre deux reportages, j'acceptai même de poser en robe bleue et cheveux détachés pour Khosrow Hassanzadeh, un des premiers artistes à oser peindre des femmes sans foulard.

De retour à Paris, en juin 1998, une fois mon reportage sur la jeunesse iranienne achevé, je n'avais plus qu'un mot à la bouche : Iran. Un intertitre sur Téhéran dans n'importe quel quotidien suffisait à me faire dévaliser le kiosque à journaux. Écouter les disques de Gougoush, l'ex-diva de la pop iranienne, me donnait la chaire de poule. Le week-end, je dévorais les ouvrages d'Henry Corbin, de Dariush Shayegan, de Sadegh Hedayat… J'enrageais de ne pas pouvoir lire *Le Livre des rois* de Ferdowsî dans sa version originale. Au cinéma, j'enchaînais les séances des films de Kiarostami, incapable de me détacher de mon fauteuil. J'arrêtai même de boire du café : le thé à l'iranienne me ressemblait plus. Abonnée aux imprévus, je m'ennuyais dans les soirées parisiennes. Ma ville, Paris, paraissait soudainement si calme et si fade. Je ne comprenais plus mes amis, leur vie rangée, leur quotidien routinier, leurs vacances réfléchies, leurs sorties au restaurant et leurs dîners programmés des mois à l'avance. Le concept du plan de table, du nombre d'invités parfaitement calculé, m'insupportait. Et pas une bouchée de plus pour les retardataires. À Téhéran, il y avait toujours un couvert de plus sur la table. Un sourire à offrir au nouveau venu. Un morceau de musique qu'on improvise à la fin du repas. Quelques convives qui se mettent à danser.

Ma moitié française commençait à m'agacer. En France, je pris conscience que ma génération n'avait plus rien à prouver. Au même âge, nos mères s'étaient battues pour la légalisation de la pilule, pour l'avortement, pour plus de droits sociaux, pour une meilleure reconnaissance professionnelle. Et nous, nous nous reposions confortablement sur ces acquis. Savions-nous d'ailleurs les apprécier ? Notre liberté n'était pas un combat, c'était un mode de vie. Tout le contraire des jeunes Iraniens. Tels des acrobates, ils slalomaient au quotidien entre les obstacles qui se dressaient, malgré les réformes, sur leur passage. Du matin au soir, leur vie était un savant arbitrage entre le licite et l'illicite. Du haut de leurs 20 ans, ils bravaient les interdits comme on brave les vagues. Avec panache.

Le 21 juin 1998, Lyon accueillit un événement sans précédent pour l'Iran : un match de football opposant son équipe nationale à celle des États-Unis. Une rencontre historique. Les deux pays ne se parlaient plus depuis presque vingt ans. Je n'étais pas une fan de sport, encore moins de ballon rond. Mais cette fois-ci, l'occasion était trop belle. Sans me poser de question, je pris un billet de train pour aller soutenir, des tribunes lyonnaises, l'équipe iranienne. De toute ma vie, je n'avais assisté à un match de football.

À la victoire – 2 à 1 pour l'Iran –, je bondis de joie. Sur mon cellulaire, je composai, à toute allure, le numéro de Leyla, à Téhéran. « On a gagné ! » s'enthousiasma-t-elle à l'autre bout de la ligne. Derrière elle, j'entendis les youyous, les cris d'extase, les klaxons… « Iran ! Iran ! » hurlaient les fans. J'avais les larmes aux yeux. J'enrageais de ne pas être là-bas, avec eux, pour partager ces moments d'euphorie. Au téléphone, Leyla me décrivit la foule en émoi, entassée dans les rues, les hommes en pyjama, les bébés sur les épaules, les adolescentes au visage peinturluré de rouge, vert et blanc, les couleurs du drapeau iranien. « Il y a même des Iraniennes qui font danser les policiers. On n'a jamais vu ça ! » reprit-elle. Et moi aussi, je me suis mise à crier à pleine voix : « Iran ! Iran ! » C'était plus fort que moi.

Tu aurais dû voir le visage de papa : je venais de lui annoncer que je repartais à Téhéran, et cette fois-ci pour de bon.

– Tu es sûre de ton choix ? a-t-il martelé sur un ton contrarié.

En cet après-midi d'août 1998, nous étions assis l'un en face de l'autre dans le salon de l'appartement parisien. Depuis ta mort, papa n'était plus le même. Le deuil avait scié le dernier cordon qui l'attachait à l'Iran. Et tout ce qui touchait à ton pays était source d'irritation.

– Bien évidemment ! lui ai-je répondu, vexée.

Jamais auparavant je n'avais éprouvé le besoin de justifier mes prises de décisions. À la maison, l'indépendance, c'était sacré. Un savoir-vivre occidental inculqué par mes deux parents. Et voilà que papa tentait de s'opposer à mon désir de m'installer à Téhéran.

– Tu ne peux pas comprendre… me dit-il.

Combien de fois avais-je déjà entendu ce refrain… Justement, je voulais comprendre. Et pour cela, il me fallait plonger sans retenue.

À ce moment-là, mon regard se perdit sur ta photo. Depuis que tu nous avais quittés, elle ornait l'étagère principale du salon. Assis dans ton jardin persan, tu souriais à l'objectif, de ce sourire mystérieux qui t'habillait si bien. Ton visage moucheté de taches brunes par le soleil et ta boule à zéro te donnaient des airs de Picasso. Papa s'alluma une Gitane et s'enfonça dans le canapé. Il n'avait jamais été très bavard.

Ses silences parlaient souvent à sa place. Pour une fois, il voulait s'exprimer.

– L'Iran n'est qu'une usine à problèmes… Tu n'arriveras jamais à t'adapter ! Impossible de négocier avec le régime. Si tu savais ce que ses sbires ont fait endurer à ton grand-père pendant toutes ces années…

– Je le croyais apolitique, lui lançai-je, surprise par ce détail qu'on m'avait jusqu'ici épargné.

– C'est une longue Histoire… Disons qu'il n'était pas pro-chah… C'est d'ailleurs ce qui l'a sauvé après la révolution, même s'il était diplomate sous l'ancien régime… Mais ne pense pas qu'il se soit tiré d'affaire aussi facilement ! La République islamique ne punit pas que ses opposants. Son obsession, c'est de tout contrôler : la vie privée, les relations hors mariage, les propriétés… C'est comme ça que les autorités ont saisi une partie des biens fonciers de ton grand-père en lui collant des accusations de « mauvaises mœurs »… Des racketteurs professionnels ! Tu imagines la suite : les convocations devant le juge du tribunal révolutionnaire, qui se prend pour l'envoyé de Dieu, l'humiliation, les bakchichs soutirés par de prétendus avocats, les interdictions de sortie du territoire… Ça a duré pendant presque vingt ans… Cette Histoire l'a achevé…

– Et comment il s'en est sorti ?

– À la veille de sa mort… il a gagné. Le tribunal lui a annoncé qu'on lui rendait enfin ses biens…

Papa marqua une pause et tira sur sa cigarette.

– Comme s'il n'attendait que ça, pour mourir en paix…

C'était donc ça, ce masque de fatigue collé sur ton visage lors de ta dernière visite en France, celle qui avait précédé ton hospitalisation ? À cette occasion, tu avais ressorti ton vieux costume bleu foncé qui sentait la naphtaline et tu l'avais agrémenté d'une élégante cravate rayée. Comme pour tromper le temps. Et pour nous préserver, aussi, de cette souffrance collective qu'enduraient en silence des millions d'Iraniens. Car tu n'étais pas le seul à porter depuis tant d'années le fardeau d'une révolution qui avait mal tourné. Combien de témoignages poignants avais-je entendus au cours de ma première immersion téhéranaise : tous ces récits d'exécutions sommaires, d'adolescents enrôlés de force dans l'armée, de familles de dissidents qui avaient dû fuir le pays à travers les montagnes du Kurdistan pour s'être opposées au fondamentalisme des nouveaux dirigeants… Je ne doutais pas que l'Iran des mollahs était un pays d'illuminés qui castraient leur population en ne jurant que par la loi divine, mais j'étais convaincue que les temps changeaient. De nouveaux acteurs politiques étaient en train d'émerger, d'autres se remettaient en question. Papa était d'ailleurs bien placé pour le savoir : pour la première fois de sa vie, il avait été invité à une réception dans la résidence de l'ambassadeur de la République islamique d'Iran à Paris. L'occasion ne coïncidait ni avec l'anniversaire de la mort de l'imam Hossein, la figure emblématique des chiites, ni avec une énième commémoration de la « révolution islamique ». Ce soir-là, c'est d'investissements dont il avait été question, d'appels d'offres et d'encouragements au retour dans leur pays de milliers d'expatriés iraniens.

– Papa, l'Iran a changé ! m'obstinai-je.

Mais mon père ne l'entendait pas ainsi, il s'enferrait dans son passé. Sa réponse fut catégorique :

– Je n'ai qu'un conseil à te donner. Méfie-toi des Iraniens… Comme dit le dicton persan : « Quand ils t'égorgent, c'est avec du fil de coton. »

Que voulait-il dire ? Qu'ils vous ouvrent la porte pour mieux vous poignarder après ? Ses adages rouillés m'exaspéraient. S'il préférait se mettre des œillères, ça ne regardait que lui. Dans ma tête, j'avais déjà basculé de l'autre côté. Mes valises étaient prêtes. Je voulais repartir au plus vite. Faire mon pèlerinage en Iran, sur cette terre qui était la tienne et qui me soufflait de revenir. J'avais hâte de sonder le passé pour mieux comprendre le présent.

De retour à Téhéran, c'est un ancien révolutionnaire, Emadeddin Baghi, qui m'offrit ma meilleure leçon d'Iran contemporain, celle que ni toi ni papa ne m'aviez donnée. À 37 ans, Emadeddin Baghi était un de ces ex-Che Guevara de l'islam qui avaient troqué la kalachnikov contre la plume. En cet automne 1998, je m'empressai d'aller frapper à la porte du quotidien *Tous*, le dernier-né de la presse réformiste, où ses articles dénonçaient en bloc un système qu'il avait pourtant contribué à mettre en place vingt ans plus tôt. L'immeuble était sobre, perdu dans la brume des embouteillages de la place Haft-e Tir, en plein cœur de la capitale. Dans le hall d'accueil, une jeune standardiste me fit signe de la suivre. Encadré du foulard d'usage, son visage était traversé d'un pansement nasal, signe d'un nez refait – ou d'une simple simulation de rhinoplastie pour se plier à la nouvelle mode en vigueur.

La porte en bois s'ouvrit sur une jolie pièce, nimbée d'une lumière cristal, elle aussi visiblement passée au lifting express. Ça sentait la peinture fraîche et la colle à papier peint. Disposés autour d'une grande table, les fauteuils n'avaient pas quitté leur housse en plastique. Leur prix d'achat pendait encore aux accoudoirs. Autour de la table, une dizaine de jeunes reporters pianotaient sur des ordinateurs flambant neufs. Leurs articles effleuraient des sujets jusqu'alors tabous : l'égalité entre les sexes, une plus grande liberté d'expression, une révision de la Constitution. En l'absence de vrais partis politiques, les journaux étaient devenus le déversoir de toutes les revendications, la tribune des discussions. La tête penchée sur un écran, un homme plus âgé relisait les copies, en commentant leur contenu à voix haute. Casqué de cheveux bruns, il portait une élégante chemise blanche et un pantalon en toile. « C'est Baghi », me chuchota la secrétaire à l'oreille. Des échanges avec ses jeunes confrères, je parvins à saisir quelques mots familiers, directement empruntés au vocabulaire occidental : « lââic », « démocrââtie »… Un jargon inédit qui bourgeonnait depuis peu dans les rédactions des nouveaux journaux.

– Soyez la bienvenue, me dit poliment Baghi, en relevant la tête.

Sa voix était chaleureuse, à la fois douce et posée. Je pris place sur une chaise qui trônait à l'autre bout de la table. En le regardant disparaître dans la cuisine pour en revenir avec un verre de thé fumant, j'eus de la peine à imaginer que ce même homme était de ceux qui « avaient kidnappé l'Iran », comme disait mon père. Dans mon carnet de notes, les questions s'empilaient. Qui était-il vraiment ? Pourquoi avait-il choisi, vingt ans plus tôt, la voix du radicalisme ? Le regrettait-il ? Et surtout, que s'était-il passé pour qu'il finisse par retourner sa veste ? Baghi semblait presque amusé de mon étonnement. Je ne devais pas être la première journaliste à lui faire subir ce genre d'interrogatoire. D'un ton aimable, il me répondit avec enthousiasme :

– Je n'avais que 17 ans au moment de la révolution. J'étais jeune et plein d'illusions. Avec mes amis, on avait formé un groupe de guérilleros qu'on avait baptisé Maysam. On faisait la tournée des universités, on forçait les étudiants à hurler des slogans contre le chah, on diffusait les cassettes de l'ayatollah Khomeyni. On pensait pouvoir changer le monde. On voulait créer la première République islamique sur la terre et on y croyait à fond.

Pour Baghi, l'islam devint rapidement un porte-drapeau. Normal, il avait baigné dedans dès sa plus tendre enfance. Né à Karbala, dans la ville sainte irakienne, il descendait directement d'une famille de dissidents religieux. Son grand-père était un clerc très respecté dans les milieux traditionnels. À leur retour en Iran, en 1963, son père se fit aussitôt arrêter et torturer par la Savak, la police secrète du chah. À partir de là, Khomeyni devint, à ses yeux, l'unique issue de secours.

– C'était le seul qui osait dire non au chah, non à la corruption, non à l'occidentalisation à outrance ! Il promettait de redonner à l'Iran toute sa dignité et son indépendance. C'était un leader spirituel. Et tellement charismatique ! Une sorte de sauveur tombé du ciel. Quand il parlait, nous buvions ses paroles sans réfléchir.

À l'époque, les religieux ne furent pas les seuls à en faire leur nouveau héros. Dès son retour au pays, le 11 février 1979, l'ayatollah Khomeyni cristallisa vite une palette de tendances hétéroclites autour de lui : islamistes, laïcs, nationalistes, communistes. Séduites par ses promesses d'égalité entre les sexes, de nombreuses femmes parièrent sur ce leader d'un nouveau genre. Elles allaient vite déchanter. Sacré Guide suprême, il devint le personnage clef de l'État, la source de toute légitimité politique. Au point de s'approprier le titre d'imam, à l'instar du Mahdi, le messie que les chiites attendent depuis des siècles…

Pendant ces premiers mois d'euphorie collective, les révolutionnaires s'attaquèrent aux symboles de l'ancien régime : statues, villas de hauts fonctionnaires, bâtiments administratifs. Baghi, lui, choisit comme cible la tristement célèbre prison d'Evin, où nombre de ses proches avaient croupi pendant tant d'années.

– Quand les portes de la prison s'ouvrirent enfin, j'étais fou comme un gamin ! J'ai voulu aller voir, parcourir les cellules, comprendre l'horreur de la torture, en me disant : Plus jamais ça ! Je me suis dit : Il faudrait qu'on en fasse un musée, pour ne jamais oublier, pour que cela ne se reproduise plus…

En prononçant ces paroles, Baghi était loin d'imaginer qu'il finirait par se retrouver, des années plus tard, derrière ces mêmes barreaux. Mais nous n'en étions pas encore là. Plongé dans ses souvenirs, il poursuivit son récit :

– Contaminé par la fièvre islamique, je partis m'installer

à Qom, le Vatican du chiisme, où je m'inscrivis à l'école théologique. Pendant des années, le Coran fut mon seul compagnon, ma feuille de route…

La désillusion n'arrivera que dix ans plus tard, en 1989, avec la mort de Khomeyni et la fin de la guerre Iran-Irak. L'extase religieuse, encouragée par les discours du Guide suprême et la bataille au nom de l'islam chiite contre l'ennemi sunnite Saddam, commença à s'essouffler. D'abord soudés autour du Guide suprême, les acteurs des différentes factions politiques se mirent à s'entre-déchirer. Ceux qui avaient accaparé le pouvoir faisaient preuve d'un conservatisme outrancier. Les autres, laissés à la marge, se réfugièrent dans les études philosophiques et sociologiques. Ils s'appelaient Saeed Hajjarian, Abdolkarim Soroush, Akbar Gandji… Anciens membres de la sécurité et des Gardiens de la révolution, ces ex-puissants hommes de l'ombre devinrent les nouveaux maîtres d'œuvre du changement. C'est de ce groupe qu'allait naître le courant réformateur.

– J'ai alors décidé de suivre le mouvement. Je suis rentré à Téhéran, et je me suis inscrit à l'université Allameh Tabatabaï pour étudier la sociologie. Puis, j'ai commencé à écrire, poursuivit Baghi.

En l'écoutant, je repensais à Abbas Abdi, un autre disciple de Khomeyni. Pendant que Baghi potassait le Coran à Qom, Abdi participait à l'assaut contre l'ambassade des États-Unis à Téhéran. Après des années de militantisme pur et dur, cet expreneur d'otages était devenu un des plus proches conseillers de Khatami. Fin juillet 1998, il avait même franchi la ligne rouge en acceptant un face-à-face avec Barry Rosen, un exotage américain. Historique, la rencontre se déroula sous les caméras du monde entier dans l'enceinte de l'Unesco à Paris. Je me souviens avoir suivi cet échange de près qui se déroula, coïncidence du destin, dans ce même lieu de dialogue et de culture où tu avais exercé. En vingt ans, ce fut le premier tête-à-tête du genre. Une forme de *mea culpa* à peine voilée.

Et Baghi ? Regrettait-il d'avoir vociféré tous ces slogans anti-impérialistes en pensant tourner à jamais la page d'un système tyrannique ?

– Vous savez, même Michel Foucault, un de vos plus grands penseurs, fit en son temps les louanges de la République islamique... Aujourd'hui, le plus important, c'est de reconnaître nos erreurs et d'être à l'écoute des revendications de mon peuple... C'est notre Thermidor à l'iranienne.

Ce parallèle avec l'époque postrévolutionnaire française, lorsque les libéraux prirent leurs distances avec la terreur prônée par Robespierre, retint toute mon attention. Baghi avait lu de nombreux ouvrages, il s'était documenté pour mieux appréhender son pays au regard de l'Histoire. Il voulait désormais profiter de cette nouvelle tribune qu'était la presse pour aider son pays à traverser cette période de changement. En sortant de *Tous*, j'ai tout de suite su que nous étions appelés à nous revoir. Sa franchise, son sens de l'analyse allaient me guider, des années durant, dans l'inextricable labyrinthe iranien.

Sur le chemin du retour, je m'arrêtai au kiosque à journaux de ton quartier, celui où tu avais habité avec grand-mère. Un rituel quotidien depuis que j'étais revenue à Téhéran. À force de me voir rôder autour de son stand, le vendeur m'avait apprivoisée. Chaque jour, il me réservait le meilleur cru, pioché parmi les publications réformistes, qu'il me traduisait sommairement, grâce à un petit dictionnaire d'anglais, calé entre les paquets de cigarettes et les boîtes de chewing-gums. Ce jour-là, c'est une satire d'Ebrahim Nabavi qui retint son attention. Nabavi, étonnant personnage, passé du militantisme anti-chah à la satire anti-mollahs... Depuis qu'on laissait respirer les journalistes, il était l'auteur d'une chronique cinglante que publiait quotidiennement *Tous*. Baptisée « La cinquième colonne » – un pied de nez aux attaques des conservateurs qui voyaient derrière chaque journaliste un « espion » potentiel ! –, elle raillait sans scrupule les ultras du régime. Le succès était tel que les meilleurs écrits de Nabavi faisaient le tour des universités, où ils se déclinaient sous forme de blagues qu'on s'échangeait dans les amphithéâtres. Je plongeai la tête dans le petit texte, minutieusement entouré de rouge par le vendeur de journaux. La satire du jour simulait, avec ironie, un discours conservateur : « Nous sommes contre la politique des talibans, sauf en ce qui concerne les femmes, les jeunes, la politique et la guerre. »

Il ne pensait pas si bien dire.

Fouiller l'Histoire de ton pays, c'était fouiller ton Histoire. Celle d'un érudit dont j'ignorais presque tout. En tête de la liste des autres personnalités qu'il me tardait de rencontrer, j'avais surligné le nom de Dariush Forouhar. À 70 ans, cet homme était un intellectuel de ta génération. Depuis sa folle soirée, Niloufar m'en avait souvent parlé avec admiration. « Un homme intègre, un vrai démocrate laïc qui s'est toujours battu pour son pays... Mon père spirituel... Je vais te le présenter », m'avait-elle promis. Son âge avancé avait instinctivement retenu mon attention. Lui seul, me disais-je, serait en mesure de me parler de ton Téhéran, celui de ta jeunesse. Je me faisais une joie d'échanger avec lui.

Et puis, quelques jours avant notre rendez-vous, la nouvelle de sa mort est tombée comme une bombe.

C'était un matin d'automne 1998, à l'heure où les arbres commencent à perdre leurs premières feuilles. Grand-mère était sortie pour faire une course. Je prenais mon petit déjeuner quand Niloufar m'a appelée :

– Ils ont tué Forouhar ! Ils ont tué Forouhar !

La voix cassée, elle a juste prononcé ces quelques mots. Puis ses paroles se sont transformées en un bourdonnement métallique, avant d'être englouties par le silence.

– Allô ? Allô ? ai-je répété, n'ayant pour seul retour qu'une enfilade de « bip, bip ».

J'ai aussitôt recomposé son numéro, mais la ligne était

sans cesse occupée. Blottie contre la fenêtre, j'ai longtemps fixé les montagnes, légèrement enneigées, avant de raccrocher définitivement le combiné. Dariush Forouhar avait été assassiné ! Troublée, j'ai allumé le téléviseur en quête du bulletin d'actualités. « Au nom de Dieu le Tout-Puissant et le Miséricordieux… » débitait le présentateur sur un ton aussi monocorde que le grondement d'un lave-vaisselle. Impatiente, j'ai zappé sur les autres chaînes. Au programme : un cours de Coran, un épisode de l'*Inspecteur Derrick* doublé en farsi, et un vidéoclip sur la guerre Iran-Irak… Pas un seul mot sur Forouhar. La Voix et l'Image (*Seda-o sima*) – le nom officiel de la télévision d'État – omettait d'évoquer ne serait-ce que le nom du penseur controversé. Des récits rapportés par mes amis de plume, je savais que cet organe de propagande du régime avait pris pour habitude, dans les années quatre-vingt-dix, de s'attaquer aux écrivains et aux opposants dans un redoutable programme qui s'appelait *Hoviyat* (Identité). Une sombre époque que tout le monde croyait pourtant révolue.

Je me décidai à appeler mon amie Leyla, la reine de la nuit. À peine avais-je prononcé le nom du vieil homme qu'elle me répondit brièvement qu'elle était pressée. Elle qui passait habituellement des heures pendue au téléphone n'avait pas une seule minute à m'accorder. À la hâte, je tentai un autre numéro. Au bout du fil, l'autre amie changea aussitôt de sujet : « Au fait, la prochaine fois que tu vas en France, n'oublie pas de me rapporter un exemplaire de *Elle*. » Sa réaction était inhabituelle. Pourquoi une telle paranoïa ?

Inquiète, je partis sonder une collègue italienne, Nadia Pizzuti, une des rares femmes correspondantes de presse à Téhéran.

– Ça sent le cramé, me dit-elle, en m'ouvrant sa porte.

Elle avait tout de suite deviné la raison de ma visite.

– Est-ce qu'on en sait plus ?

– Il semblerait qu'il ait été assassiné à coups de couteau…

Sa femme aussi… Ça s'est passé à leur domicile… C'est un des amis de la famille qui a retrouvé leurs corps… défigurés, ensanglantés…

Quelques heures plus tard, les informations se confirmèrent au compte-gouttes. Avec des détails encore plus sordides : le couple avait été sauvagement poignardé et mutilé des dizaines de fois, avant que leurs assassins ne jettent leurs corps en direction de La Mecque. De toute évidence, le crime était réfléchi et il portait la signature d'un fou d'Allah. Mais comment justifier un acte aussi inhumain au nom de l'islam ? Et pourquoi Forouhar plus qu'un autre ? De ce vieux dissident, je connaissais à vrai dire peu de chose.

Nadia, qui habitait l'Iran depuis plus longtemps que moi, m'expliqua qu'il était de ces hommes qui ne renoncent jamais à leurs idéaux. Sous la monarchie, il avait déjà payé au prix fort son combat pour la liberté d'expression, en passant quinze années derrière les barreaux. Puis, à la chute de l'ancien régime, il avait brièvement occupé le poste de ministre du Travail, avant de basculer de nouveau du côté de l'opposition. Depuis, il dirigeait un parti illégal, mais officieusement toléré, le Front national, mouvement politique national et démocratique. Mais de là à en faire un homme à abattre…

– Il n'aurait pas fait de mal à une mouche, poursuivit Nadia. À part la diffusion d'une lettre d'informations sur les violations des droits de l'homme, distribuée à son entourage sous forme de photocopies, il n'était plus très actif.

– Si ses idées ne plaisaient pas à certains ultras, pourquoi ne se sont-ils pas contentés, selon leurs bonnes habitudes, de le mettre en prison ? demandai-je à ma consœur.

Un épais silence envahit le bureau de Nadia. Depuis le début des années quatre-vingt-dix, la République islamique semblait avoir renoncé aux assassinats d'opposants. Le dernier remontait à 1992, quand quatre dissidents kurdes furent tués dans un restaurant de Berlin. Ni l'une ni l'autre ne trouvions d'explication à ce soudain regain de violence.

– Décidément, je ne comprendrai jamais ce pays, murmurai-je, désemparée.

Pourtant, je m'obstinai. Le jour des funérailles, je n'ai pas hésité. Dans ma collection de manteaux noirs, j'ai pioché le plus long et je l'ai assorti d'un châle couleur corbeau. Dans mon uniforme passe-partout, je me suis glissée dans un bus des transports publics. Il était bondé. Sans dire un mot, je suis montée dans le compartiment arrière, celui des femmes. À l'arrêt le plus proche de la mosquée Fakhar, où se tenaient les obsèques, je suis descendue en suivant le mouvement. D'un pas lent et solennel, les passagers se déversaient dans la rue, déjà gonflée par une foule compacte et silencieuse. C'est dans ce quartier sud de Téhéran que le couple Forouhar vivait modestement depuis des années.

L'ambiance était lourde de tristesse. Les regards en alerte. Personne n'osait prononcer un mot, comme si la peur avait de nouveau muselé toutes les bouches. Puis, au bout de quelques minutes, l'indignation prit le dessus. Brisant la sobre mélodie des pas sur le pavé, un homme d'une soixantaine d'années entama des chants à la gloire des défunts. Emportées par le rythme, des mains se levèrent vers le ciel. Elles brandirent les portraits de Dariush Forouhar, la moustache lissée au peigne fin et dressée en pointe, et de sa femme Parvaneh, mèches de cheveux gris dépassant du foulard. Le couple était inséparable, m'avait dit Niloufar. Tandis qu'il militait contre l'obscurantisme, elle écrivait des poèmes. Le dos courbé, appuyé sur sa canne, un vieux sympathisant laissa échapper une larme. Il portait une cravate et un petit béret. « Liberté de pensée pour toujours ! » fredonna une voix frêle. Je me retournai. C'était une Iranienne d'une trentaine d'années, un pin's du parti de Forouhar accroché à son manteau noir. J'ai aussitôt été touchée par cette scène. Sous mes yeux, deux générations s'alliaient contre l'obscurantisme. J'ai pensé à toi, Babai, à ce duo qu'on aurait pu former. À ce tandem impossible.

À une vitesse éclair, la procession se transforma en manifestation, emportant dans son sillage des centaines d'autres jeunes, d'abord rassemblés discrètement sur les trottoirs. « Je n'avais jamais entendu parler de Forouhar, m'avoua l'un d'entre eux. Mais, en le tuant, ils en ont fait un symbole de notre résistance ! » Derrière lui, des étudiantes sanglotaient, tête basse. « Vous avez vu cette foule ! s'exclama un des organisateurs. C'est le signe que la bataille pour plus de liberté est toujours en vie, on ne pourra pas l'étouffer ! » Et puis il se produisit quelque chose d'inattendu. Au lieu d'embarquer directement dans des autocars, garés le long de l'avenue, pour rejoindre directement le cimetière Behecht-e Zahra, où les corps devaient être enterrés, le cortège prit d'abord la direction du Majlis. D'un pas déterminé, ils s'approchèrent du bâtiment de ce Parlement iranien créé après la révolution constitutionnelle de 1906 contre le roi Qajar. Un symbole incontournable du long combat – inachevé – des Iraniens pour l'indépendance et la démocratie.

La police était là, sur ses gardes. Les préposés à l'ordre formaient un cordon autour du Majlis, prêts à dégainer au premier dérapage. Les sympathisants poursuivirent malgré tout leur avancée. Ils avançaient prudemment, main dans la main, portés par leur entêtement à honorer jusqu'au bout la mémoire des défunts. Ils n'étaient pas là pour provoquer, ils voulaient juste faire passer leur message. « Les assassins pensent, en vain, qu'avec des actes atroces, ils pourront décourager le peuple iranien de poursuivre sa lutte vers la démocratie et la justice », prévenait, en lettres noires, un pamphlet qui circulait sous le manteau et dont j'ai gardé la copie.

Le message fut ostensiblement ignoré par les tueurs. Les jours suivants, d'autres victimes allaient tomber, les unes après les autres. Comme les feuilles d'automne, sans faire de bruit. Madjid Charif, Mohammad Mokhtari, Mohammad Pouyandeh… Hommes de lettres, ils avaient tous en commun de militer pour la liberté de parole. D'abord portés disparus, leurs corps furent retrouvés en pleine rue. Inanimés. Étranglés.

Les criminels ne laissèrent aucune trace. Ni empreinte digitale ni revendication. Des actes gratuits, lâches, sans motif apparent, à part celui de semer la confusion et l'inquiétude chez les écrivains et les défenseurs de la démocratie. Qui se cachait derrière cet escadron de la mort qui décapitait la communauté intellectuelle ? Et surtout, pourquoi des actes aussi sauvages ?

Un après-midi, je rendis visite à Amir Hassan Tcheheltan, un ami écrivain. Depuis ce déluge d'assassinats, il se terrait chez lui. La main tremblotante, il me tendit un document, format A4. « C'est la liste des personnes à abattre », murmura-t-il, effondré, comme si les murs avaient des oreilles. J'y jetai un coup d'œil. Son nom y figurait en plein milieu. Noir sur blanc. Je n'osai même pas lui demander comment ce papier avait atterri entre ses mains. « Et dire que j'avais pris l'habitude de ne plus trembler quand j'entendais des pas derrière ma porte », murmura-t-il.

Quand je l'avais rencontré, quelques semaines plus tôt, il était un autre homme. Le sourire accroché aux lèvres, il m'avait dédicacé un de ses romans, censuré depuis des années. L'ouvrage venait enfin d'être publié ! Puis il m'avait mise dans la confidence d'un nouveau projet : relancer, avec ses amis de plume, la fameuse Association des écrivains, une organisation interdite qui militait contre la censure. Ces gens-là pensaient qu'avec la timide libéralisation du régime, l'avenir leur appartenait de nouveau. « Maintenant, je suis à nouveau rongé par la peur, de jour comme de nuit », me confia Amir Hassan Tcheheltan, en me raccompagnant à sa porte. En nous serrant la main, ni l'un ni l'autre nous n'eûmes le courage de prononcer le mot « au revoir ». Nous savions trop qu'il pouvait avoir un goût d'« adieu ».

Plus tard, j'appris qu'Amir Hassan et une cinquantaine de ses collègues avaient osé briser le silence en rédigeant une lettre à Khatami, dans laquelle ils l'imploraient de faire la lumière sur ces meurtres crapuleux. Dans un élan de courage inédit, le président se rangea de leur côté. À sa demande explicite, une enquête fut ouverte. Elle révéla au grand public une information qui, en d'autres temps, aurait été étouffée : ces crimes portaient l'empreinte des agents des puissants services de sécurité. Pointé du doigt, le ministre des Renseignements, Ghorbanali Dorri-Najafabadi, finit par démissionner. Une victoire de taille pour les politiciens réformistes. Mais si les assassinats s'interrompirent, les assassins, eux, ne furent jamais connus. Ni punis. Au bout de quelques mois, l'affaire se conclut sur une Histoire de crème à épiler, prétendument avalée par le suspect numéro un, Saeed Emami, dans la cellule de sa prison. Les intellectuels iraniens, eux, s'efforcèrent de tourner la page, pour poursuivre leur traversée vers un avenir plus glorieux. Se doutaient-ils que ces meurtres n'étaient que le prélude macabre à une série d'attaques encore plus sournoises contre les partisans du changement ?

C'est à la même époque que j'ai commencé à me réveiller en sursaut. Je m'étais pourtant habituée à dormir d'une traite, bercée par le murmure continuel du *djoub*, ce petit courant d'eau qui glissait à travers Téhéran, nourri de la neige fondue des montagnes, et qui courait sous les fenêtres de ta maison. Et puis, des bruits épisodiques se mirent à perturber mon sommeil. Un matin, j'ai même cru que j'allais frôler la syncope. Quand j'ai ouvert les yeux, mon cœur battait la chamade. Il devait être 5 heures du matin. J'étais en nage. Je me suis redressée sur le lit et j'ai tendu l'oreille. Les bruits ressemblaient à ceux de pas furtifs sur les carreaux. Ils venaient du salon, de l'autre côté du corridor. Avant de me coucher, j'avais pourtant mis le cadenas sur la grille de l'immeuble. Les fenêtres, aussi, étaient closes.

« Il n'y a rien de pire que de sombrer dans la paranoïa... », m'avait prévenue Nadia, mon amie journaliste, de quinze ans mon aînée. Quelques jours plus tôt, elle avait tenté de me rassurer quand je lui avais confié que des objets s'étaient mystérieusement volatilisés de ma chambre à coucher. Quelques magazines féminins, rapportés de Paris. Une ou deux chemises. Rien d'important, mais quand même... J'avais fini par mettre ça sur le dos de la fatigue et du stress. Parfois, le manque de sommeil prête à la confusion.

Un soir, une idée saugrenue m'avait même traversé l'esprit : et si c'était ton fantôme qui veillait sur la demeure familiale, dernier bâtiment d'une impasse bordée d'arbres majestueux, que je partageais avec grand-mère ? De ta maison en briques blanches à deux étages, j'occupais le niveau supérieur. Lovée tout au fond, à droite, elle portait le numéro « 12 + 1 ». Les chiffres avaient été inscrits à la peinture noire, juste au-dessus de la porte d'entrée, sans doute pour effacer le menaçant « 13 » d'origine que redoutaient les esprits superstitieux.

Mais cette nuit-là, les bruits étaient bien réels.

– Qui est là ? ai-je demandé, en m'approchant timidement de la porte du salon.

Les pas s'interrompirent. Je glissai la tête dans l'entrebâillement.

Ce n'était pas une illusion d'optique : il y avait bel et bien quelqu'un ! Une silhouette fine, cachée derrière le canapé... Dans le clair-obscur, je parvins progressivement à en distinguer quelques signes particuliers : visage de cire, cheveux dorés au henné, un corps frêle enveloppé dans une longue chemise de nuit. C'était une figure féminine et étrangement familière...

– Mamani !!!

Pieds nus dans ses pantoufles, grand-mère se tenait là, un double des clefs du deuxième étage pendu à son cou !

– Mais que fais-tu ici ? Tu m'as fait peur ! lui lançai-je, fâchée.

– Je... je n'arrivais pas à dormir... Alors, je suis montée faire un tour, murmura-t-elle, penaude.

C'était donc elle, les journaux qui disparaissaient discrètement, les traces de doigts sur la commode, les tiroirs à moitié refermés, les tubes de crème qui se vidaient mystérieusement. L'odeur d'herbes fraîches laissée sur son passage aurait pourtant dû la trahir. Décidément, ton épouse avait l'art de me surprendre...

Dès mon installation à Téhéran, l'apprivoisement mutuel s'était révélé une entreprise périlleuse. Entre elle et moi, le fossé était double : générationnel et culturel. Selon les codes iraniens en vigueur, je n'avais eu d'autre choix que d'établir mes quartiers dans la maison familiale. Grand-mère, elle, en avait profité pour poser ses jalons.

« Voici ton appartement », m'avait-elle annoncé à mon arrivée, en m'indiquant le deuxième étage juste au-dessus de chez elle.

L'espace qu'elle m'avait réservé croulait sous un tapis de poussière. Partout de vieux bibelots et des cartons scellés par du scotch d'emballage. Mais il avait le mérite d'être séparé du premier étage par une porte qui fermait à double tour. Aussitôt le ménage terminé, des plans s'étaient alors dessinés dans ma tête. Cette pièce calme allait devenir mon bureau. La cuisine aux murs décatis serait repeinte en jaune. Le balcon dissimulerait l'antenne parabolique permettant de se connecter illicitement aux chaînes étrangères. Le grand salon accueillerait mes nouvelles connaissances. Je ne doutais pas un instant qu'en devenant la « voisine » d'en haut, j'allais perdre mon indépendance. Il me suffit de quelques jours pour en avoir la confirmation.

Très vite, je devins l'objet de toute son attention, le sujet de toutes ses discussions. « Abandonnée », disait-elle, par ses trois enfants, piqués par le virus de la liberté occidentale, elle avait réglé, des années durant, l'horloge de sa vie à ton service : petit déjeuner, déjeuner, dîner, heure des médicaments, du thé, de la visite chez le médecin… Tout était parfaitement calibré, à la minute près. Vous vous chamailliez tout le temps, mais c'était comme ça : tu étais sa raison de vivre, sa colonne vertébrale. Je me suis toujours demandé si vous vous étiez jamais aimés. À votre époque, l'amour avait un autre sens. Tu lui avais passé la bague au doigt quand elle n'avait que 16 ans. Un mariage arrangé, selon les traditions en bonne et due forme, m'avait-elle raconté. Elle, fille de commerçants du bazar. Toi, descendant d'une famille d'intellectuels. Avec le temps, vous aviez fini par vous habituer l'un à l'autre.

Après la révolution de 1979, grand-mère s'était construit,

à tes côtés, une forteresse imaginaire. En prenant le pouvoir, les religieux lui avaient volé ses repères. Il y avait d'abord ce voile qui lui écrasait la mise en plis. Mais aussi toutes ces rues qui avaient changé de nom. Sur les plaques en métal bleu et blanc, place aux ayatollahs, aux martyrs de la guerre Iran-Irak… C'est à cette époque que sa mémoire, pourtant si bonne, devint sélective. Pour elle, l'avenue Pasdaran (les fameux Gardiens de la révolution) allait toujours rester l'avenue Soltanat Abbad : un long ruban de bitume qui file vers les quartiers huppés du nord de la capitale et qui croise, à la perpendiculaire, l'impasse abritant votre maison. Non qu'elle fût nostalgique de l'ancien régime. Mais par pur instinct de contradiction – un trait de caractère dont je ne comprendrais les raisons que bien plus tard.

À ta mort, le vide laissé par ton absence acheva de chambouler ses habitudes quotidiennes. Déboussolée, elle avait tiré tous les rideaux du bâtiment de deux étages. Dans son vaste salon, les fauteuils avaient retrouvé leurs housses en nylon. Votre maison était son dernier refuge. Pour elle, le *biroun* n'existait plus. Il n'y avait que de l'*andaroun*. Tandis que ses murs s'épaississaient de jour en jour, son quotidien se mit à tourner autour du samovar – prêt à cracher du thé, pour les visiteurs de passage, trop rares à son goût – et de l'alimentation quotidienne des poissons rouges – seuls locataires islamiquement corrects de ce qui fut, à une autre époque, le bassin de l'arrière-cour. Parfois, il lui arrivait de passer des semaines entières en pyjama, enfermée dans sa « prison dorée » – comme elle l'appelait – et dont elle seule possédait les clefs : celle du cadenas de la grille d'entrée, du hall principal, de son salon, de sa chambre à coucher. Chez elle, même le réfrigérateur se fermait à double tour.

Avec le temps, Mamani s'était transformée en héroïne de sa propre tragédie. Son théâtre grec avait pour rideau la fenêtre qui séparait la cuisine du monde extérieur. Le nez collé à la vitre, elle s'y enveloppait souvent pour épier, avec suspicion, ce qui se passait de l'autre côté : le va-et-vient du fils de la voisine, à cheval sur son vélo, le cliquetis du vendeur de camelote, l'accordéon du mendiant. Un de ses passe-temps favoris. Sous ses persiennes, le flot régulier du *djoub* couvrait le murmure, au loin, d'une ville où le rêve de démocratie accouchait dans la douleur. Rien, dans cette maison, ne nous rapprochait, si ce n'était ta photo qui trônait au milieu de sa collection de papillons en plastique, et qu'elle dépoussiérait quotidiennement. Ironiquement, tu étais notre seul dénominateur commun.

Un jour, j'avais osé lui demander pourquoi elle ne venait pas vivre en France, là où tu étais enterré. Après tout, elle s'y sentirait moins seule.

– Pour qu'on me jette dans un hospice de vieux ? Non merci ! m'avait-elle répliqué. Et puis, maintenant que tu vis à Téhéran, je ne vais pas t'abandonner. Une jeune femme qui vit seule, ça ne se fait pas. Il en va de notre réputation familiale.

Veuve à 70 ans, dépourvue de repères, c'était donc naturellement qu'elle s'était mise à réorganiser son nouveau quotidien autour de cette petite-fille qui faisait brusquement irruption dans sa vie. Animée par un regain d'instinct maternel, elle souhaitait contrôler les moindres replis de ma vie. Et ne manquait pas de tours de passe-passe pour parvenir à ses fins.

Vaccinée contre ses éternelles litanies à propos de ses jambes qui n'étaient plus bonnes à rien, je la pensais incapable de grimper les cinquante marches qui nous séparaient. Ce jour-là, à cinq heures du matin, je découvris, béate, ses talents d'escaladeuse et son art d'enfoncer les portes. Pire, ma contrariété face à son apparition nocturne ne fit qu'aiguiser son instinct fouineur et castrateur. Après cet épisode malencontreux, la moindre visite à l'improviste d'un cousin lointain devint un prétexte pour me faire descendre dans sa cuisine au plus vite pour l'aider à servir le thé et les gâteaux. Souvent, les convocations se passaient par interphone interposé, sous le regard interloqué des voisins. De loin, je voyais bien qu'ils observaient avec amusement ce petit bout de femme aux allures de cheftaine qui, du perron de sa maison, appelait sa petite-fille, un tchador jeté pour la forme sur son pyjama, en enfonçant ses doigts sur la touche de l'interphone. Pour asseoir encore plus son autorité parentale, elle se mit à agrémenter mes sorties d'un rituel bien cadré. Quand je m'éclipsais pour plus d'une journée, elle s'empressait de me passer le Coran au-dessus de la tête et de me faire tourner jusqu'à l'épuisement, tout en susurrant quelques versets appris par cœur. Elle qui pratiquait sa religion à la carte y voyait là une façon de me protéger contre le mauvais œil. Une façon, aussi, de prier secrètement pour que je revienne sur le droit chemin.

Car, à ses yeux, j'avais tout faux : célibataire à l'âge où elle avait déjà eu deux enfants, peu sociable – pour avoir osé refuser de saluer une de ses amies de passage, alors que j'étais en plein direct à la radio –, toujours encline à plonger la tête la première dans un livre dès qu'elle colportait le dernier ragot du quartier… J'étais « trop française » à son goût. Trop individualiste, trop secrète, trop froide. Trop, trop, trop. Pire : j'avais le malheur de m'ennuyer dans les dîners familiaux. « En Occident, on vous élève avec une pierre à la place du cœur », me répétait-elle à l'envi. Avec, à l'appui, la même rengaine : « Si tu attends trop pour te marier, tu seras trop vieille et trop fripée. Les hommes ne voudront plus de toi… » Parfois, j'en venais à me demander comment tu avais pu la supporter pendant tant d'années, toi qui, à l'inverse, pratiquais l'art de la discrétion à l'extrême.

Un jour que Khatami était en train de parler à la télévision, je tentai de la faire parler politique en espérant y trouver un potentiel terrain d'entente. En vain.

– Le chah, les mollahs, tous les mêmes ! Des dirigeants corrompus qui ne nous laissent pas respirer, me lança-t-elle.

– Oui, mais Khatami, on le dit différent.

– Tu parles ! D'ailleurs, je n'ai jamais voté…

En fait, son seul rapport à la politique, c'était RFI en farsi. Il lui arrivait souvent d'écouter, un vieux transistor sur les genoux, le bulletin d'actualités du soir, capté clandestinement sur ondes moyennes. Sa façon à elle de s'extirper de son isolement et de se rapprocher de ses trois enfants, éparpillés entre la France et les États-Unis. Alors que la radio crépitait à plein volume jusque sur mon palier, Mamani se laissait emporter par le rêve d'un jour où, inchallah, tous réunis à Téhéran, elle pourrait enfin retirer la vieille toile cirée de la table à manger, libérer les canapés de leurs housses en nylon, glisser des fleurs dans le grand vase blanc et dépoussiérer les photos de famille qui ornaient le buffet du salon…

Seule la sonnerie du téléphone avait le pouvoir de l'arracher à ses pensées et de mettre un terme à ce vacarme. À peine deux *drrring* amorcés, qu'elle avait déjà sa main collée au combiné, s'assurant de ne manquer aucun appel… y compris ceux qui m'étaient destinés. En mon absence, elle s'octroyait même le droit de passer au crible les interlocuteurs qui cherchaient à me contacter. Si c'était un homme, il lui fallait savoir s'il était de bonne famille – sait-on jamais ! Si l'appel venait de Paris, elle y voyait l'occasion idéale pour dérouiller son vieux français. Quand la dramaturge Pari Sâberi laissait un message pour m'inviter à sa dernière pièce de théâtre, Mamani se débrouillait toujours pour obtenir, elle aussi, un billet. Un matin, elle frôla la crise cardiaque après avoir reconnu la voix d'Abbas Kiarostami dans le combiné téléphonique ! Le cinéaste iranien de renommée internationale me rappelait à propos d'une demande d'interview. La semaine suivante, grand-mère n'avait que son nom à la bouche. Kiarostami ! Tout le voisinage en fut informé. Et moi, je fis soudainement l'objet de l'admiration de tout le quartier.

Excédée par ces intrusions en série, je ne tenais plus en place. L'Iran que Mamani voulait m'imposer ne ressemblait pas à l'Iran dont tu m'avais donné le goût. Plus elle tentait de m'enfermer dans sa routine quotidienne, plus l'envie de m'en affranchir se faisait pressante. Pour éviter une révolution de palais dans ma propre famille, il me fallait absolument prendre le large. Retrouver au plus vite l'esprit du voyage.

Bandar Abbas ! J'ai encerclé au feutre rouge le nom de cette ville portuaire sur une vieille carte retrouvée dans un de tes cartons. Les pieds dans le golfe Persique à la pointe méridionale de l'Iran, cette cité multiculturelle m'avait toujours attirée. Le grand écart qui la séparait de Téhéran la rendait encore plus intrigante. En ce mois de février 1999, j'avais enfin trouvé un prétexte idéal pour m'y rendre : les élections municipales, les premières de la République islamique. Alors que la capitale hibernait sous son manteau de neige, s'efforçant de panser le traumatisme des assassinats en série, j'ai pris mon sac à dos, enfilé mon foulard d'usage et j'ai hélé un taxi sur l'avenue Pasdaran.

La route qui menait à l'aéroport de Téhéran m'offrit la meilleure introduction à la campagne électorale. Banques, arrêts de bus, stations d'essence... Aucun espace n'avait échappé au collage express des posters de candidats qui, pour beaucoup, donnaient dans l'insolite. Le signe d'une envie de franchir les obstacles, de poursuivre coûte que coûte le chemin escarpé des réformes. Tchador noir et bottines rouge carmin, Faezeh Hachemi, la fille de l'ex-président Rafsandjani, se démultipliait à perte de vue. Accolé à sa photo, un slogan prônait l'égalité entre les sexes. Frappée par l'ampleur de cette compétition politique hors du commun en République islamique, j'arrêtai mon taxi pour acheter les journaux. En pages centrales du quotidien *Salam*, les désormais habituels encarts publicitaires pour « épilation au laser » et « régime miracle » avaient été pris d'assaut par les nombreux candidats. Tentés par les vertus de Photoshop, les uns posaient aux côtés de Khatami, le réformateur, les autres avec Khamenei, le conservateur. En feuilletant le journal *Iran*, je tombai des nues : un candidat indépendant de la ville sainte de Mashhad, Djamal Sanat Negar, déclarait dans une interview se moquer des *mostahabbats*, ces bonnes actions pieuses recommandées au croyant pour son salut. Brisant la barrière traditionnelle entre public et privé, il dressait fièrement la liste de ses péchés mignons : les sandwiches, le cinéma… et la musique pop qui le mettait « dans tous ses états » ! Sans oublier un détail controversé : son désir de rapprochement avec l'Amérique.

Ce climat de détente politique avait du bon. Au bureau des médias étrangers, rattaché au puissant Ershad, le ministère de la Guidance et de la Culture islamique, mon accréditation de presse m'avait été délivrée sur-le-champ. Je n'eus à justifier ni les motivations de mon déplacement ni le fait de voyager seule, sans « chaperon », c'est-à-dire sans un membre masculin de ma famille. Mon projet de circuler en bus de Bandar Abbas à Bouchehr, charmant port de pêche aujourd'hui au cœur de la crise nucléaire, ne suscita aucune objection de mes interlocuteurs. « Attention aux crevettes, elles sont très épicées », se contenta de sourire Ali Reza Shiravi, un des fonctionnaires du ministère, en me souhaitant bon voyage.

J'atterris à Bandar Abbas les yeux écarquillés. Rien, dans cette ville multicolore qui croulait sous la chaleur, ne rappelait le froid et la pollution de la capitale. À la descente de l'avion, un jeune homme à la peau cuivrée par le soleil m'attendait sur le tarmac de l'aéroport. C'était Moussa, un jeune photographe qui allait être mon guide pendant mon séjour. En me déposant à mon hôtel, il m'invita à le retrouver quelques heures plus tard pour une soirée entre amis. J'acceptai l'offre au pied levé. Le chauffeur de l'hôtel, lui, ne partagea pas le même enthousiasme. En lisant l'adresse griffonnée sur un bout de papier, ses yeux s'écarquillèrent d'effroi. Comme si j'avais rendez-vous avec des coupeurs de gorges…

– Mais c'est le ghetto des Noirs ! s'exclama-t-il, en m'implorant de renoncer à ma sortie.

Je compris que je venais de toucher une corde sensible. Celle de la diversité culturelle et des multiples préjugés qu'elle engendre en Iran. Le chauffeur, qui refusait d'accepter que seule une moitié des Iraniens fût persane, n'avait que du mépris pour la petite communauté noire qui composait une partie de la population de Bandar Abbas. « Préoccupé », disait-il, par ma sécurité, il se fit néanmoins un devoir de m'accompagner et de m'attendre devant la porte, pour me protéger « au cas où ».

Ce soir-là, un autre Iran s'offrit à moi. L'Iran du bout de l'Iran. L'Iran du golfe Persique. L'Iran que Mamani, recluse dans sa « prison dorée », ne connaîtrait peut-être jamais. J'ai d'abord slalomé une bonne demi-heure à travers de modestes maisons en pisé, avant d'arriver au bord d'une plage abandonnée. Soudain, l'odeur du poisson, puis le bruit des vagues, et la caresse d'une mélodie. À l'arrivée, une petite lumière accueillante : celle d'une simple lampe à huile, accrochée sur un mur de chaux. Moussa était là, à m'attendre devant le petit rideau qui faisait office de porte. « Salam », dit-il en me faisant signe de le suivre. Dans la cour centrale, une colonie de souliers était minutieusement posée le long du mur. Une fois déchaussée, je me laissai porter par le rythme de la musique. Un voyage hors du temps : dans une des pièces à laquelle on accédait par la cour, une chorale d'hommes et de femmes, vêtus de tuniques blanches, de pantalons dorés et de foulards colorés, enchantait l'espace. Au-dessus de la mêlée, un nuage d'encens à en perdre haleine. Ces Iraniens « noirs », personnages infréquentables pour mon chauffeur de taxi, étaient d'une incroyable élégance. Ils étaient beaux, ils chantaient, ils dansaient, ils tapaient sur des cruches et récitaient des poèmes venant d'un autre rivage.

J'avais atterri en pleine cérémonie de *zâr*, ce rituel d'exorcisme dont m'avait sommairement parlé Moussa, et qui inspira, en 1969, au cinéaste iranien Nasser Taghvai son très poétique documentaire *Vent du djinn*. Dans ce petit ghetto du bord de l'eau, c'était une femme, « Mama Zâr », qui menait la cadence. Elle portait une robe couleur perle, brodée de fleurs violettes. Des épaules carrées, un visage rond, elle ensoleillait l'atmosphère de sa voix chaude et sulfureuse. Debout, au milieu de la salle, ses bras faisaient des vagues au-dessus de la tête d'un enfant, le corps recouvert d'un long drap. Pendant ce temps, les participants faisaient claquer des bâtons rougis par le sang d'un mouton, sacrifié pour l'occasion. « C'est notre façon de chasser le mauvais œil », me souffla Moussa, en me mettant deux baguettes de bois entre les mains pour me faire participer à ce rituel de désenvoûtement. L'enfant, allait-on m'expliquer plus tard, souffrait de migraines. Aux yeux de l'assemblée, il avait été « ensorcelé ».

Fascinée par cette petite communauté composée de quelques centaines d'âmes, je décidai d'en partager le quotidien pour plusieurs jours. Ces gens-là vivaient de presque rien. La journée, les femmes fumaient le narguilé à l'ombre des arbres, tandis que les hommes partaient pêcher en mer, à bord de leurs petites barques en bois. Les plus débrouillards se risquaient à la contrebande de téléviseurs avec Dubaï, de l'autre côté du détroit d'Ormuz. Une entreprise risquée qui leur permettait d'arrondir les fins de mois. Et de nourrir leur famille. Isolés du reste de la ville, ils étaient à des années-lumière des débats sur l'islam et la démocratie qui enflammaient les milieux intellectuels téhéranais. Ils vivaient, ils survivaient au quotidien, en reproduisant des rites culturels que des générations entières s'étaient transmis. De leurs origines, ils ne savaient pas grand-chose, à part que leurs ancêtres avaient débarqué d'Afrique il y avait plus de quatre siècles. Imprégnés d'un singulier syncrétisme entre traditions du Golfe et vieilles coutumes ésotériques africaines, ils étaient de lointains descendants d'esclaves, arrivés en Iran à l'époque où les commerçants portugais avaient établi leurs comptoirs dans cette région stratégique.

Moussa n'était pas noir. Musicien en herbe, il entretenait une incroyable fascination pour ces coutumes cachées. Au point de vouloir en faire la promotion. Pendant des années, il avait bataillé pour organiser de petits concerts semi-clandestins, mêlant pop et folklore, au club Dauphin, un des rares lieux de retrouvailles des jeunes de Bandar Abbas. Là où le seul divertissement consistait à boire du Zam Zam Cola, le Coca à l'iranienne, en regardant le soleil se coucher sur une plage quasi abandonnée. Aubaine inattendue : son groupe, composé de jeunes prodiges du cru, venait de décrocher une autorisation officielle du fameux ministère de la Guidance pour se produire en public. Une des raisons, sans doute, pour lesquelles il avait invité, sans crainte de représailles, une journaliste *farangui*, étrangère, à assister à cette cérémonie privée, véritable lucarne sur la diversité culturelle de son pays, dont il était si fier.

« L'Iran pour tous les Iraniens », avait dit Khatami. Ici, au fin fond du pays, je comprenais réellement la portée de ce slogan. Deux ans après sa victoire, l'expression s'était muée en véritable leitmotiv, non seulement pour les jeunes et les femmes, mais pour toutes les minorités – ethniques, culturelles, sociales – qui s'étaient jusqu'alors résignées à vivre à l'ombre des autres. Un rapide petit sondage dans les villages des alentours me permit de mesurer l'importance des élections municipales en cours. Pour les amis de Moussa, mais aussi pour les populations oubliées des provinces de Hormouzgan et de Bouchehr, une page était en train de se tourner : celle d'une centralisation à outrance, sous le double vernis de l'islam et de l'autoritarisme, qui cédait soudainement la place à de vraies préoccupations locales. Dans ce Sud reculé, les électeurs ne votaient pas pour ou contre une réforme de la Constitution. Ni pour ou contre quelques mèches supplémentaires qui s'échappaient du foulard. Pour eux, ce qui importait, c'était une reconnaissance de leur différence, un accès généralisé à l'eau courante, plus de loisirs à la disposition des jeunes, l'assainissement des routes…

De village en village, je constatai ce même désir d'être entendu à l'échelon national. À Bandar Dayer, petit bourg perdu de vingt mille habitants, à l'ouest de Bandar Abbas, où je suivis Moussa et ses amis, les élections municipales provoquèrent un engouement sans précédent. Pendant toute la campagne, la rue principale croulait sous un décor kitch de guirlandes, de lampions lumineux et de mini-fanions aux couleurs nationales. Du matin au soir, les cinquante-cinq candidats, dont quatre femmes, distribuaient des tracts tout en gavant leurs électeurs potentiels de sucreries à la pistache et à l'eau de rose. Entre deux bains de foule, les plus organisés officiaient derrière le comptoir d'une épicerie locale, transformée en permanence électorale. Il y en avait pour tous les goûts : du bassidji barbu, qui brandissait sa radiocassette diffusant les louanges des martyrs de la guerre, au chantre des réformes, en veston de flanelle, vantant les mérites du flirt avant le mariage, en passant par l'institutrice de 30 ans, fièrement soutenue par son mari.

Le jour du scrutin, je fis la tournée des bureaux de vote. Des foules joyeuses se bousculaient devant les portes des écoles et des mosquées réquisitionnées pour l'occasion. À la publication des premiers résultats, le lendemain, des vagues de youyous déferlèrent sur le Sud. Ils confirmaient cette soif effrénée de changement : à travers le pays, les candidats indépendants et réformistes l'emportèrent haut la main, avec 80 % des suffrages. Mieux, les femmes entamèrent une percée politique sans précédent. Dans certaines communes, elles arrivaient même en tête de liste. Moussa était fou de joie. Son enthousiasme contrastait avec la sinistrose qui avait contaminé Téhéran depuis les assassinats en série. Grâce à lui et ses amis, j'avais repris espoir dans ton pays, Babai. Mais j'étais loin d'imaginer que cette accalmie n'était que passagère.

Du sang, partout du sang. Et tous ces cris de colère s'échappant des tchadors. « À bas le despotisme ! » a hurlé une manifestante. « La liberté ou la mort ! » a enchaîné un étudiant, le front cerné d'un bandeau. Ta ville était méconnaissable. Ce 14 juillet 1999, elle sombrait dans le chaos. Sur l'avenue Enqelab, aux alentours de l'université, des pneus étaient en flammes, des détritus renversés sur la chaussée. Des fleurs de l'an passé, il ne restait qu'un souvenir confus, étouffé dans un épais nuage de fumée noire. Camouflés derrière des bennes à ordures, les manifestants s'accrochaient à leurs lance-pierres. Recroquevillée sous une porte cochère, je les regardais défier le pouvoir en place, portés par cet élan qui les animait. Cinq jours, déjà, que la capitale tremblait de colère. Vingt ans après leurs aînés, les jeunes laissaient exploser leur ras-le-bol. Un soubresaut inédit depuis la révolution. À l'angle d'une rue, des bassidjis ont fait irruption. Je les ai aussitôt reconnus à leurs barbes noires et à leurs motos Honda. Ils roulaient en rangs serrés, en zigzaguant entre les barricades. À cran, ils ont sorti leurs chaînes. Ils les ont fait claquer contre les grilles du campus universitaire. Alertés par le bruit métallique, les manifestants se sont rapidement dispersés. Puis, une fois la meute en furie repartie, ils sont réapparus. Encore plus nombreux.

Ce 14 juillet 1999, l'inimaginable se produisit sous mes yeux. Au milieu d'un essaim de protestataires, un poing a transpercé le ciel. Puis, un cri a jailli du chaos. « Mort à

Khamenei ! » Avais-je bien entendu ? Dans les vapeurs de gaz lacrymogène, j'ai cherché le visage de celui qui venait de signer son arrêt de mort en s'attaquant au Guide suprême. En Iran, l'insulter a valeur de blasphème. C'est la peine capitale assurée. Personne, à ce jour, n'avait osé relever le défi en public. Dans la foule, l'appel a de nouveau retenti, encore plus saillant. « *Marg bar Khamenei !* » Mort à Khamenei ! Cette fois-ci, ils étaient plus d'une dizaine à interpeller l'intouchable détenteur de la légitimité théocratique et révolutionnaire, le successeur de Khomeyni, Ali Khamenei en personne...

En un slogan, la chape venait de se briser. Mais à quel prix ? Je l'ignorais encore, mais ce n'était que le début d'une longue Histoire écrite avec le sang. Celle d'un autocrate en péril, qui allait tout faire pour reconquérir son pouvoir face à une société qui cherchait, sinon à le renverser, du moins à le transformer. Celle d'une dangereuse décade où, tiraillés entre valeurs républicaines et islamiques, les héritiers de la révolution allaient se livrer un combat sans merci. Mes yeux piquaient et la tête me tournait. Noyée dans la foule des protestataires, j'assistais, médusée, à l'embrasement du campus universitaire de Téhéran, premier acte d'un violent théâtre d'ombres dont j'allais devenir la spectatrice invétérée... « Mort à Khamenei ! Mort à Khamenei ! » Ton pays vacillait. Et moi, j'avais l'impression de vaciller avec.

Dire que tout avait commencé par une banale Histoire de journal. Une semaine plus tôt, le 7 juillet, *Salam* avait reçu l'ordre de mettre la clef sous la porte. Le quotidien libéral était accusé d'avoir publié une lettre « top secret » dans laquelle un agent des services de renseignements exigeait un durcissement de la loi sur la presse, telle qu'elle venait d'être votée le même jour par le Parlement. Les hommes de lettres n'en étaient pas à un coup de ciseaux près. En un an, la justice conservatrice avait déjà fait fermer des dizaines de nouveaux journaux, y compris *Tous*, où travaillait Baghi, l'ex-révolutionnaire. À chaque fermeture, de nouveaux petits frères de papier reprenaient immédiatement le flambeau. Mais cette fois-ci, les durs du régime avaient frappé fort : ils s'attaquaient à l'un des médias les plus lus par les intellectuels, l'un des piliers du projet réformiste de Khatami.

Comme une onde de choc, la nouvelle du musellement de *Salam* avait immédiatement fait le tour des universités. Le lendemain soir, un sit-in s'était improvisé à Amir Abbad, le principal dortoir étudiant de Téhéran. Après le rassemblement, les étudiants avaient regagné calmement leurs chambres. Quelques heures plus tard, le réveil fut brutal. Armés de barres de fer, des bassidjis firent irruption en pleine nuit. Le lendemain de l'assaut, Mehdi, un étudiant de 19 ans croisé près du campus, m'en raconta les moindres détails. Il avait tout vu, tout vécu. Il voulait témoigner… Cette nuit-là, il dormait profondément lorsque les nervis du régime firent sauter le verrou de sa chambre. Sans crier gare, ils éventrèrent les tiroirs des commodes, arrachèrent les posters de Khatami, firent voler en éclats la fenêtre qui donnait sur la cour. Puis, comme des rapaces fondant sur leur proie, ils le rouèrent de coups jusqu'au sang. Mehdi en perdit connaissance. Quand il reprit ses esprits, les assaillants s'étaient enfuis. Le corps couvert d'ecchymoses, il rampa jusqu'au couloir pour y découvrir l'ampleur des dégâts. Au sol gisaient des matelas éventrés, des pans de murs effondrés, des chaises fracassées. Mehdi était un miraculé. La voix tremblante, il me confia qu'à quelques mètres de sa chambre, un jeune interne avait été défenestré. Sans raison. Le corps meurtri de l'étudiant avait rapidement été embarqué par les bassidjis et ses amis ignoraient ce qu'il en était advenu.

La rafle du dortoir mit définitivement le feu aux poudres. Remontés à bloc contre cet acte barbare, des milliers d'étudiants comme Mehdi envahirent les rues de Téhéran. Un mouvement spontané, apolitique, porté par un sentiment d'injustice et surtout d'aversion envers un système qui reprenait goût à la répression par la violence.

D'abord cantonnée à Téhéran, la contestation déteignit rapidement sur d'autres villes : Shiraz, Tabriz, Ispahan, Mashhad. Chaque jour, de nouveaux manifestants venaient gonfler les rangs de la révolte, comme un ballon d'hélium, prêt à exploser. La nuit, les sirènes d'ambulance résonnaient dans la ville, au gré des accrochages entre manifestants et miliciens. Pour la première fois depuis l'avènement de la République islamique, les passions se déchaînaient en public. Le pacte entre *biroun* et *andaroun* était désormais rompu.

Ce 14 juillet, plus de dix mille manifestants s'étaient déversés entre la place Vali Asr et le campus universitaire. Aux cris de « Mort à Khamenei », les rafales de tirs ont repris de plus belle. « Planquez-vous ! Ils arrivent », a lancé un étudiant à la volée. En une fraction de seconde, un groupe de miliciens est apparu à travers un nuage de fumée noire. Les protestataires se sont aussitôt volatilisés. Plaquées contre le rideau de fer d'une pharmacie, deux étudiantes m'ont fait signe de les rejoindre pour me protéger. J'ai traversé la rue à toute allure, en enjambant des débris de verre. Sur le mur adjacent à l'échoppe, quelqu'un avait écrit « Freedom » à la main. Un mot tracé en rouge couleur sang. Le sang d'un blessé, peut-être… Ou d'un mort.

– Delphine ! Delphine !

À l'appel de mon nom, je me suis retournée. J'ai aussitôt reconnu Sepideh, la jeune étudiante du café Shouka. Elle suffoquait. Les tempes en nage, elle s'est mise à hurler :

– Ils ont tué des étudiants ! Ils ont tué des étudiants… !

Ses yeux étaient gonflés de larmes. Sa bouche crispée de panique. Je l'ai entraînée dans une ruelle voisine, où nous avons trouvé refuge sous le porche d'un immeuble.

– Pourquoi ? Pourquoi ? a-t-elle repris, en explosant en sanglots.

Sepideh était perdue. Elle qui avait placé tous ses espoirs dans les réformes ne pouvait accepter ce retour de bâton si brutal. J'étais démunie. Je ne trouvais pas les mots pour la consoler. Cette bataille n'était pas la mienne. « Tu ne peux pas comprendre », m'avait-elle assené par le passé. Instinctivement, je l'ai prise dans mes bras. Blotties l'une contre l'autre, nous avons attendu que les tirs s'interrompent pour reprendre notre souffle. Des étudiants se sont approchés de nous, nous faisant signe que les bassidjis avaient mis le cap sur une autre artère. C'était le moment de partir, avant le retour de la meute. J'ai regardé Sepideh. Avant de prendre congé d'elle, je lui ai maladroitement demandé :

– Tu crois qu'on va vers une nouvelle révolution ?

– Ah surtout pas ! s'est-elle aussitôt exclamée. Pas question de reproduire les mêmes erreurs que nos aînés… Regarde ce pays, il a reculé d'un siècle en moins de vingt ans ! À l'époque, nos parents étaient aveuglés par leurs utopies révolutionnaires. Quand ils montaient sur les toits, à la nuit tombée, ils croyaient voir le visage de Khomeyni dans la lune ! Nous, nous sommes plus réalistes. Dieu ne peut rien faire pour nous. C'est à nous de prendre notre destin en main.

– Et comment ?

– Je ne sais pas… Je ne sais pas. Le plus urgent, pour l'instant, c'est de ne pas céder à la violence. Peut-être que je me trompe, mais je veux encore croire aux réformes.

Ce soir-là, je suis rentrée à pied à la maison. En remontant l'avenue Vali Asr, longue artère bordée de platanes qui croise Enqelab à la perpendiculaire, je n'ai rien reconnu. La devanture d'une banque avait volé en éclats sur le trottoir. Un abri de bus gisait sous les braises. Plus loin, un panneau « sens interdit » jonchait l'asphalte carbonisé. Une épave abandonnée. Derrière les carcasses de voitures, les chiens criaient au loup. Où étaient passées les roses rouges du Printemps iranien ? Dans quel précipice s'enfonçait ton pays ? Pour la première fois, j'ai douté de mon enthousiasme. Papa avait peut-être raison : et si cet Iran que j'étais venue chercher n'était qu'une illusion ? Comment avais-je pu être aussi candide ? Comment avais-je pu chanter les louanges d'un pays en pleine mutation, comme si nous vivions une nouvelle ère, irréversible ? Portée par la vague, je m'étais laissé piéger par le charme des foulards aux allures de mouchoirs de poche, par le boom des cafés Internet, par la folie des pistes de ski où se pavanait la jeunesse dorée, à l'abri du regard des miliciens de l'ordre moral. Chaque week-end, l'angoisse d'une descente de police avait fini par pimenter mes virées nocturnes plus qu'elle ne les empoisonnait. Fascinée par cet art très persan de la transgression et gonflée d'optimisme, je n'avais rien vu venir.

Pieds courbaturés, j'ai franchi le carrefour Sayyed Khandan. En le traversant, j'ai senti le silence, celui qui enveloppait le nord de Téhéran. Là-bas, la réalité portait un autre visage. Toute une population y vivait loin des secousses du centre-ville. Derrière les portes des villas huppées où la bourgeoisie occidentalisée se gavait de vidéoclips de Britney Spears sur MTV, la capitale sentait le parfum Chanel et la vodka.

Alors que je poussais le portail de la maison, la voix de ma grand-mère m'a arrachée de mes pensées.

– Quelqu'un t'a appelée !

Obnubilée par les émeutes étudiantes, je l'avais presque oubliée. Les yeux encore irrités par le gaz lacrymogène, je me suis dirigée vers la salle de bains. Contrariée de ne pas retenir mon attention, Mamani me colla aux talons.

– Quelqu'un t'a appelée ! a-t-elle répété.

J'ai fait couler l'eau du robinet pour me rafraîchir le visage. Habituée au petit moulin familier de ses paroles inutiles, je n'ai pas réagi à sa remarque. Je lui en voulais de s'intéresser à moi plus qu'à son pays. De ne pas ouvrir les yeux au-delà de son impasse – celle de sa maison. De sa rue. De sa vie. Enfermée dans sa bulle protectrice aussi épaisse qu'une porte blindée, elle ne se doutait pas une seconde que sa ville était en pleine ébullition.

Imperturbable, Mamani a poursuivi :

– Et en plus, il n'était pas poli. Il n'a même pas laissé son numéro de téléphone, ni son nom !

J'ai relevé la tête vers le miroir. Ses bigoudis envahissaient mon champ de vision. Elle en faisait une de ces têtes parce qu'un quidam n'avait pas daigné répondre à toutes ses questions, tandis qu'à la porte d'à côté, sa ville s'enfonçait dans le chaos.

– Pas la peine d'en faire toute une Histoire ! Si c'est important, il finira bien par rappeler ! lui ai-je répondu, agacée.

Puis j'ai rassemblé mes affaires pour me calfeutrer au deuxième étage. J'avais besoin de souffler, de me remettre de la tempête. Je n'avais plus la patience d'écouter ses lamentations. Quant à l'inconnu qui n'avait pas daigné décliner son identité, c'était le dernier de mes soucis. Sauf que, quelques jours plus tard, le mystérieux anonyme a fini par rappeler. Et cette fois-ci, quand le téléphone a sonné, c'est moi qui ai décroché.

Ils étaient deux. Deux hommes aux cheveux bruns, traits tirés, épaules carrées, le dos collé à leur chaise. À mon arrivée, ils n'ont pas bougé. Ils m'ont juste dévisagée. J'ai baissé la tête, en réajustant mécaniquement mon foulard. La paume de ma main sur la poitrine, j'ai esquissé un simple « Salam ». Ils n'ont pas répondu. Leurs yeux parlaient à leur place. D'un air inquisiteur, ils disséquaient mes gestes. Les murs de leur bureau étaient d'un blanc immaculé. Si blancs qu'on pouvait y surprendre l'écho du silence. Au plafond, un néon insipide. Accroché à l'unique fenêtre, un épais rideau dégageait une odeur de renfermé. Dehors, un jeune soldat en uniforme faisait le guet devant la porte. On se serait cru dans un tribunal.

– Asseyez-vous, m'ordonna le plus grand des deux.

À son timbre, j'ai aussitôt reconnu la voix de l'inconnu du téléphone. C'était donc lui, l'homme qui avait refusé de donner son numéro à Mamani, cet étrange interlocuteur qui insistait pour me voir. Je l'imaginais plus petit, ou peut-être plus gros. Sur le grand bureau en bois qui nous séparait, un volumineux dossier trônait en plein milieu. J'y ai reconnu mon nom inscrit en lettres latines. Que me voulait-il ? Au téléphone, il n'avait pas précisé le motif de ma convocation. Il s'était contenté de me donner cette adresse : « Bureau des ressortissants étrangers, avenue Villa, centre de Téhéran ». Je n'en avais pas demandé plus, pensant y voir une simple formalité administrative. Maintenant, je le regrettais. Dans cette pièce exiguë dépourvue de lumière naturelle, je me sentais comme une petite souris coincée dans un piège.

– Donnez-nous votre nom, a-t-il lancé.

– Mon nom ?

– Oui, votre nom.

– Mais... vous le connaissez déjà, ai-je répondu, en fixant le gros dossier.

– Donnez-nous votre nom.

Je suis restée muette. Je ne voyais pas où il voulait en venir.

Imperturbable, il a haussé la voix :

– Votre nom ! Ça fait partie de la procédure.

– Quelle procédure ?

– Donnez votre nom ! Ici, c'est nous qui posons les questions, pas vous !

Sa voix avait viré à l'aigu. Il parlait un anglais teinté d'un fort accent persan. Le dos vissé à ma chaise, je n'ai su quoi répondre.

– Alors, *Khanoum* Minoui (madame Minoui), on a perdu sa langue ? a-t-il ricané en ouvrant mon dossier.

Je n'ai rien dit. De quel droit me parlait-il ainsi ? Mon regard s'est posé sur ses mains, qui feuilletaient les documents. Un détail m'a aussitôt frappée : sa main gauche était atrophiée. Il lui manquait deux doigts. Perdus à la guerre ? Ou dans une bagarre entre gros bras ? Ce singulier détail le rendait encore plus menaçant.

Il a enchaîné :

– Que pensez-vous de Khatami ?

– De Khatami ? ai-je répondu, sans pouvoir décoller mon regard de sa main.

– Oui, vous avez bien entendu. Khatami !

Qu'est-ce que le nouveau président venait faire dans cette conversation ? Estomaquée, j'ai répondu :

– Les jeunes ont l'air de l'aimer...

– Et vous ?

– Moi, euh, je n'ai pas vraiment d'opinion à ce sujet.

– Et le Guide suprême, qu'en pensent-ils ?

– Euh...

– Vous étiez pourtant dans les manifestations. Vous avez vu des choses, vous les avez racontées à la radio...

Je n'ai su que répondre. L'homme aux doigts manquants m'indisposait avec ses questions. À ses côtés, son acolyte ne pipait mot. J'ai sondé ses yeux, espérant y pêcher un signe, un peu de réconfort, ne serait-ce qu'une explication à ma convocation. Il me fixait d'un sourire neutre et insipide. Je restai muette.

– Alors vous avez décidé de ne pas répondre ? Vous êtes plus bavarde dans vos reportages ! reprit mon interlocuteur, sur un ton moqueur.

À ces mots, j'ai aussitôt compris. J'ai compris ce qui était en train de se produire. Les deux hommes assis en face de moi n'avaient rien à voir avec le « bureau des ressortissants étrangers ». Ils n'étaient pas là pour vérifier si mon passeport était en règle. Ni pour me sonder sur le bon déroulement de mon séjour en Iran. Ces deux gaillards me faisaient passer un interrogatoire. Ils appartenaient aux services de renseignements ! Les mêmes services qui avaient décapité, un an plus tôt, les têtes pensantes de l'intelligentsia libérale. Je sentis comme la morsure d'un frisson. Mes amis de plume iraniens m'avaient souvent parlé de ces hommes de l'ombre. Ils étaient abonnés à ce genre de convocations, dès qu'ils franchissaient la ligne rouge. Mais pourquoi moi, encore novice dans ce pays où je venais de poser mes jalons ? Comment avais-je atterri sur leur liste ?

Sèches et incisives, leurs questions reprirent de plus belle. Les jeunes avaient-ils raison de manifester ? Pourquoi mon père avait-il quitté l'Iran ? Me sentais-je musulmane ou chrétienne ? Qui étaient mes amis, ma traductrice, les activistes que je fréquentais ? À chaque réponse évasive, l'interrogatoire s'accélérait, les questions se faisaient encore plus précises, plus tranchantes. Disposais-je d'un passeport français ? Ou iranien ? Quelles études avais-je suivies ? Pourquoi diable étais-je revenue en Iran ?

À cette dernière question, j'ai répondu sans hésiter :

– Une Histoire de famille. L'envie de renouer avec le pays de mon grand-père.

J'y voyais une raison noble, une explication qui aurait pu l'amadouer. Mais ce genre de considération personnelle ne l'intéressait pas du tout. D'un air indifférent, il m'a regardée droit dans les yeux, avant de se lancer dans un déluge de « conseils ». Je ne devais pas croire ce que me racontaient les jeunes Iraniens. Ils exagéraient quand ils se disaient déçus du régime. Contrairement aux apparences, la population était « fière » de sa République islamique. Chaque année, de plus en plus d'Iraniens commémoraient l'anniversaire de la révolution. N'est-ce pas, *Khanoum* Minoui, vous y étiez, vous avez pu juger de la situation, la vraie situation…

Oui, j'y étais. Et je n'avais pas tout à fait observé la même chose. Lorsqu'en février, la théocratie iranienne avait fêté ses 20 ans à coups de parades organisées, j'avais pu constater de mes propres yeux que les badauds qui avaient répondu à l'appel s'étaient montrés davantage préoccupés par les étals de chaussettes et de soutiens-gorge qu'offraient les marchands ambulants que par les discours des ténors du régime. Les jeunes, eux, avaient brillé par leur absence, préférant aux commémorations officielles les concerts du premier festival de musique pop, soutenu par les amis réformistes de Khatami. D'ailleurs, je me demandais quelle tête l'homme à la main mutilée aurait faite en voyant Khashayar Etemadi, la star des stars, Perfecto en skaï et lunettes fumées, enflammer la scène en carton-pâte, la guitare collée au blue-jeans, le fan-club de midinettes à ses trousses…

– Peut-être étiez-vous trop occupée par vos reportages sur les musiques sataniques ?

C'était comme s'il avait lu dans mes pensées ! Décidément, cet homme était au courant de tout. De mes sorties, de mes rencontres, de mes interviews. Il connaissait les moindres détails de ma vie. Il avait lu et écouté mes reportages, me savait accro au cinéma iranien. Il était même au fait de mes chamailleries avec grand-mère. Sur une liste, qu'il déroula sur la table, il se mit à lire à haute voix les noms de mes nouvelles connaissances, de mes meilleures amies.

Comment était-il si bien renseigné ? Mon téléphone était-il sur écoute ? Mes allées et venues sous surveillance ? Qui lui avait parlé de moi ? Était-ce Massoud Dehnamaki, un des chefs des hezbollahis, les nervis du régime, soupçonné par les étudiants d'avoir dirigé la répression dans les dortoirs ? Pendant les émeutes, cet ancien vétéran du conflit irano-irakien avait consenti à me recevoir malgré sa haine de la presse occidentale. Dans son bureau rempli de sacs de sable et de caisses d'obus de mortier, un décor de guerre qu'il cultivait comme un jardin, il avait passé son temps à me vanter les vertus de la « révolution islamique ». À ses yeux, elle était en danger. Il fallait la sauver. Pour lui, Khatami était en train de brader l'héritage sacré de l'imam. C'était un pion du Grand Satan. L'ennemi intérieur avait remplacé l'ennemi extérieur. Il fallait revenir sur le droit chemin. Mater les protestataires. Arrêter la révolte avant qu'il ne soit trop tard. Le message était clair. Et moi, j'étais sortie perplexe de l'interview.

Tandis que l'homme aux doigts manquants continuait à parcourir la liste de mes connaissances, il buta sur un nom.

– Niloufar, dit-il, en en prononçant distinctement toutes les syllabes.

Niloufar ! L'écho de son nom résonna par ricochet sur le mur blanc.

– Et votre amie Niloufar, reprit-il, comment l'avez-vous rencontrée ?

J'ai froncé les sourcils. Ce petit jeu de devinettes commençait à dépasser les limites de l'acceptable.

– Vous savez très bien de qui je parle...

Bien sûr que je savais de qui il parlait. Mais que lui voulait-il ? Et pourquoi elle ? Était-ce à cause du cannabis qu'elle faisait pousser sur son balcon ? De son mode de vie déluré ? De ses nombreux admirateurs qui écumaient ses soirées clandestines ? Non, la vie privée de la marraine des jeunes était le dernier de ses soucis. Ce qui l'intéressait, c'était ses affiliations politiques, son rôle dans les manifestations, ses contacts à l'étranger… De Niloufar, je connaissais peu de chose dans le fond. Elle qui donnait toujours la priorité aux autres était d'une nature plutôt discrète sur sa personne. Et quand bien même j'aurais connu son CV par cœur, ce n'était pas à moi de l'étaler. Il insista. Je résistai. Il insista encore. Je bafouillai quelques mots. Il insista une fois de plus. Je m'accrochai à mon mutisme. Il se mit à hausser le ton. J'avais beau tenter de garder mon calme, l'inquiétude commençait à m'envahir. Je ne pouvais m'empêcher de repenser aux sinistres pratiques des services secrets : les disparitions mystérieuses, la torture, les assassinats en série. Risquais-je, moi aussi, de finir au fond du trou ?

Soudain, le silence. Obéissant sans doute à une de leurs vieilles techniques d'intimidation, ils cessèrent brutalement leurs questions. Le silence, une autre forme de torture psychologique. J'ai jeté un coup d'œil sur ma montre. Deux heures s'étaient écoulées depuis mon arrivée. Le deuxième interrogateur n'avait toujours pas décroché un mot. C'est là qu'il prit la parole.

– T'inquiète pas, *Azizam* (ma chérie), on ne va pas te manger. Tu es comme notre sœur. Après tout, tu es iranienne. Et chiite. Avec nous, tu es chez toi…

Il a ricané. Puis il a enchaîné sur le même ton familier :

– *Basté, digé*, c'est fini pour aujourd'hui… À ton tour maintenant, si tu veux nous poser une question…

– À… À qui ai-je l'honneur ? lui ai-je naïvement demandé, encore sonnée par le déluge de questions.

– Ah ça, c'est secret défense ! trancha l'interrogateur en chef, avant de m'indiquer la porte avec l'index de sa main atrophiée.

La porte ! Ainsi s'achevait le supplice. Avant qu'il ne change d'avis, je m'y suis glissée, fuyant du regard cette main qui m'indisposait.

En sortant de l'interrogatoire, j'ai immédiatement éprouvé le manque de toi. Je me sentais orpheline, déboussolée par cette avalanche de questions inquisitrices. À cet instant, j'aurais voulu te parler, me blottir dans tes bras. Dehors, l'avenue Villa était noyée dans un bain de soleil. J'ai dû plisser les yeux pour me réadapter à la lumière naturelle. À l'aveuglette, je me suis frayé un chemin à travers les embouteillages. Quelqu'un m'a tiré sur la manche. J'ai sursauté en me retournant. C'était un gamin, les mains noires de suie, le visage angélique, un canari sur l'épaule. Dans sa main, des petites enveloppes, qu'il tenait comme des pochettes-surprises. Des poèmes de Hafez à piocher. J'ai trouvé cela extraordinaire. En Iran, Hafez était partout, même au milieu des embouteillages. Tellement présent qu'il avait ce don singulier d'improviser des arcs-en-ciel dans les moments les plus noirs. J'ai fouillé dans ma poche et j'ai tendu un petit billet au jeune mendiant. Puis j'ai choisi au hasard une enveloppe et je l'ai ouverte.

Mais j'étais bien incapable de déchiffrer les vers du poème. À force de courir après l'actualité, je n'avais toujours pas trouvé le temps d'améliorer mon faible niveau de persan, d'aller au-delà des quelques mots que tu m'avais tardivement enseignés sur ton lit d'hôpital. Débordée par mes reportages, je m'appuyais sur un traducteur pour enchaîner les interviews, les articles pondus à la hâte dans les toilettes du campus universitaire, les directs à la radio. Comme un automate, je sautais de manifestation en manifestation sans même prendre le temps de digérer les informations qui déferlaient à toute allure. Combien d'étudiants avaient disparu ? Des dizaines, des centaines, des milliers ? Soumise au diktat de l'actualité, j'ignorais leurs noms, leur âge, la couleur de leurs cheveux. Ça fait moins de bruit un mort qui n'a pas de nom.

Je n'avais pas apprécié la façon dont mes interrogateurs avaient évoqué avec insistance mon amie Niloufar. Où était-elle donc passée dans ce chaos ? Depuis l'assassinat de Forouhar, on ne s'était pas reparlé. Il me fallait la retrouver, élucider ce mystère. Une fois à la maison, j'ai tenté de la contacter par téléphone. En vain. Je refusais de songer au pire. Je m'accrochais à ce rêve où je l'imaginais à Nice, sirotant une menthe fraîche au bord de la mer. La ville de ses années étudiantes, là où elle avait soutenu, en 1992, sa thèse sur la discrimination sexuelle en Iran. Je me disais qu'après tout elle avait peut-être décidé d'y retourner pour les vacances d'été. Les coups de tête, ça lui ressemblait. Mais j'ignorais pour quelle raison le scénario de la menthe fraîche sonnait faux.

Un matin, j'ai fini par sauter dans un taxi, en direction des montagnes du nord de Téhéran. Une fois passé l'ancien palais du chah, j'ai indiqué au chauffeur la ruelle dans laquelle il fallait se faufiler pour arriver chez Niloufar, une de ces rares allées sinueuses où les bâtisses traditionnelles à deux étages avaient survécu à la folie immobilière du quartier Niavaran. J'aurais pu faire le chemin les yeux fermés, tellement je l'avais emprunté, de jour comme de nuit. Devant l'immeuble blanc, des gamins jouaient au ballon. Éphémère signe de vie rapidement étouffé par l'épais silence de plomb qui glissa, soudain, de dessous la grosse grille. Dans un ultime élan d'espoir, j'ai enfoncé mon doigt dans la touche de l'interphone. Une fois. Deux fois. Trois fois… Aucune réponse. J'ai levé la tête en direction de sa fenêtre. Les rideaux du deuxième étage étaient tirés. Sur le balcon, les pots de géraniums étaient vides. Les feuilles de cannabis avaient séché. Je me suis sentie terriblement seule. Niloufar, comme Forouhar, avait probablement fait les frais de cette guerre féroce à laquelle se livraient à couteaux tirés réformateurs et conservateurs. Elle avait disparu. Sans laisser de trace.

Quelques jours plus tard, l'embrasement des campus fut tué dans l'œuf sous le poids de la répression. Officiellement, le bilan s'éleva à trois morts, trois blessés et mille cinq cents arrestations. Officieusement, les chiffres étaient plus alarmants : au moins cinq victimes, et des centaines de blessés. Sans compter ces milliers d'anonymes qui, comme Niloufar, s'étaient évaporés dans le silence le plus total, et dont on était sans nouvelles. À la rentrée universitaire, le tableau s'assombrit encore plus. Accusés d'être des *moharebins*, des ennemis de Dieu, quatre protestataires furent condamnés à mort. Parmi eux, Ahmad Batebi, un jeune homme aux cheveux mi-longs, dont le « crime » fut d'avoir fait la une du magazine *Time*, un T-shirt ensanglanté entre les mains. Premiers symboles d'une révolte iranienne à rebondissements, ils seraient finalement libérés après de longues et douloureuses années de détention…

Les manifestations étaient loin d'avoir rassemblé l'ensemble des étudiants – quelques milliers d'insoumis sur un million d'inscrits aux universités. Pourtant, elles allaient transformer à jamais les campus. À l'issue de la révolte, les protestataires obtinrent la démission du chef de la police. Par solidarité envers le mouvement, le ministre de l'Enseignement supérieur, Mostafa Moïn, rendit son tablier. Les mois suivants, les universités, pourtant sous haute surveillance, devinrent le nouvel épicentre des revendications. Chaque décision de justice donnait l'occasion d'un nouveau sit-in. Des tables rondes s'invitèrent dans les amphithéâtres. À la cafétéria, des pamphlets circulaient sous les tables. Privés de leurs journaux préférés, les étudiants lancèrent leurs propres feuilles de chou. Une agence de presse

100 % estudiantine, l'ISNA (Iranian Students News Agency), élut domicile derrière l'avenue Enqelab, à deux pas de l'université de Téhéran. Entre deux cours, les jeunes saisissaient leur plume pour déverser leur colère. Quelques mois plus tard, en février 2000, des membres du Daftar Tahkim Vahdat, la principale association étudiante, finirent par sauter de plain-pied dans la politique en se présentant aux législatives. Avec les réformistes, ils remportèrent haut la main les élections, le 28 février.

Une défaite indigeste pour les conservateurs : après l'avènement de Khatami à la présidentielle de 1997, après les municipales de 1999, largement remportées par ses partisans, c'était maintenant le Parlement qui leur échappait. La vengeance allait en être d'autant plus redoutable. Et sans merci. Deux semaines plus tard, Saïd Hajarian, un des plus proches conseillers du président, échappa de justesse à la mort. Touché en pleine rue par deux balles tirées par un tueur à moto, ce théoricien de la faction réformiste plongea dans un long coma, avant de revenir à lui à moitié paralysé. Début avril, la participation d'une petite vingtaine de journalistes et d'intellectuels de renom à un colloque allemand sur le thème « L'Iran après les élections » acheva d'exacerber la colère des durs du régime. Dès le retour des participants à ladite « Conférence de Berlin », la justice conservatrice leur tomba dessus. Les moins chanceux écopèrent de longues années de prison. Un procès pour l'exemple visant à faire taire les voix libérales. Les jours suivants, j'allais également apprendre l'arrestation d'Emadeddin Baghi, le journaliste de *Tous*. En cause, ses articles pointant du doigt certains ténors du régime dans les meurtres en série de l'automne 1998. En fait, les ultras lui en voulaient particulièrement. Pour eux, il était non seulement un dangereux dissident, mais surtout un « traître » à abattre. Car il leur avait fait l'affront de renoncer à l'idéologie religieuse dont il s'était abreuvé, comme tant d'autres, dans la ville sainte de Qom, le « berceau » de la révolution, où une brise de changement soufflait aussi sur les turbans.

Qom, cité maudite… Qom, capitale du deuil et des larmes… Qom… Le mot s'avale en une seule syllabe, comme un redoutable mantra. Ses avenues, qui se croisent à la perpendiculaire, sont ternes et monochromes. Ses ruelles, étroites et poussiéreuses, lui donnent des allures de cité médiévale. Ses bâtiments à toit plat y sont mal entretenus. Derrière les portes closes des madrasas, les écoles coraniques, rien ne filtre. Leurs épaisses façades en retiennent le moindre bruit, le moindre murmure. Dans cette ville opaque, même les habitants sont emmurés. Des murs non pas de pierre mais de tissu. Des grillages de turbans, de soutanes, de voiles et de tchadors. Surgies de nulle part, au détour d'une mosquée, les femmes drapées de noir y sont mi-ombres mi-fantômes. Silhouettes humaines invisibles, sans épaules, sans bras, sans jambes, sans poitrine, sans fesses. Comme si elles portaient la mort prématurée de leur propre existence. Leur tchador est un sarcophage. Leur corps, un fardeau informe et asexué qu'elles traînent à travers le dédale des ruelles… Qom… Jamais une ville ne m'avait inspiré autant d'aversion.

Ce matin d'avril 2000, j'ai longé dès l'aube les murs décrépis de la ville sainte, balayant de mon voile noir la poussière des trottoirs moyenâgeux. Dans ce dédale de mosquées, j'avançais à tâtons. Venue sonder les oulémas sur la crise politique, je m'étais heurtée dès mon arrivée à une muraille de plus : celle de l'ayatollah Mesbah Yazdi, bête noire des étudiants iraniens, celui qui, quelques années plus tard, allait faire embastiller un ami caricaturiste qui l'avait « croqué » sous la forme d'un crocodile. Ce matin-là, c'était son rôle dans la répression qui m'intéressait. Le musellement des étudiants. Les assassinats d'intellectuels. On disait qu'il prônait la violence pour « punir » ceux qui « ne respectaient pas l'islam ». Qu'il était le mentor des ultraconservateurs. Je voulais absolument le rencontrer. L'entretien fut annulé à la dernière minute. Malgré les efforts persistants de son secrétaire, Mesbah Yazdi refusa de me voir. Il n'aimait pas la presse, encore moins les médias occidentaux. Condamnée à l'errance dans l'attente de mon prochain rendez-vous, j'ai déambulé de quartier en quartier. Au détour d'une école religieuse, j'ai emprunté une ruelle qui grouillait de monde. Toujours les mêmes ombres. Femmes voilées. Mollahs enturbannés. Les mêmes portes closes. Les mêmes visages, couleur tristesse… Qom, un tombeau sans issue.

Dans ce grand labyrinthe, je me suis réfugiée dans les paroles du journaliste Emadeddin Baghi, avant qu'il n'échoue derrière les barreaux. « Ne vous fiez pas aux apparences. » C'était lui, le premier, qui m'avait incitée à m'y rendre. Il disait que Qom était devenue le principal foyer de contestation d'une théocratie que la ville avait pourtant engendrée. Il disait qu'il fallait prendre son temps, contourner les façades pour en dénouer l'énigme. Car c'était là-bas, à l'ombre des minarets, que se jouait le vrai duel entre les réformateurs et leurs adversaires conservateurs. Les uns évoquaient la tolérance. Les autres brandissaient l'épée de l'obscurantisme. Une guerre de religion, ou plutôt d'interprétation de la religion. Islam contre islam.

Ironie du sort, le clerc le mieux placé pour me parler de tout ça se trouvait lui aussi sous les verrous, assigné à résidence dans sa propre maison. Interdit de visite. Coupé du monde. Il s'appelait Ali Montazéri. Ce religieux de haut rang jouissait du prestigieux titre de *marja-e taghlid*, « source d'imitation », le grade le plus élevé dans la hiérarchie religieuse chiite. Faute de pouvoir le rencontrer, j'avais obtenu de son fils, Ahmad, un proche de Baghi, le discret privilège d'un entretien dans son bureau, mitoyen de la demeure paternelle.

Blottie dans un cul-de-sac, gardée par des cerbères en civil, la résidence surveillée du vieux clerc était grisâtre. Comme si la morosité de la ville avait déteint sur ses parois. La tête baissée, le visage à moitié couvert, je passai le barrage incognito. Au premier coup de sonnette, Ahmad m'ouvrit la porte. Il portait un pantalon large et une chemise blanche. Il savait parfaitement pourquoi j'étais là, et ne s'encombra pas des formules de politesse d'usage. Son bureau servait de salle de réception. Un décor désuet, composé du strict minimum : une bibliothèque, une table, deux chaises. À peine assis derrière sa table, le fils Montazéri démarra aussitôt la conversation. Il voulait parler, c'était flagrant.

– Notre pays est en train de dévier vers le fascisme religieux ! s'est-il exclamé tout de go, dans une allusion évidente aux derniers événements.

Maintenant, je comprenais mieux pourquoi cet homme était si proche de Baghi. D'une impudique sincérité, il s'exprimait sans artifice. Un homme de conviction, qui connaissait suffisamment le prix des mots pour ne plus avoir peur de s'autocensurer. Tandis qu'il parlait, son regard caressa tendrement une photo de son père. Petit bonhomme au visage rond traversé par d'épaisses lunettes à la mouture noire, l'ayatollah Montazéri souriait. Quel contraste avec les austères portraits de Khamenei. Et dire qu'une seule cloison séparait ce modeste bureau des appartements familiaux où vivait, cloîtré, le clerc dissident. Dire qu'il était sans doute là, à quelques mètres de nous, derrière cet épais mur qui le contraignait au silence le plus total. Nous entendait-il ? À quoi occupait-il ses journées ? Regrettait-il cette République islamique dont il avait été, en 1979, l'un des principaux architectes ? Étrange impression que d'imaginer cette autorité religieuse, ex-dauphin de l'ayatollah

Khomeyni, aujourd'hui prisonnier d'un système qu'il avait contribué, corps et âme, à conceptualiser…

Ahmad Montazéri me tendit une tasse de thé. Puis il poursuivit sur le même ton déterminé :

– Mon père pense qu'il faut évoluer avec son temps. La modernité est un défi intellectuel. Ce n'est pas une épreuve de force. Pour lui, on ne peut continuer à utiliser une interprétation historique de la religion dans le monde actuel. En politisant la religion, on en détruit le sens originel… La seule solution pour sauver la réputation des religieux, c'est de sortir de la politique.

À l'écouter, je compris que personne, mieux que Montazéri, ne symbolisait l'évolution de cet Iran postrévolutionnaire en gestation… Natif de Najafabad, à trente kilomètres au sud d'Ispahan, dont on disait qu'il avait toujours gardé l'accent, Hossein Ali Montazéri avait étudié la théologie à Ispahan, avant de mettre le cap sur Qom, où Khomeyni devint son maître à penser. Entre les deux hommes, une vraie complicité s'était rapidement dessinée. Le fidèle disciple, un temps pensionnaire des geôles du chah, alla même faire le détour par Neauphle-le-Château, dans la banlieue parisienne, lors de l'exil de celui qui deviendrait l'icône de la révolution islamique. Ensemble, ils planchèrent sur la Constitution. Elle définissait l'Iran comme un État de droit, doté d'un système parlementaire. D'apparence démocratique, avec des élections législatives et présidentielle, la République islamique telle qu'ils l'envisageaient avait pour ambiguïté d'être chapeautée par un pouvoir d'inspiration divine : le fameux *velayat-e faghi*, attribuant au Guide suprême la charge de la gestion des affaires des croyants dans l'attente de la réapparition du Mehdi, le douzième imam chiite. D'après le texte législatif, l'exercice du *velayat-e faghi* devait être confié à « un docteur du dogme, juste, vertueux, au courant de l'évolution de l'époque, courageux, efficace et habile, et qui doit être accepté comme Guide par la majorité du peuple ». Mais c'est à cause de cette redondance d'adjectifs bien-pensants que tous les abus étaient finalement possibles. En fonction de la lecture qui en était faite, le pouvoir du guide était, pour certains, absolu. Pour d'autres, électif.

Nommé imam de la prière du vendredi et président de l'Assemblée des experts, Montazéri fut d'abord pressenti comme le successeur attendu de l'imam Khomeyni. Fils de paysans, homme du peuple, parlant un langage simple et populaire, il avait l'art de rassembler les foules, et partageait, avec son maître, une haine véhémente de « l'impérialisme occidental ». Mais avec le temps, la lune de miel se consuma. Alors que la guerre Iran-Irak s'enlisait, Montazéri fut le premier à dénoncer la façon dont les autorités la justifiaient. Trop de mensonges, trop de propagande, trop de morts provoquées par un conflit qui, selon lui, aurait dû cesser plus tôt. Puis, une fois la paix signée – une fois « bue la coupe de poison », selon les propres mots de Khomeyni –, il osa s'insurger contre la liquidation en masse de milliers d'opposants au régime. « Les méthodes de vos services secrets ne valent pas mieux que celles de l'époque du chah ! » se permit-il d'écrire à Khomeyni. Ce fut la critique de trop. Son mentor ne lui pardonnerait jamais.

À la mort du Guide suprême, en 1989, c'est à un autre clerc que la relève fut finalement confiée : Ali Khamenei, qui présidait la République islamique d'Iran depuis 1981. Ce religieux de rang intermédiaire ne disposait pourtant pas des qualités requises pour occuper ce poste. Il n'avait pas rédigé le fameux *resaleh*, ce traité portant sur des questions de jurisprudence lui permettant d'accéder à la dignité d'ayatollah. Sa nomination créa vite un malaise au sein du milieu clérical. Pour beaucoup, Ali Khamenei n'avait ni l'aura de Khomeyni ni les compétences de l'imam. Un débat inédit, jusqu'ici tabou, sur l'essence du rôle du Guide suprême se mit alors à animer discrètement certains séminaires de Qom. En n'hésitant pas à écorcher progressivement son autorité…

Tombé en disgrâce et évincé du pouvoir, l'ayatollah Montazéri ne désarma pas. Un temps silencieux, il saisit dès 1997 le vent de liberté provoqué par l'élection de Khatami pour tenter l'inimaginable : la remise en cause, à travers ses écrits, de l'origine arbitraire du pouvoir absolu du Guide. Aux yeux de ses adversaires, c'était l'affront suprême. Quelques mois plus tard, ils firent saccager sa bibliothèque et l'assignèrent à résidence…

– D'après mon père, enchaîna Ahmad, le *velayat-e faghi* n'a pas de légitimité divine. Il devrait être élu démocratiquement pour un mandat de durée limitée et révocable. Élection ou désignation divine : c'est tout le débat qui est soulevé. Pour le noyau dur au pouvoir, cette remise en question est perçue comme une déclaration de guerre. C'est pourquoi papa a été condamné à l'isolement.

Mais l'homme avait beau être confiné entre quatre murs, il avait ouvert la brèche. Sa fougue allait rapidement inspirer toute une nouvelle génération de mollahs. Sans le zèle et l'appui de Montazéri, adulé des jeunes, les manifestants n'auraient peut-être pas osé, en juillet 1999, s'égosiller en public en scandant « Mort à Khamenei ! ». Car, si haï fût-il par les ultras, son statut de *marja-e taghlid* lui donnait carte blanche pour dispenser des conseils, ou fatwas, à ses nombreux fidèles.

– Si mon père se permet de critiquer aussi férocement le système, c'est parce qu'il dispose de toute la légitimité nécessaire pour le faire… De par ses connaissances culturelles et religieuses, il en connaît les moindres rouages. Il est donc en mesure, mieux que quiconque, d'en révéler les paradoxes. D'où le danger posé aux tenants du pouvoir, enchaîna son fils.

À regarder à la loupe le système iranien, les contradictions étaient en effet nombreuses. D'un côté, des institutions démocratiques, comme des conseils municipaux, un Parlement et un président élus au suffrage universel direct, bien que présélectionnés par le Conseil des Gardiens – une instance de contrôle du régime. De l'autre, un Guide suprême qui avait un pouvoir illimité. Son contrôle direct sur la justice, la police et l'armée des puissants Gardiens de la révolution en faisait un « tyran potentiel ». Laquelle des deux tendances finirait par l'emporter ?

– Nous traversons une période inédite de débat, mais aussi d'incertitude. Les fondements du régime n'ont jamais été autant contestés. La diversité des points de vue explose au grand jour. C'est une nouvelle expérience. Pour l'heure, le pouvoir s'en tire avec une apparence de vote. Mais pourra-t-il résister à un scrutin réellement démocratique ? Autrement dit, le *velayat-e faghi* peut-il coexister avec la démocratie ? J'ai bien peur que, dans ce cas-là, nos dirigeants ne décident de privilégier la force au détriment des urnes, souffla Ahmad.

Dix ans plus tard, en juin 2009, ses paroles me reviendraient à l'esprit lors de la victoire vraisemblablement truquée de Mahmoud Ahmadinejad, cautionnée par le Guide suprême contre la volonté du peuple. En attendant, si les premiers signes d'une crispation des conservateurs se mettaient à pointer discrètement, Ahmad Montazéri, lui, s'obstinait à propager les idées progressistes de son père. Dévoué, il l'était. Envers et contre tout. Baghi avait raison. Il fallait dépasser les apparences. Maintenant que le mur s'était légèrement fissuré, la ville sainte me semblait soudain plus respirable.

À l'écho du muezzin de la mi-journée, je pris congé du fils Montazéri. Avant de me laisser repartir, il me fit signe de l'attendre. Je le vis s'éclipser derrière une porte pour en revenir les bras chargés d'une grosse enveloppe.

– Ce sont les « mémoires » de mon père, a-t-il glissé, en me tendant le paquet. Vous y retrouverez la quintessence de ses propos.

Le volumineux ouvrage, épais de plus de deux cents pages photocopiées, était censuré, strictement interdit de publication. Mais ses adeptes se le distribuaient furtivement sous le manteau. D'un signe de la tête, je l'ai remercié en faisant aussitôt disparaître l'imposant document sous mon voile noir. Puis je me suis engouffrée, ni vue ni connue, dans un taxi.

Parfois, le tchador a du bon.

Toi qui vénérais les poètes plus que Dieu, tu te serais moqué de moi : après mon passage à Qom, je développai une intrigante fascination pour les mollahs.

Je voulais tout savoir d'eux. Je me faisais traduire leurs moindres prêches. Je guettais leurs conférences. J'apprenais par cœur les noms des plus progressistes d'entre eux. Un jour que je confiais à une consœur suisse ma nouvelle obsession, elle me donna les coordonnées d'un jeune clerc de Shahr-e Rey, une banlieue populaire de Téhéran. À 26 ans, Mehdi J. sortait tout juste du séminaire religieux. Parfaitement anglophone, accro aux nouvelles technologies, il entretenait le rêve incongru d'ouvrir un café Internet juste à côté de sa mosquée.

– Passez me voir avant l'heure de la prière, m'avait-il suggéré d'un ton jovial lors de mon appel.

J'ai accouru au rendez-vous sans me douter de la suite.

Sa modeste mosquée de brique et de ciment était noire de monde. Des quatre coins du quartier, les fidèles arrivaient par grappes éparses. À son front ceint d'un turban blanc, j'ai aussitôt distingué Mehdi J. dans la foule. La paume sur le cœur en guise de bienvenue, il m'attendait à l'entrée.

– Je vous laisse rejoindre les femmes là-haut, a-t-il aussitôt déclaré, en m'indiquant un escalier extérieur.

Surprise, j'ai hoché la tête. Je pensais disposer de temps pour lui parler avant le prêche. Il me fallait maintenant rejoindre la salle de prière féminine, à l'étage supérieur, à l'abri des regards masculins. En file indienne, une dizaine de jeunes filles gravissaient à la hâte les marches qui y menaient. L'appel du muezzin venait de démarrer. Avant de s'éclipser du côté des hommes, Mehdi J. s'est juste contenté d'ajouter :

– Au fait, je leur ai dit que vous étiez chiite. Vous n'y voyez pas d'inconvénient ?

Chiite ? Je l'étais irréversiblement. En Iran, la religion se transmet par le père. Impossible de s'en affranchir. Dès ma naissance, j'avais hérité à mon insu de cette confession, une branche de l'islam qui s'était détachée du sunnisme au VIIe siècle, à cause d'un différend sur la succession de Mahomet. Mieux, j'étais « sadate », fille de « seyed », c'est-à-dire descendante du Prophète. C'était écrit dans mon passeport iranien. Noir sur blanc. Élevée dans l'esprit de la laïcité, je ne m'étais jamais posé de questions. En France, il y a bien longtemps que Dieu a déserté les écoles. Maman, élevée par les bonnes sœurs du Couvent des Oiseaux, s'était gardée de nous en faire l'article par overdose de christianisme. Et pour moi, la religion n'était rien d'autre qu'un jeu. Petite, je ne voyais que les « chips » à dérober dans l'Église lors des interminables cérémonies de communion de mes cousins français. Ou les séances de saute-mouton lorsque, de passage à Paris, Mamani déroulait occasionnellement son tapis de prière dans notre salon pour se prosterner à l'heure de l'azan en direction de La Mecque. Ce jour-là, en pleine banlieue téhéranaise, un minimum de bagage religieux m'aurait sauvé la mise.

Dans l'escalier de la mosquée, j'ai emboîté le pas aux jeunes Iraniennes. En haut des marches, une tenture faisait office de porte. De l'autre côté, une pièce étroite, illuminée par une ampoule jaunâtre qui pendait au plafond. Les femmes portaient des voiles fleuris, ceux de la prière. On eût dit des libellules agglutinées en rangs serrés. « Allah-o-Akbar, Allah-o-Akbar… » Un concert de voix graves est monté de l'étage inférieur. L'écho des femmes a suivi. « Dieu est plus grand, Dieu est plus grand… » Échappée d'un voile, une main m'a caressé le bras. Elle m'a tendu un tchador et une pierre à prier. J'étais invitée à me joindre à la prière collective ! Sans préavis. Impossible de reculer. J'ai fait un sourire, et je me suis placée derrière l'inconnue qui m'avait conviée à participer au rituel. Je n'avais pas le choix. « Allah-o-Akbar, Allah-o-Akbar… » Prise au dépourvu, je me suis efforcée de suivre la cadence. Les yeux grands ouverts sur le dos de mon hôtesse, je me suis mise à l'imiter. À genoux. La tête au sol. Debout. Les bras vers le ciel. Une vraie gymnastique. J'étais en nage. Minée par la crainte de faire le moindre faux pas…

– Vous avez mal à la gorge ? m'a demandé une des fidèles, à la fin de la prière.

– Non, je prie dans ma tête, lui ai-je répondu, espérant ainsi dissimuler ma méconnaissance du Coran.

À ma sortie, Mehdi J. était déjà en bas de l'escalier.

– Vous vous en êtes parfaitement sortie ! a-t-il lancé, en esquissant un clin d'œil.

J'enrageais d'avoir été piégée. C'était la première fois de ma vie que je priais. Et en Iran ! Le jeune mollah me devait quelques explications. Une fois la porte de son bureau refermée, il s'est confondu en excuses.

– Les fanatiques guettent le moindre de mes faux pas. À plusieurs reprises, les bassidjis du coin ont voulu bloquer l'accès à ma mosquée. Ils m'accusaient de blasphémer l'islam, d'en donner une image déformée. Un jeune mollah qui parle l'anglais, ça ne leur plaît pas. Alors imaginez s'ils apprenaient que j'ai donné rendez-vous à une journaliste occidentale dans ma mosquée…

Mehdi J. m'a désigné une chaise, avant de s'asseoir à son tour.

– Vous êtes vexée ?

– Euh, non, lui ai-je rétorqué, encore tout essoufflée par ce fastidieux exercice d'improvisation.

Il m'était difficile de masquer ma gêne. Le minimum eût été de m'informer au préalable.

– Vous savez, ici, il n'y a pas que les extrémistes qui

m'ont dans le collimateur, reprit-il comme pour se faire pardonner. Quand j'ai commencé à prêcher, il n'y avait qu'un seul homme et une petite fille à la prière. Les adolescents me boudaient. Ils changeaient de trottoir en me croisant. Les chauffeurs de taxi refusaient de me prendre dans leur voiture parce que je portais le turban.

– Ce n'est un secret pour personne. Tout le monde sait bien que les mollahs n'ont pas la cote, lui ai-je répondu.

J'ai vite regretté ma phrase. Ma contrariété avait déteint sur mes paroles. Mehdi J. a marqué une pause. Il a poursuivi :

– Il est vrai que par les temps qui courent, les religieux ne sont pas très aimés… Mais, rassurez-vous, je suis un des premiers à faire notre autocritique. Les gens en ont marre de cet islam rabat-joie qu'on leur impose d'en haut depuis des années. Ils ont raison ! La religion, ce n'est pas que des restrictions.

Je n'ai rien dit. J'attendais qu'il étaie ses propos.

– Je sais qu'en France, vous nous mettez tous dans le même panier, a-t-il repris. Pour vous, chiites, sunnites, tous les mêmes ! En réalité, l'islam chiite est beaucoup moins rigide qu'il n'en a l'air. À condition, bien sûr, qu'il soit bien suivi. C'est le principe de l'*ejtehad*, l'interprétation des textes sacrés. Nous avons même un terme : « le doute sacré », *shak-e moghadas*. Nous doutons de tout. Nous questionnons tout. Fumer est-il halal ? La polygamie est-elle licite ? Rien n'est figé. Nous avons même un principe qui s'appelle l'*osroharaj*, c'est-à-dire celui d'une exception à la règle. Par exemple, si vous êtes perdue dans le désert et que vous n'ayez que du vin pour vous désaltérer, alors ce n'est pas un péché de le boire !

Ma grimace ne lui avait pas échappé. Ses exemples avaient piqué ma curiosité.

– Si, si ! Je vous promets ! a-t-il insisté. En islam chiite, chaque croyant a un *marja*, un ayatollah, à qui il peut poser toutes les questions qui lui passent par la tête. Quel que soit votre sujet de préoccupation, il y répondra par courrier.

– Et votre café Internet dans tout ça ?

– Ah, ça, c'est mon bébé, dit-il. Depuis peu, on m'a confié les relations publiques de quatre mille mosquées. Je m'occupe également d'un projet d'informatisation de cinq cents lieux de culte. Tout ça m'a donné l'idée d'ouvrir un petit centre à côté d'ici. Les jeunes pourraient y avoir accès à Internet. Le problème, c'est qu'ils manquent de loisirs. Du coup, ils sont tentés par la drogue, par les boissons illicites… Je pars du principe que nous, les religieux, nous devrions être là pour les aider, pas pour les terroriser…

Attentive, je prenais des notes. Amusé par mon ignorance du chiisme, il répondait avec enthousiasme à mes questions.

– Si ça continue, vous allez devenir une vraie chiite ! a-t-il rigolé.

J'ai souri. J'ignorais qu'un mollah pût être aussi moqueur. Était-ce son jeune âge, ou son excellente maîtrise de l'anglais ? Au bout d'une heure d'entretien, il était remonté dans mon estime. Je commençais à me sentir plus à l'aise. Les semaines suivantes, à chaque question ardue sur le Coran, je l'appelais pour sonder son avis. À chaque fête religieuse, il prenait le téléphone pour me souhaiter qu'elle soit bonne. Un jour que je planchais sur la place des femmes dans l'islam, c'est vers lui que je me suis naturellement tournée.

– Je passerai chez vous. Ça vous évitera les embouteillages, m'a-t-il offert.

J'ai dit oui, n'y voyant qu'un signe de pure politesse. Avant de le recevoir, je m'étais appliquée à couvrir mes cheveux d'un fichu, par signe de respect envers l'institution cléricale. À son arrivée, lui était méconnaissable. Mis à part sa fine barbe brune, tout en lui avait changé. Ses savates, sa soutane. Sur le perron de la maison, il était là, droit comme un i, serré dans un blue-jeans assorti d'un blouson de cuir.

– C'est pour ne pas vous faire honte devant vos voisins, a-t-il avancé, en faisant la moue.

Et il m'a tendu la main ! Selon les codes de conduite en

vigueur, il eût été déplacé de la lui serrer. Même s'il avait troqué son habit clérical contre une tenue passe-partout ! Déconcertée, j'ai discrètement tendu la mienne pour lui indiquer le salon.

– La question des femmes, et surtout des rapports entre hommes et femmes, c'est un thème qui me tient à cœur ! a-t-il enchaîné, en prenant place sur le petit canapé.

Il était pressé de parler. Ce sujet, disait-il, était d'une importance capitale. Il voulait d'ailleurs en prendre pour exemple sa famille : marié à une femme plus âgée que lui, « comme Khadidja, la première épouse du Prophète », il était également l'heureux père de deux fillettes.

– Jamais je ne laisserai leur futur mari lever la main sur elles. Un homme n'a pas le droit d'être violent avec sa femme, même si elle a mal agi. Le Coran est d'ailleurs clair à ce sujet. Si l'homme veut punir sa femme, c'est avec un bouquet de basilic qu'il doit la frapper. C'est tout. Et s'il la blesse, que sa peau vire au bleu ou au rose, il doit payer une amende. Dans ce cas, l'épouse est même en droit de demander le divorce !

Il fallait voir avec quelle passion il se consacrait au sujet. Pour lui, la femme était une « fleur délicate » à respecter, un être à protéger. La discussion a ensuite irrémédiablement bifurqué sur le port du voile. De son point de vue, que je partageais, les Iraniennes devaient pouvoir choisir de s'en affranchir. D'ailleurs, il m'avoua sa surprise de me voir le porter chez moi.

– Même si cela vous va si bien, a-t-il ajouté.

C'est là que ses yeux ont parcouru mon visage dans le moindre détail. Assis à côté de moi, il a posé sa main sur l'accoudoir de mon fauteuil. Préférant lui donner le bénéfice du doute, je me suis dégagée pour lui servir une tasse de thé. Il a rougi. Ses mains tremblotaient légèrement. Il y eut un silence. Pour le combler, j'ai relancé la conversation sur la possibilité ou non pour une femme de briguer la présidence, en sondant son point de vue.

– Vous n'êtes pas mariée ? a-t-il demandé.

Je ne voyais pas ce que ma vie privée avait à voir avec ma question.

– Vous... Vous n'êtes pas mariée ? répéta-t-il.

– Non...

– Et vous n'avez pas l'intention de vous marier ?

– Un jour, peut-être... Mais j'ai encore le temps.

Il marqua une pause, observant mon visage, mon regard, mes mains.

– Avez-vous déjà songé à faire un *sighé* ? reprit-il.

– Un quoi ?

– Un *sighé*... Vous savez, ce mariage temporaire vous permettant d'avoir des rapports sexuels pour une durée déterminée. Dix minutes, un jour, trois mois... Ou quatre-vingt-dix-neuf ans... Une relation à la carte, si vous préférez...

J'étais médusée. Je ne savais pas comment réagir. Il a poursuivi :

– Du temps du Prophète, c'était chose courante chez les voyageurs et les pèlerins. Surtout lorsqu'ils restaient trop longtemps loin de leur famille. Ils prenaient alors une seconde épouse pour un temps limité. Une façon... d'assouvir leurs besoins.

À écouter sa description, je n'y vis rien de plus qu'une forme de prostitution ou d'adultère. Décidément, j'avais encore beaucoup à apprendre sur le chiisme...

– Mais je croyais que tout le principe de la religion, c'était de protéger le foyer... N'est-ce pas... hypocrite tout cela ?

– Non, pas du tout ! C'est aussi dans l'intérêt des femmes en manque d'affection. Car officiellement, seules les veuves et les divorcées peuvent contracter un *sighé*...

Il s'est de nouveau interrompu, a hésité un instant. Puis il a repris :

– Enfin, c'est la règle générale… Après, il peut toujours y avoir des exceptions.

– Que voulez-vous dire ?

– Je vais vous livrer une confidence : disons que ça peut être une sorte de pacte secret entre deux personnes. Pas la peine d'informer leurs familles…

Un « pacte secret » ! En prononçant ces mots, Mehdi avait levé la tête dans ma direction, en me regardant droit dans les yeux. J'ai baissé la mienne. Je voyais maintenant parfaitement où il voulait en venir. Je m'en voulais de lui avoir ouvert ma porte, d'avoir une fois de plus péché par naïveté. Comment aurais-je pu me douter qu'à 26 ans, un mollah marié allait me demander… en « mariage » ? Je sentais son regard m'écraser. Je suis restée muette, fixant la table basse, puis mes pieds, puis ma montre. J'étais à court d'idées pour faire diversion. Alors, je me suis levée. J'ai ajusté mon foulard, strictement plaqué contre mes tempes. D'un ton sec, je lui ai juste dit qu'il devait partir. Qu'un autre rendez-vous m'attendait.

– Déjà ? a-t-il dit.

– Oui, je suis très occupée. Mais ce serait un plaisir de vous revoir, ai-je gauchement précisé, en espérant m'en débarrasser au plus vite.

Mehdi J. a alors pris un air déçu. D'une poignée moite, il m'a serré de nouveau la main, avant de pivoter sur ses talons. Je lui ai ouvert la porte. Puis je l'ai regardé descendre l'escalier, son blouson de cuir sur le dos, encore estomaquée par sa démarche.

– À très bientôt, m'a-t-il dit, avant de disparaître dans la rue.

– Au revoir, ai-je répliqué, en espérant ne jamais le recroiser.

Quelques jours plus tard, le téléphone sonna à une heure du matin.

– Allô ? ai-je fait d'une voix endormie.

– C'est Mehdi.

Mehdi ! Je n'en revenais pas de son culot.

– Je ne vous réveille pas ?

– Si, ai-je sèchement répondu.

– Je fais une marche en montagne ce vendredi. Ça vous dit de m'accompagner ?

La montagne ! Gravir ses sentiers de randonnée, à moins d'une heure de Téhéran, est un des passe-temps favoris des jeunes Iraniens en quête d'évasion. Ces mêmes jeunes qui, justement, fuient le plus loin possible les mollahs. Le temps de reprendre mes esprits, j'ai gauchement rétorqué :

– Oh, comme vous le savez, je suis très occupée...

Il a insisté :

– Si c'est à cause de ma tenue de mollah, ne vous en faites pas, j'enlèverai mon turban et je mettrai ma veste en cuir !

– Non, non, vraiment, non merci, j'ai rétorqué, en repensant à son Histoire de « pacte secret ».

Un silence a traversé le combiné. Cette fois-ci, c'était lui qui se taisait. La voix crispée, il a fini par répondre :

– Je croyais que vous étiez différente des autres... Je croyais que vous n'aviez pas de préjugés sur les mollahs... Je croyais que vous étiez venue en Iran pour mieux comprendre ses nuances. Mais, dans le fond, si vous ne voulez pas me voir, c'est parce que je suis un religieux !!

– Non, pas du tout, ce n'est pas ce que je voulais dire...

Il avait déjà raccroché.

Les morts aussi ont leurs secrets. Je pensais les tiens ensevelis pour toujours. Jamais je n'aurais imaginé pouvoir un jour les déterrer. Encore moins par la grâce d'une visite inopinée.

C'était un soir de l'été 2001. Il était aux environs de 22 heures lorsque d'étonnants gloussements m'arrachèrent brutalement de mon ordinateur. Les rires venaient de chez grand-mère. À cette heure-ci, Mamani était habituellement déjà plongée dans ses rêves de somnifères. Depuis l'épisode des fantômes, elle ne s'était plus jamais manifestée en pleine nuit. Que lui valait ce nouvel élan ? Je n'ai pas pris le temps d'appuyer sur l'interrupteur. Dans la pénombre des escaliers, j'ai dévalé les marches quatre à quatre. À mi-chemin, un filet de lumière a guidé mes derniers pas. Il s'échappait de la porte d'entrée de son appartement. Jetés sur le paillasson, des souliers bleus brillaient dans l'obscurité. Ce soir-là, Mamani avait de la compagnie.

– Ahaha ! Hihi ! Ahahaha !

Les ricanements féminins ont repris de plus belle. Aigus, saccadés. L'explosion de joie n'était pas dans les coutumes de grand-mère. Je crois bien ne l'avoir jamais vue sourire, elle qui maîtrisait la rhétorique des jérémiades avec la même aisance que certains déclament des poèmes de Hafez. J'ai appuyé sur la sonnette. Le « cui-cui » strident du canari artificiel a retenti dans la cage d'escalier. Les rires se sont interrompus. La poignée a grincé. La porte s'est entrouverte. Une lumière éblouissante a envahi le palier.

– Salaaaaaaam !

Je n'ai pas eu le temps d'identifier l'origine de ce cri perçant. J'avais déjà rebondi, la tête la première, dans le moelleux d'une opulente poitrine. Des mains pressantes m'enlaçaient fermement. Elles parcouraient frénétiquement mon dos de haut en bas. J'avais beau me débattre, l'audacieux décolleté pigeonnant m'écrasait le nez. J'ai éternué en reconnaissant l'odeur poivrée d'un Coco Chanel de contrefaçon. L'étreinte s'est alors relâchée, laissant apparaître deux grands yeux verts, encadrés d'une chevelure peroxydée.

– On parlait justement de toi avec ta grand-mère ! a lâché la grosse dondon, qui se tenait en face.

À l'entendre s'exprimer si familièrement, on eût dit qu'elle me connaissait depuis ma tendre enfance.

Je n'avais aucune idée d'où elle sortait. Ce visage couleur porcelaine, parcouru de discrètes rides, ne me disait vraiment rien. Des sourcils épilés au millimètre, un nez parfaitement refait, un rouge à lèvres outrancier assorti à sa robe en taffetas… Était-ce l'effet de l'embonpoint ou de la chirurgie esthétique ? Il était difficile de lui donner un âge, mais il allait de soi qu'elle avait été une belle femme dans sa jeunesse. Dans un élan de sympathie outrancière, elle me couvrit le visage de baisers. Puis d'un air nonchalant, elle s'est accroupie à terre pour cueillir une boule de poil. Un chien ! Chez ma grand-mère ! Pour Mamani, tout ce qui possédait quatre pattes était *nadjess*, impur, donc formellement interdit de séjour dans sa cage dorée… À peine blotti dans les bras de sa maîtresse, le toutou se mit à lui lécher les lèvres. J'ai eu de la peine à retenir ma grimace.

– Suis-moi, a-t-elle enchaîné, en trottinant jusqu'à la chambre à coucher de Mamani.

Je la trouvais bien à son aise pour une invitée. Par quel tour de passe-passe cette exubérante créature s'était-elle retrouvée ici ? En traversant le salon, j'ai reconnu les petites tasses à thé aux motifs Qajar que grand-mère ne sortait que pour ses visiteurs de marque. Les housses avaient exceptionnellement été retirées des canapés, laissant apparaître de jolis dessins bleu et blanc. Sur la table basse, des parts largement entamées de gâteau au chocolat fondaient sous la chaleur. Dans le corridor, j'ai trébuché sur un os de poulet. Le toutou poilu avait, lui aussi, marqué son territoire.

– Delphine ! *Bia bechin !* (Viens t'asseoir !)

Les yeux bien éveillés, ma grand-mère s'adressait à moi du fond de son lit. Chemise de nuit et bas noirs, elle était là, à grignoter nonchalamment des pistaches. Une pluie d'écorces se déversait sur le tapis persan. Posées sur sa table de nuit, juste à côté d'une grosse boîte de pâtisseries à la crème, ses pilules « marchands de sable » végétaient à côté d'un verre d'eau. Ce soir, elle avait omis de les prendre. À lire entre les lignes de son visage décrispé, je la soupçonnais même d'avoir avalé un comprimé de Xanax. Une fois son chien jeté au sol, la visiteuse du soir s'est creusé un cratère, juste à côté de grand-mère. Elle devait bien faire le double, voir le triple de son poids. Ces deux femmes n'avaient vraiment rien en commun. Ni physiquement. Ni mentalement. Et malgré tout, elles paraissaient si proches dans le huis clos de cette chambre à coucher.

– Marie est une amie… de la famille, m'a dit Mamani sur un ton mystérieux… Ce soir, elle reste dormir à la maison.

« Marie », ce n'était pas très iranien… Un surnom, sans doute, pour se donner des airs de *farangui*. En la regardant sortir un faux poudrier Christian Dior de son sac imitation Vuitton, je constatai que sa boulimie se manifestait jusque dans l'usage excessif de cosmétiques. Dans un nuage de blush, elle a redécoré son visage, et donné quelques coups de pinceau taquins à son chien. Puis elle s'est exclamée à mon intention :

– Tiens, toi qui vas souvent à Paris, je devrais te passer commande la prochaine fois !

– Euh, je…

Ma grand-mère m'a aussitôt interrompue. Elle avait bondi de son lit. Son visage s'était soudainement rembruni.

– Comment ça ? Et le maquillage que je t'ai rapporté de mon dernier voyage en France ? C'était pour les beaux yeux de ton chien ? a-t-elle lancé.

– Non, c'était du toc de supérette, tout juste bon pour une adolescente ! l'a tancée Marie.

– Et les escarpins vernis que je t'ai achetés rue de Rennes ? a maugréé Mamani, visiblement vexée.

– Tu parles d'escarpins ! Ils sont trop grands, et en plus, c'était du faux cuir ! a cancané Marie.

En Iran, les passions dépassent souvent la raison. Entre femmes, surtout. À huis clos, tout se dit sans réserve. Mais là, c'était la surenchère ! On se serait cru en pleine querelle de chiffonnières. Marie a marqué une pause, s'est redonné un coup de blush, a englouti un chou à la crème. Puis a poursuivi :

– Ton mari, Hossein, que Dieu protège son âme, avait bien meilleur goût ! Lui, il savait me faire plaisir avec ses bijoux fantaisie et ses vrais parfums pour dames qu'il me rapportait de Paris…

Hossein. Toi, mon Babai ? Que diable venais-tu faire dans cette Histoire ? Un silence a traversé la nuit. Le visage de Mamani s'était raidi. Il avait suffi d'un mot, d'une phrase pour qu'elle retrouve son masque de Médée iranienne, son regard tragique et sa bouche en cul de poule. Je restais clouée sur ma chaise, comme un arbitre handicapé, dépassée par le tempo de ce duel incongru. Son toutou aux trousses, Marie s'est éclipsée subitement dans la cuisine. Boudeuse, ma grand-mère s'est pelotonnée sous sa couverture. Sur les plis de son front, ce n'était pas seulement de la vexation qui se lisait. C'était aussi la triste expression d'une femme qui se sent désavouée.

– Ton grand-père avait toujours un harem autour de lui. Au final, ses écarts ont eu raison de lui. À trop s'ouvrir aux femmes, son cœur s'est atrophié, avant de le lâcher pour de bon ! Ça lui a coûté la vie !

Je me suis assise sur le rebord de son lit. Elle s'est raclé la gorge, puis a ronchonné quelques mots inaudibles. Comme pour devancer la question que je n'osais lui poser, elle a poursuivi :

– Marie, c'était sa favorite… Je n'en avais pourtant jamais entendu parler… À sa mort, elle est soudainement apparue. Comme tombée du ciel ! Dans le testament de Babai, son nom avait été rédigé noir sur blanc. Il en avait fait l'héritière d'un lopin de terre… C'est ainsi qu'un jour, elle a débarqué dans ma vie… pour réclamer son comptant. Étrange façon de faire connaissance, non ?

Alors toi aussi, énigmatique grand-père, tu avais cédé à la tentation du pacte secret du mariage temporaire… Mamani s'était bien gardée de prononcer le mot tabou – *sighé*. Je n'avais pas besoin d'un dessin pour comprendre. Et moi qui t'avais si longtemps placé sur un piédestal, t'érigeant en héros invincible de toutes les causes humaines ! Mi-philosophe, mi-poète, toujours enclin à propager le bien autour de toi. En fait, tu n'étais pas bien différent des autres. Toi aussi, tu avais tes cachotteries, tes faiblesses. J'avais l'impression d'avaler une couleuvre. Je connaissais pourtant ton penchant prématuré pour les femmes, toi qui, d'après les rares souvenirs évoqués par papa, avais été allaité par différentes nourrices jusqu'à l'âge de 5 ans. À ton époque, cette pratique était courante. Petite, je t'avais également plusieurs fois surpris, lors d'un passage à Paris, à feuilleter avec gourmandise les pages d'un magazine rempli de photos de dames nues. Sur la couverture, on pouvait lire *Playboy* en lettres roses. « Ce n'est pas de ton âge ! » me lançais-tu chaque fois, en me chassant de ta chambre. Quand tu repartais pour Téhéran, c'était toujours avec une valise remplie de chemisiers que maman, complice aveugle de tes conquêtes, pensait être allée acheter pour tes « étudiantes », comme tu disais. Bien plus tard, ton charme n'allait pas échapper aux infirmières de l'hôpital parisien où tu vécus tes derniers jours. Dès ton arrivée, tu avais mis un point d'honneur à apprendre par cœur leurs prénoms. Elles étaient tes « chéries », la « lumière de tes yeux ». Mais de là à mener une double vie avec la bénédiction d'Allah. Surtout venant d'un homme érudit et laïc comme toi…

J'ai regardé Mamani éplucher nerveusement ses pistaches. Les yeux plongés dans les motifs du tapis persan, elle a poursuivi sur un ton monocorde :

– Marie, je l'ai tout de suite détestée. Je la trouvais trop exubérante, trop bavarde. Moi qui étais en deuil, je ne supportais pas qu'elle vienne frapper à ma porte à l'improviste, dès qu'elle avait besoin d'une photocopie ou d'une signature. Pourtant, je n'avais d'autre choix que de respecter la décision de Babai… Et puis, avec le temps, on a fini par se rapprocher. Après tout, je me suis dit qu'elle n'y était pour rien, dans cette Histoire. Le vrai fautif, c'était ton grand-père !

– Et depuis, vous vous voyez régulièrement ?

– Elle passe me voir au moins deux fois par mois… Parfois, il lui arrive même de rester dormir ici, quand il se fait trop tard… En réalité, ça me fait de la compagnie. J'en oublie que je suis seule. Et puis, elle a le mérite d'être rigolote. Sauf quand elle me nargue avec la liste des cadeaux que lui faisait ton grand-père, lui qui était si radin avec moi ! Et là, c'est plus fort que moi, je sors de mes gonds…

– Combien de temps se sont-ils fréquentés ?

– Je n'en ai aucune idée. En fait, je préfère ne pas savoir… Le passé, c'est le passé…

Pauvre Mamani ! Moi qui avais renoncé à la comprendre, excédée par ses intrusions inopinées dans ma vie privée, je me trouvais bien stupide de l'avoir trop vite jugée.

– Et tu ne t'es jamais étonnée de le voir papillonner à droite, à gauche ? lui ai-je demandé.

– Tu sais, à mon époque, on acceptait tout sans discuter. On se contentait de faire semblant d'être heureuse avec ce qu'on nous donnait... Il faut dire que j'étais naïve... Quand on me maria, à l'âge de 16 ans, je m'étais même presque sentie chanceuse... Ma sœur aînée, elle, avait été promise à son époux lorsqu'elle n'avait que 10 ans... En plus, Babai était plutôt bel homme. Il portait d'élégants costumes, il était respecté en société pour avoir rédigé une thèse d'archéologie, il parlait plusieurs langues. Je dois dire qu'au début, je le trouvais même très charmant...

En t'épousant, Mamani y avait donc d'abord trouvé son compte. Aussitôt mariée, elle hérita du titre de « *Khanoum* Docteur » : madame Docteur. Alors que ses études s'étaient arrêtées au bac. En Iran, où le nom de famille et le curriculum vitae ne font qu'un, tout se transmet par alliance... Il suffit, ainsi, d'épouser un thésard pour se faire appeler « madame Docteur », un ingénieur pour devenir « madame *Mohandes* » ! Être « femme de », c'est mieux que rien, s'était-elle dit... Très vite, la belle brunette aux jolies robes révélant sa parfaite taille de guêpe allait vite déchanter. Dans les dîners, les pupilles de son mari roulaient de corsage en corsage. Très occupé par « son travail », il rentrait souvent tard à la maison. Lorsqu'elle tomba enceinte, deux ans plus tard, elle finit par trouver une forme de réconfort dans la maternité. Mais son premier bébé, Nasrine, mourut d'une mauvaise dysenterie, à l'âge de 2 ans. À la fin des années quarante, c'était chose courante. Les conditions d'hygiène et de santé laissaient à désirer. Le jeune monarque, Mohammad Reza Chah, avait d'autres préoccupations : s'acheter des jets privés, flirter avec les Américains, briller sur la scène internationale. Il faudrait attendre les progrès sanitaires et scientifiques de l'actuel République islamique – un succès dont les mollahs peuvent se targuer – pour voir tomber en chute libre le taux de mortalité infantile.

– Je pleurais souvent… J'étais seule face à ma tristesse… Et puis ton père est arrivé. Ensuite ton oncle et ta tante… À ce moment-là, je suis passée du rôle d'épouse à celui de mère. Avec Hossein, nous avons commencé à faire chambre à part, et j'ai fermé les yeux sur sa vie cachée…

C'était donc ça, cette constante amertume. Privée de bonheur, elle ne pouvait s'empêcher de le détruire systématiquement chez les autres. Peut-être parce qu'elle pensait que, de toute façon, il n'existait pas. À l'écouter, je comprenais ses blessures, ses failles, qui me rappelaient celles d'autres Iraniennes. La loi islamique, appliquée depuis 1979, avait bon dos. On lui imputait tous les maux de la terre. Mais la souffrance des femmes ne datait pas de l'après-révolution, elle était depuis longtemps scellée par le ciment des traditions patriarcales…

Un aboiement aigu me tira de mes pensées. Le toutou poilu venait de faire à nouveau irruption dans la chambre de Mamani, devançant Marie, une grosse sucette dans la bouche, et les bras chargés d'un gâteau multicolore en forme de hamburger. Elle affichait une mine joviale, comme si de rien n'était.

– Dessert ! a-t-elle roucoulé.

Encore remontée contre la boutade mal placée de Marie, Mamani avait les sourcils en alerte. Je ne lui avais jamais vu des yeux aussi incandescents. Elle a repoussé sa couverture, s'est assise au bord du lit, a toisé sa concurrente de la tête aux pieds. Puis a lancé, d'une espiègle grimace :

– Regarde-toi, avec ton gros bidon ! Tu manges tellement qu'on croirait que tu es enceinte de triplés…

Quelle repartie ! Ton épouse cachée en cracha sa sucette, à la grande joie de son chien qui s'empara aussitôt du joyau sucré. Estomaquée, j'observais ce petit jeu de ping-pong qui risquait de mal finir. Mais, à match nul, c'est l'inverse qui se produisit. Après une brève pause, Marie a ravalé sa salive, en éclatant d'un énorme fou rire. J'ai tourné la tête vers Mamani. Son corps était pris de convulsions qui se transformèrent rapidement en petits cris aigus : elle riait aux éclats !

– Là, tu y es allée fort ! s'est esclaffée Marie.

Dehors, la lune était ronde. Leurs gloussements se perdaient dans une seule et unique mélodie nocturne. Il y avait ce quelque chose de cathartique dans leur façon de s'égosiller jusqu'aux larmes…

Les semaines suivantes, j'allais moi aussi finir par m'accoutumer à Marie. À chaque visite, c'était le même petit manège. Les bras chargés de sucreries, elle parfumait l'atmosphère de ses eaux de Cologne asphyxiantes, son chien traînant derrière elle. Dans l'appartement de grand-mère, il y avait toujours un lit et un couvert qui l'attendaient. Avec le temps, leur complicité s'était même renforcée. Comme si le fait d'avoir partagé le même homme les reliait l'une à l'autre. Envers et contre tout.

De mon poste d'observation, je regardais tes deux femmes, la visible et l'invisible, se chamailler comme deux sœurs, puis se réconcilier aussitôt par la magie d'une bonne blague. Ensemble, elles se raillaient, aussi, de tes vieux « tics » : tes sautes d'humeur ou encore tes fameuses siestes en plein repas, pendant lesquelles tu prétendais être « en train de réfléchir ». Comble de l'absurde, Mamani allait vite devenir une conseillère pour Marie. Lorsque ta « seconde épouse » était à l'affût d'un entrepreneur ou d'un maçon pour la construction de sa villa, sur le terrain dont elle avait hérité, grand-mère trouvait toujours le moyen de lui dégoter un numéro de téléphone ou le nom d'un ouvrier. Tout le temps que durèrent les travaux, Marie se rappelait toujours à notre bon souvenir.

Tandis que la villa prenait forme, ses visites commencèrent

à s'espacer. Trois ans plus tard, une fois sa maison achevée, elle disparut pour de bon. Avec son toutou, ses gâteaux en forme de hamburgers et ses sucettes. Pas de doute, cette femme était particulièrement culottée. J'avais pourtant du mal à lui en vouloir. Elle qui avait déserté notre vie aussi brusquement qu'elle l'avait envahie, je l'ai presque regrettée tant elle avait mis de piment dans le quotidien morose de Mamani. En fait, je lui en étais reconnaissante. En révélant une part d'ombre de ton passé, elle avait réussi l'impossible : me rapprocher de grand-mère.

« *Soukout*... *Arekat*... Silence... Moteur... On tourne... » Plantée dans la roche, notre caméra a zoomé sur le visage d'une Castafiore persane. « Fille de la mer, c'est le matin ! Réveille-toi ! Ouvre les yeux ! » fredonnait la jeune actrice, en imitant Gougoush, l'indémodable diva pop d'avant la révolution. Ses paroles rebondissaient par ricochets dans la ravine. Ses yeux de biche allumaient les crêtes émaillées. Quel pied de nez à l'interdit de chanter en public pour une femme ! Rassemblés autour d'elle, garçons et filles reprenaient en chœur le même refrain. « Réveille-toi ! Ouvre les yeux ! »

En cette fin du mois de septembre 2001, je travaillais comme assistante sur le tournage d'un documentaire belge, *L'Iran sous le voile des apparences*, qui s'intéressait aux frondeurs de ton pays. Ce jour-là, nous avions marché pendant une heure à flanc de coteau pour dénicher, en haut d'un sentier de randonnée, ces apprentis comédiens. Les poumons gonflés d'oxygène, ils sautaient comme des cabris de pierre en pierre, en entrecoupant les nuages de tirades imaginaires. Tout en bas, Téhéran avait disparu derrière un pagne de pollution, aussi épais qu'un rideau de théâtre. La montagne de Darakeh, complice des jeunes insoumis, nous livrait ses secrets... Des foulards indociles, des paroles déverrouillées et des sacs à dos qui déversaient leurs trésors cachés – radiocassettes, guitares, tambourins.

Au premier coup de sifflet, la mini-Gougoush s'est momifiée sur place. L'index posé sur ses lèvres, elle fit signe à ses compères de se taire. Le sifflement était discontinu. Il perturbait le glouglou de la source voisine. Intrusif, strident.

– Qui va là ? s'est-elle enquise.

Pensant y voir une saynète improvisée, nous avons continué à filmer…

– Éteignez la caméra ! a lancé une voix inconnue. Immédiatement !

Nous nous sommes retournés. Les yeux exorbités, un barbu trapu avait déboulé d'un buisson. Poings serrés, il fonçait droit sur notre petit groupe. Il devait avoir la vingtaine, le même âge que les jeunes comédiens. Un talkie-walkie accroché à la ceinture, une chemise noire qui dépassait de son pantalon kaki… Il ne faisait aucun doute : c'était un milicien bassidji ! Depuis l'été 1999, je les reconnaissais à vue d'œil, mais c'était la première fois que j'étais directement confrontée à l'un d'eux.

– Hedjab ! Hedjab ! a-t-il hurlé, en foudroyant les filles du regard.

Comme dans une chorégraphie synchronisée, nous avons toutes redressé nos foulards. La cantatrice en herbe avait avalé sa voix. Elle était pétrifiée. Ses compères s'étaient momifiés. Dans les regards livides, je devinais la même interrogation : mais que faisait ce milicien sur « leur » territoire ? Les Gardiens de la vertu ne s'aventuraient que très rarement si haut. D'habitude, ils limitaient leurs patrouilles aux maisons de thé, lovées au pied des sentiers de randonnée. En plus, la saison estivale de la « chasse aux mal-voilées », lorsque la chaleur incite les filles à lever les voiles, était révolue.

– Vos papiers ! a repris le barbu, furieux.

Nous étions médusés. Dans le silence le plus total, nous avons laissé passer quelques secondes. Ces jeunes n'avait aucun lien de parenté. Un motif suffisant pour les arrêter si le milicien voyait leurs cartes d'identités. D'un pas lent et prudent, un des acteurs s'est approché de l'intrus, en lui tendant son sac à dos, vide.

– Qu'est-ce qu'on a fait de mal ? Fouillez mes affaires, il n'y a même pas d'alcool ! a-t-il lâché d'un rire nerveux.

– Il ne manquerait plus que ça ! Des filles à moitié nues, devant une caméra, c'est déjà le pompon ! C'est pas l'Amérique ici ! a pesté le bassidji.

– Hé, dis donc, surveille tes paroles ! s'est énervé le jeune, hors de lui.

– Espèce de *sousoul*, fils à papa, donne-moi tes papiers, et ferme-la si tu veux éviter les embrouilles !

– Tu te crois plus fort que les autres ? Si t'es pas content, t'as qu'à rentrer dans ta caserne… C'est à cause de types comme toi que l'Iran a régressé de mille ans après la révolution.

Le visage du barbu s'était durci. Blessé dans son for intérieur, il a bombé le torse, redressé le menton. Sa main droite pointée en direction d'une colline avoisinante, il a enchaîné :

– Un peu de respect ! Il y a des « frères » de la guerre qui reposent sous la terre de cette montagne.

J'avais du mal à comprendre ce qu'il sous-entendait. Une des filles m'a glissé à l'oreille qu'il faisait certainement référence aux dépouilles des ex-combattants de la guerre Iran-Irak. Les bassidjis avaient récemment pris l'initiative controversée de les enterrer ici, en pleine nature. Comme pour marquer leur territoire.

– C'est ça, c'est ça, encore la guerre… Elle a bon dos, cette guerre ! Comme s'il n'y avait pas d'endroit plus propice pour enterrer les morts… Le cimetière, ça existe ! Encore un prétexte idéal pour venir nous épier et nous voler un de nos rares espaces de liberté, s'est énervé le jeune comédien.

– La liberté ? Mais de quelle liberté tu parles ? Fumer et boire… comme aux États-Unis… Quelle belle décadence ! a surenchéri le milicien, en lui arrachant son sac.

Le ton était monté d'un cran. Avec l'équipe de télévision, nous étions jusqu'ici restés en retrait. Mais là, le bassidji y allait trop fort. J'ai glissé ma main dans mon sac, pour en ressortir ma carte de presse. Après tout, nous disposions des autorisations en bonne et due forme du ministère de la Culture pour filmer ces jeunes dans la montagne. Je l'ai tendue au milicien.

– Étrangère ? m'a-t-il demandé, méfiant, en examinant mon accréditation.

Le document ne l'impressionnait guère. Comme si, dans cette montagne qui surplombait Téhéran, il jouissait d'un pouvoir surdimensionné, au-dessus des lois.

– Étrangère ? a-t-il insisté.

– À moitié... ai-je répondu.

– Encore une Iranienne qui était bien au chaud, en Europe, quand nos soldats se faisaient exploser la cervelle pour défendre le pays contre Saddam ! Et maintenant, vous venez pervertir les jeunes avec vos valeurs occidentales ! a-t-il grogné.

Tandis qu'il parlait, il égrenait nerveusement un petit chapelet de prière enroulé autour de sa main. Son arrogance me désarçonnait. C'était certain, nous n'étions pas de la même pâte. Mais il me fallait à tout prix trouver un moyen de l'amadouer.

– Euh, non, pas du tout, ai-je répondu. D'ailleurs, j'ai récemment fait un reportage dans une mosquée...

– Pour mieux nous humilier par la suite ? a-t-il rugi.

Avec son regard en oblique, je ne voyais pas où il voulait en venir.

– Il suffit de regarder CNN ou la BBC pour voir comment les musulmans sont diabolisés ! Depuis que des kamikazes ont percuté leurs avions sur les tours de New York, nous sommes tous des terroristes islamistes à vos yeux. Comme vous avez la mémoire courte, vous, les Occidentaux... Non seulement l'Iran n'a jamais attaqué aucun pays, mais, en plus, quand Saddam Hussein nous a envahis, dans les années quatre-vingt, c'était avec le soutien de l'Occident !

C'était donc cela, l'objet de sa colère. Je commençais à mieux comprendre... Quelques jours plus tôt, les attentats du 11 Septembre, qui portaient la marque du réseau Al-Qaïda, avaient décimé la communauté internationale. Mohammad Khatami, réélu en juin 2001, avait été l'un des premiers chefs d'État à condamner l'attaque contre les tours jumelles de New York, en déplorant que cet horrible crime ait été commis au nom de l'islam. À Téhéran, la population aussi avait tenu à exprimer sa compassion et sa solidarité envers les familles des victimes. Chaque jeudi, pendant plusieurs semaines, des centaines de personnes avaient allumé des bougies sur la place Mohseni, en criant haut et fort « À bas le terrorisme ! » et « Mort aux talibans ! ». Mais, en Occident, tout ce qui touchait de près ou de loin à l'islam était désormais montré du doigt comme la peste.

– Les réformistes vont se faire avoir s'ils pensent qu'en souriant à l'Occident, ils parviendront à se faire accepter d'égal à égal par vos dirigeants. Vous allez voir, les Occidentaux vont nous utiliser pour mieux nous rouler dans la farine par la suite. Ça va mal finir.

Je restais perplexe. Je trouvais qu'il cédait trop facilement à la théorie du complot. C'est souvent le cas dans cette partie du monde. Ironiquement, la suite des événements lui donnerait raison, à la lumière des soubresauts qui bousculeraient l'Iran et sa région. Quand, en octobre 2001, l'Amérique déciderait d'attaquer l'Afghanistan pour déloger Ben Laden, un ennemi commun, Téhéran ferait aussitôt preuve d'une coopération inédite avec Washington, en lui offrant un soutien humanitaire et logistique. À la chute du régime de Kaboul, Téhéran réitérait son appui, en aidant les Occidentaux à former un gouvernement de transition afghan.

Mais le 29 janvier 2002, le président américain George W. Bush choisirait de placer l'Iran dans « l'axe du mal ». Plus tard, la République islamique serait même accusée de fricoter avec Al-Qaïda. À Téhéran, la pilule serait difficile à avaler. Nombreux sont les Iraniens qui se sentiraient trahis, stigmatisés. De quoi faire le jeu des conservateurs, qui s'empresseraient d'accuser les réformistes de s'être laissé embobiner par la

Maison-Blanche. De quoi, aussi, nourrir les rancœurs des bassidjis, comme ce jeune milicien. À se demander, rétrospectivement, si la prétendue campagne antiterroriste américaine n'avait pas contribué à renforcer le fanatisme islamique au détriment des voix plus modérées… Le dialogue tant rêvé par Khatami ne risquait-il pas de se traduire par un « choc des civilisations » ?

Cet après-midi-là, coincés sur notre roche, nos soucis étaient plus terre à terre. Comment sauver notre film et éviter que nos cassettes finissent dans les poubelles de la police ? Comment, surtout, empêcher que ce jeune leader autoproclamé de la montagne de Darakeh n'en appelle à ses « troupes » pour nous conduire illico derrière les barreaux ? Vu son aigreur, le pire était envisageable…

Le bassidji s'était tu. Une fois crachée sa litanie sur « l'arrogance mondiale » et les médias occidentaux, il semblait débarrassé d'un fardeau. Puis, stylo en main, il a voulu noter les noms des filles et des garçons. Il disait que c'était pour ses propres archives, qu'il ne voulait pas nous faire de mal, qu'il voulait seulement s'assurer que nous respections la « vertu islamique » et les « valeurs de l'imam Khomeyni ». À ces mots, le jeune comédien s'est mis à toussoter. D'un geste déterminé, il a attrapé son sac à dos, posé sur un gros caillou. Il en avait trop entendu, il voulait partir. Le milicien l'a aussitôt rattrapé par la manche.

– Tu ne vas pas t'en sortir si facilement. Sais-tu que je peux te faire interdire d'accès à l'université ? Et que j'ai les moyens de te faire expédier directement au service militaire ?

La jeune chanteuse se précipita entre les deux, tentant de faire barrière. Le milicien a immédiatement reculé. Selon ses croyances rétrogrades, il ne pouvait toucher une femme. Il était coincé.

– Allez, filez avant que je n'appelle mes supérieurs, a-t-il rétorqué. Cette fois-ci, vous avez de la chance. Mais c'est bien la dernière fois !

D'une traite, nous avons ramassé nos affaires. Avant que le bassidji ne change d'avis, nous avons amorcé notre descente, en dévalant à bride abattue le sentier qui longeait la ravine. En sautant de pierre en pierre, nous sentions son regard qui poursuivait nos ombres. Au détour d'un buisson, il a fini par disparaître. Au pied de la montagne, Téhéran s'illuminait de mille feux. Sous cet angle, la capitale semblait faussement paisible. Un peu plus bas, devant des maisons de thé traditionnelles, nous avons croisé d'autres jeunes qui grimpaient en sens inverse pour camper à la belle étoile. D'un clin d'œil complice, nous leur avons fait comprendre que plus haut, les sommets étaient minés. En Iran, la solidarité est un mode de survie.

J'avais de la peine à détacher mon regard de ces visages de cire, à peine égratignés. C'étaient des visages au sourire figé, stoïques, intemporels. Allah tatoué sur un bandeau et le fusil à l'épaule, ils fixaient le vide avec solennité. Pas une ride, pas un poil au menton, pas la moindre trace de peur. À regarder les centaines de clichés en noir et blanc qui couraient le long des murs de cette exposition de quartier sur la guerre Iran-Irak, on eût volontiers imaginé que cette armée d'adolescents imberbes allait se relever à tout moment. Ils avaient 13 ou 14 ans, peut-être moins. Trop jeunes pour partir au front. Trop jeunes pour mourir…

– Vous, ici ?

J'ai sursauté. Était-ce à cause de l'émotion que dégageaient ces photos de jeunes martyrs ? Ou bien de cette voix étrangement familière qui m'arrachait de ma contemplation ?

– Quelle surprise de vous retrouver ! a repris l'inconnu qui se tenait derrière moi.

Je me suis retournée en plissant les paupières. Dans la pénombre de ce hall d'exposition éphémère, je ne parvenais à distinguer que sa silhouette. Épaules carrées, visage aux traits épais… J'ai laissé passer quelques secondes, pensant d'abord me méprendre. Entre-temps, mes yeux s'étaient acclimatés au manque de lumière. C'était bien lui : le milicien de la montagne de Darakeh ! Planté là, à un mètre de distance, il semblait aussi surpris que moi par ces retrouvailles impromptues, quelques semaines à peine après l'incident de la montagne.

– Quel bon vent vous amène ? a-t-il dit avec une pointe d'ironie.

J'aurais pu lui poser la même question. L'exposition se tenait dans mon quartier, loin de sa montagne. De retour d'une course en ville, j'y étais entrée un peu par hasard, intriguée par cette gigantesque tente couleur chameau qui avait été dressée provisoirement sur un petit terrain de football. À l'entrée, accrochée à un vieux char rouillé qui montait la garde, une pancarte indiquait en lettres noires sur fond rouge sang : « Festival de la défense sacrée ». Par curiosité, j'avais soulevé l'épaisse couverture qui faisait office de porte et j'étais entrée.

– Ils sont beaux, n'est-ce pas ? a repris le milicien, encore plus absorbé que moi par ces photos murales.

– Ils sont… si jeunes, ai-je répondu.

– Ce sont les meilleurs qui sont morts au champ d'honneur. Dieu les a choisis ! a-t-il dit.

Dans sa voix, je distinguais un étonnant mélange de respect et d'envie.

Quelle façon singulière d'évoquer le souvenir de ces enfants soldats, ces colonies de « volontaires mobilisés » – c'était le sens littéral et originel du mot « bassidji » – qui avaient servi de chair à canon au régime. En 1980, dès le début des hostilités avec Bagdad, ils s'étaient rués, tête baissée, sur les champs de mines irakiens en pensant finir au Paradis… J'en restais muette.

– Je vous fais faire un tour des lieux ?

– Pardon ? ai-je demandé, interloquée.

– Une visite guidée, ça vous dit ? Je travaille ici à mi-temps, comme guide bénévole, a-t-il repris, d'une voix douce et posée, qui tranchait avec l'arrogance de notre première rencontre.

– Euh, oui, pourquoi pas…

Je l'ai suivi sur une passerelle. À notre passage, des haut-parleurs ont crachoté un chant d'enfants glorifiant la bravoure des engagés. « Une armée, un seul homme, tous égaux devant Dieu, tous égaux devant la mort ! » Dans le bourdonnement de la mélodie, les chahids, les martyrs, étaient comparés à l'imam Hossein. La décapitation, en 680, à Karbala, de ce troisième imam chiite par l'armée sunnite des Omeyyades était un des événements fondateurs de la religion chiite. Nous sommes alors entrés dans une deuxième salle qui exhibait d'insoutenables scènes d'hécatombe. Imperturbable, le bassidji a poursuivi :

– Ces martyrs, c'est l'honneur de notre pays ! Ils se sont sacrifiés pour l'Iran et pour l'islam. Certains n'avaient que leurs mains pour se défendre. Mais ils savaient qu'en mourant ils atteindraient la pureté.

Quand il parlait de la guerre, ses yeux s'illuminaient. Comme s'il rêvait d'être à leur place. Jusqu'à présent, les jeunes que j'avais côtoyés ne s'étaient jamais sentis concernés par ce violent conflit qui fit plus d'un million de victimes des deux côtés. Au mieux, ils exprimaient, comme Sepideh, un dégoût prononcé. Pour mon « guide », la fibre « bassidji » était une chose sacrée. La guerre, une obsession. Au fil de ses explications, il me raconta que son père, originaire des faubourgs populaires de Téhéran et révolutionnaire dans l'âme, était un ex-combattant rescapé des tranchées. Mais, pour lui, le vrai « héros », c'était son oncle. Mort lors du conflit, il reposait à Behecht-e Zahra, le Paradis de Zahra, la fille du prophète Mahomet, ce gigantesque cimetière qui jouxte le mausolée de l'imam Khomeyni sur la route qui mène vers Qom. Là-bas, les tombeaux des chahids s'alignent à perte de vue.

– Avec mes parents, nous lui rendons visite tous les vendredis. On emporte des fleurs, des fruits et des biscuits. En Iran, c'est un jour qu'on réserve à tous les défunts. On nettoie sa tombe, on l'asperge d'eau de rose, on pique-nique sur place, on discute avec les autres familles. On lit le Coran et on récite des prières. Chez nous, on salue également la mémoire de l'imam Khomeyni et de la révolution. On évoque les exploits de nos « héros », ceux qui ont eu le courage de défier, avec l'aide de Dieu, la puissante armée de Saddam Hussein. C'est un grand moment de retrouvailles, de fraternité… de bien-être.

Je me sentais si étrangère à ce jeune homme. Sa litanie colportait cette idéologie qui avait poussé tant d'adolescents au casse-pipe. Nourris au lait de la propagande, ils avaient foncé vers la mort, comme un cadeau du ciel. Et leurs proches les célébraient avec fierté. Du matin au soir, la télévision leur consacrait des vidéoclips sirupeux. À Téhéran, les avenues principales portaient leurs noms. Aux carrefours, les murs des immeubles étaient recouverts de leurs visages. Même les livres d'écoliers regorgeaient de récits narrant les victoires des vaillants soldats d'Allah, à la manière des grandes épopées de la Perse antique…

Quel contraste avec la façon dont, en France, on nous enseignait la mémoire des ex-combattants des deux grandes guerres. Un apprentissage plus pudique, plus individuel, nettement moins exhibitionniste. À écouter le jeune milicien, je repensais à mon grand-père français, Jean Hubert, ancien résistant pendant la Seconde Guerre mondiale. Prisonnier des Allemands pendant quatre ans, atrophié d'un poumon, il avait laissé tomber l'uniforme militaire dès la fin du conflit et s'était empressé de tirer un trait sur ces années noires. Décédé avant ma naissance, je ne l'ai pas connu. Mais lorsque ma grand-mère évoquait son souvenir, c'était avant tout pour nous raconter comment, de retour à Paris, il lui avait demandé sa main. « Il voulait fonder un foyer, faire des enfants, c'était sa façon de tourner le dos à la mort, de reprendre goût à la vie », m'avait-elle raconté. Ensemble, ils eurent six enfants. Trois filles, trois garçons. Et aucun de mes oncles ne fut jamais porté sur la chose militaire…

Le crachat ininterrompu des haut-parleurs m'extirpa de mes pensées. « Une armée, un seul homme, tous égaux devant

Dieu… » Enivré par les chants patriotiques qui nous poursuivaient de pièce en pièce, le milicien ne s'était pas rendu compte de ma perplexité. Il tenait à me narrer avec fierté les faits d'armes des uns, la bravoure des autres. Il connaissait par cœur les Histoires qui se cachaient derrière chaque photo. En s'approchant de la sortie, il m'a tendu un livre. J'ai regardé la couverture. Elle était décorée de tulipes rouges, le symbole du martyr. C'était une compilation de tous ces clichés de guerre.

– Considérez ceci comme un modeste cadeau.

– Merci, ai-je répondu gauchement.

– Merci à vous d'avoir pris le temps de m'écouter.

Après un temps d'hésitation, il a repris :

– Au fait, je m'appelle Mahmoud.

– Mahmoud… Enchantée…

Mahmoud a rougi. Il s'est mis à fouiller dans sa poche pour en ressortir une autre photo. Une jeune femme aux yeux gris y posait devant l'appareil. Elle devait avoir à peu près 18 ans. Une martyre au féminin ?

– C'est… C'est mon épouse, a-t-il glissé, en rougissant de plus belle. Elle s'appelle Fatemeh…

– Ah… *Mobarak !* Félicitations ! ai-je lancé, surprise qu'il m'ouvre une petite lucarne sur sa vie privée.

– Nous venons juste de nous marier, a-t-il dit en baissant la tête.

– Elle est très jolie, ai-je poursuivi par politesse, même s'il m'était bien difficile d'apprécier sa beauté à travers l'épaisseur de son tchador.

– J'aimerais beaucoup vous la présenter… Accepteriez-vous de venir dîner chez nous un de ces soirs ?

Sa proposition me prit de court. Lui, le bassidji de Darakeh, celui qui terrorisait les jeunes en pleine montagne, m'invitait à partager son repas !

– C'est que… je ne voudrais pas vous déranger, ai-je rétorqué selon le *târof*, cet art très iranien de la politesse, qui consiste à décliner une invitation.

À dire vrai, j'étais partagée entre la crainte de franchir la frontière de cet Iran qui fait peur et la folle envie de pénétrer l'univers opaque de ces forces de l'ombre.

– Bien sûr que non, Fatemeh serait ravie ! a-t-il insisté.

À cet instant même, aucun de nous ne se doutait que nous serions amenés à nous revoir souvent.

Quand Fatemeh m'ouvrit la porte, je ne pus m'empêcher de fixer ses longs cheveux soyeux qui mettaient en valeur le gris de ses yeux. Elle était tellement plus belle au naturel que sur papier et sous tchador ! Si l'intimité de son logis et l'absence d'invité masculin lui épargnaient le port du voile, je me devais en revanche de garder le mien.

– Bienvenue, m'a-t-elle dit d'une voix frêle, en me faisant signe d'entrer.

Je n'avais pas eu de peine à trouver leur adresse. Le jeune couple habitait un modeste rez-de-chaussée, niché dans une ruelle de Darakeh, au pied du fameux sentier de randonnée où Mahmoud nous avait interpellés. Fatemeh m'invita à la suivre dans le salon. Les murs y étaient décorés de versets du Coran. Au sol, quelques coussins posés au sol faisaient office de canapé. Ils avaient été placés autour d'un *sofreh*, une nappe traditionnelle, où la jeune femme avait dressé la table du dîner.

– Mahmoud est parti prier à la mosquée, il nous rejoindra dans quelques minutes, a-t-elle timidement murmuré, en jouant avec les manches de sa chemise.

En la suivant, je me demandai laquelle de nous deux était le plus mal à l'aise. Espérant alléger l'atmosphère, je la félicitai pour son mariage, en lui souhaitant, « inchallah », d'avoir des enfants. Elle esquissa un léger sourire. Puis elle expliqua que les noces avaient eu lieu un mois plus tôt. Un mariage arrangé, en bonne et due forme. J'étais curieuse de savoir comment ils s'étaient rencontrés.

– Nos parents se connaissaient depuis longtemps, a-t-elle poursuivi. Un de mes oncles est mort en martyr pendant la guerre. La mère de Mahmoud m'avait remarquée dans une réception en sa mémoire. Elle cherchait une bonne épouse pour son fils. Un jour, ils sont venus en famille nous rendre visite. J'ai servi le thé, offert les biscuits. Puis, au bout de quelques minutes, on nous a laissés seuls, Mahmoud et moi. Mes mains tremblaient sous mon tchador. C'était la première fois que je regardais un homme dans les yeux... Il m'a plu !

– Vous voulez dire que vous êtes tout de suite tombée amoureuse ?

– Il n'était pas très souriant, mais il avait l'air sympathique. Pendant notre tête-à-tête, on s'est trouvé quelques intérêts communs : les balades en montagne, les fêtes religieuses, l'anti-américanisme... C'est ce qui compte avant tout ! Dieu soit loué, c'était un bon parti ! On a décidé de se marier.

Pour elle, l'amour était donc aussi simple que ça ? Une tasse de thé, quelques biscuits, des morts à pleurer en commun, et hop, la bague au doigt ! Pas même une simple poignée de main... N'avait-elle jamais ressenti d'attirance pour un autre homme ? S'était-elle jamais imaginée en princesse des *Mille et Une Nuits* ? Lui était-il arrivé de rêver, adolescente, qu'un prince charmant viendrait la conquérir ?

– D'après moi, l'amour avant le mariage, c'est la porte ouverte à toutes les débauches, a-t-elle poursuivi, comme si elle avait deviné mes questions. Regardez ces filles qui font des fugues. C'est toujours à cause d'une Histoire d'amour. La nuit, elles se retrouvent à dormir dans des parcs. Pour survivre, elles finissent par se prostituer... Il y en a même qui se droguent ! Je dois dire que j'ai beaucoup de chance...

Elle s'interrompit. La porte d'entrée venait de grincer. Mahmoud était de retour.

– Désolé d'avoir tardé... Mais je vois que vous avez déjà

sympathisé ! s'est-il exclamé, en accrochant son veston au portemanteau.

Une fois Mahmoud assis en tailleur face au *sofreh*, Fatemeh s'empressa de remplir nos assiettes de *khoresht-e bodemjaan*, de *fessenjaan* et de *ghormé sabzi*. À voir la quantité de ces mets succulents qui ornaient la nappe, j'en conclus que mon hôtesse avait déployé des montagnes d'efforts pour impressionner son mari. Lui n'avait d'attention que pour les préparatifs des fêtes de l'Achoura, qui occupaient toutes ses soirées. Dans quelques jours, l'Iran serait en deuil pour célébrer, pendant quarante jours, la mort de l'imam Hossein, décédé il y a plus de mille trois cents ans…

– Un véritable événement ! Chaque année, j'attends cette date avec impatience. Avec mes copains bassidjis, on se débrouille toujours pour se retrouver en tête des processions. Ensemble, on se flagelle la poitrine avec des fouets métalliques. C'est un moment très particulier, un moment de ferveur collective. On est presque en transe, on apprend à surpasser la douleur, et on pense à tous ces combattants qui ont eu la force, comme Hossein, d'affronter la mort…

Mahmoud s'interrompit pour me servir un verre de *dough*, une boisson fraîche à base de yaourt et de menthe séchée. Interloquée par son rapport à la douleur, j'en profitai pour lui poser la question qui me taraudait depuis notre première rencontre : lui qui semblait si fasciné par la guerre, pourquoi n'était-il pas allé combattre au front ?

Un silence s'écrasa sur le *sofreh*. Mahmoud reposa la carafe. En croisant les bras, il poussa un grand soupir. Une ombre de mélancolie traversa son visage.

– Si seulement j'avais pu y aller… Si seulement…

Plongé dans ses souvenirs, il continua :

– J'étais un enfant agité et casse-cou. Je n'avais peur de rien. Quand j'ai fêté mes 10 ans, en 1988, c'était quelques mois avant la fin du conflit. Mon père était en permission à Téhéran. Je l'ai supplié de me laisser partir au combat avec lui. Il a refusé. Il a dit que j'étais trop petit. Alors, j'ai triché. Je me suis fait fabriquer une carte d'identité, en changeant ma date de naissance, et je me suis inscrit au Bassidj. Mon père s'en est rendu compte. Il était furieux, il m'a sermonné, et m'a empêché de partir ! J'étais condamné à rester à Téhéran. Je ne m'en suis jamais remis…

Privé de bataille contre l'ennemi extérieur, Mahmoud le martyrophile se mit alors à combattre les ennemis de l'intérieur : les jeunes randonneurs de Darakeh, les fils à papa qui écoutaient du punk-rock en cachette, les filles mal voilées, les enfants d'opposants… Son temps libre, il le passait à collectionner tout ce qui touchait à la guerre. Une fois par semaine, il se rendait au centre commercial Mahestan, La Mecque des jeunes bassidjis. Situé au sud de Téhéran, on y trouvait pléthore de boutiques de gadgets à la mémoire des ex-combattants.

– Et où est-ce que vous gardez tout ça ? l'ai-je interrogé, en scrutant du regard leur salon, presque vide.

– Dans la chambre à coucher ! a rétorqué Mahmoud, comme s'il s'agissait d'une évidence. Venez, je vais vous montrer !

Je lui emboîtai le pas, intriguée. Imprimés sur des plaques en faïence, deux gigantesques portraits d'enturbannés trônaient au-dessus du lit double. À droite, Khomeyni. À gauche, Khamenei. Était-ce ici que le jeune couple avait passé sa nuit nuptiale, sous le regard impénétrable de ces deux icônes de la République islamique dont l'étoile ne cessait de pâlir ? L'idée paraissait saugrenue, mais c'était certainement le cas. Puis, d'un geste solennel, Mahmoud a ouvert la porte d'un placard. Soigneusement dépoussiérés, de petits objets y étaient alignés sur une étagère. Lacets de chaussures, clefs du paradis en plastique, plaques d'immatriculation, douilles de balles, coupures de journaux jaunies par le temps… Un vrai musée miniature ! Sur l'étagère du dessous se trouvait la compilation des films de Morteza Avini, un ancien journaliste de guerre, mort en martyr sur une mine de l'ancienne ligne de front. L'idole de Mahmoud.

– Si un jour l'Iran devait faire la guerre contre un autre pays, je serais le premier candidat au martyr ! s'est-il exclamé.

En fait, Mahmoud était un *chahid* vivant, un demi-martyr. La mort était sa raison d'être. Un objectif divin. Un refuge dans lequel il se terrait. Il mangeait, il dormait, il rêvait avec elle. Depuis la fin du conflit, la vie avait pourtant souri aux bassidjis. Soucieux de les ménager, pour mieux s'en servir à la première occasion, l'État leur offrait une multitude de privilèges. Ils pouvaient s'approvisionner à bas prix dans des coopératives qui leur étaient réservées. Ils bénéficiaient de prêts bancaires avantageux. À l'université, un quota spécial leur était accordé. Au sortir de la guerre, le père de Fatemeh avait été promu commandant de la milice dans une banlieue de Téhéran. Celui de Mahmoud avait rejoint une petite entreprise semi-étatique, où il travaillait à mi-temps. Les bassidjis disposaient de leurs propres camps de vacances, de leurs réseaux dans les mosquées, dans les centres de charité. Et d'un certain prestige social.

– Ici, dans le quartier, tout le monde respecte Mahmoud. S'il se présentait aux élections, il l'emporterait haut la main ! a lancé fièrement Fatemeh, qui nous avait suivis dans la chambre.

Mais pour Mahmoud, ce n'était visiblement pas suffisant. Son quotidien restait hanté par une double frustration : celle de vivre dans un pays en paix et de se sentir en total décalage avec sa propre société. Et, à ses yeux, c'était lui la victime, pas les libéraux.

– Les jeunes nous traitent de tous les noms. Ils rient trop fort, ils écoutent de la musique cool. Ils n'ont aucun respect envers les traditions, ni envers leurs aînés qui ont défendu leur pays. C'est injuste…

Fatemeh a voulu l'interrompre. Elle aussi avait quelque chose à me montrer. Je l'ai regardée plonger la tête dans le tiroir d'une commode. Entre deux tubes de rouge à lèvres, qu'elle réservait sans doute à Mahmoud, elle a extrait un document plastifié.

– Ça, c'est mon diplôme d'infirmière !

– D'infirmière ?

– Oui, chaque année, avec les filles du Bassidj, je participe aux campagnes de vaccination. À l'étranger, on nous présente toujours comme une milice qui terrorise la population. Mais la violence, c'est une arme qu'on utilise seulement lorsque notre sécurité nationale est en péril. Depuis les années Khatami, on s'est mis à faire de plus en plus de « social ». En cas de tremblement de terre, on prête secours aux victimes. Pour les vacances, on emmène les enfants déshérités à la campagne. Pendant les fêtes religieuses, on distribue des repas gratuits.

J'ignorais cette facette des bassidjis. En écoutant Fatemeh, je pris conscience que ce groupe était plus complexe qu'il n'y paraissait. Perdu dans ses rêves mortifères, Mahmoud avait disparu dans son placard à bibelots. Fatemeh m'a prise par la main, pour m'inviter à rejoindre le salon. En aparté, elle m'a glissé :

– L'autre fois, dans la montagne, je crois que Mahmoud s'est un peu emporté... Pardonnez-le... S'il vous plaît, n'écrivez pas de mensonges dans vos articles... Comme vous le voyez, nous sommes des Iraniens comme les autres, nous méritons juste d'être mieux compris... Tenez, voici mon numéro de portable... Appelez-moi quand vous voulez, et on ira faire du shopping ensemble... Je connais de bonnes adresses...

Cette jeune femme était vraisemblablement sensible à l'image qu'elle projetait. Je la trouvais presque touchante à vouloir me convaincre que les bassidjis étaient des êtres fréquentables. Malgré leurs *a priori* sur l'Occident, Mahmoud et Fatemeh m'avaient ouvert leur porte. Ils m'avaient servi les meilleurs plats, m'avaient confié leurs rêves et leurs amertumes. Mais, au fond, que me valait vraiment cette généreuse hospitalité ? Sur la route du retour, je me suis mise à douter. Fallait-il y voir un guet-apens ? Les deux jeunes tourtereaux avaient-ils reçu pour consigne de se rapprocher de moi, pour mieux épier mon quotidien ? Ou bien étaient-ils tout simplement animés par la même curiosité à mon égard que celle qui m'attirait vers eux ?

Au début, je ne l'ai pas reconnue. Elle portait un chemisier à fines rayures grises. Son visage était d'une blancheur de porcelaine. Son regard vide se perdait dans la foule des invités guindés de ce dîner mondain de la fin du mois de février 2002. Une de ces soirées de la vieille intelligentsia iranienne, comme tu les avais certainement pratiquées, Babai, où l'on refait le monde jusqu'au petit matin en sirotant du whisky dans des verres en cristal. En arrivant, j'avais fait le tour des tables, complimenté les femmes sur leurs élégantes robes des années soixante qui sentaient l'antimite, échangeant quelques commentaires sur l'actualité du jour avec ces messieurs.

Plus jeune, elle se détachait du lot. Mais ce sont d'abord ses yeux qui ont retenu mon attention. Des yeux à la fois doux et figés, comme glacés par le froid de la brise qui soufflait, ce soir-là, sur Téhéran. Il y eut d'abord un silence. Puis un sourire. « Delphine ? » a murmuré l'intrigante femme au chemisier rayé. « Niloufar ! » ai-je aussitôt répondu. Ma chère Niloufar ! Deux ans s'étaient écoulés depuis que je m'étais cassé le nez devant sa porte, après l'interrogatoire des services de renseignements. Deux ans à imaginer le pire, y compris sa disparition définitive. Elle était là, se tenait devant moi, en chair et en os. Mais tellement différente ! Sa belle chevelure brune, épaisse et soyeuse, avait complètement viré au gris. Ses traits étaient tirés. Des poches creusaient ses yeux. Elle avait perdu au moins une dizaine de kilos. « Tu nous as manqué », lui ai-je dit maladroitement, gênée à l'idée de lui demander où elle était passée pendant ces longs mois. Elle jeta un coup d'œil à droite, puis à gauche, comme pour s'assurer qu'il n'y avait pas d'oreilles indiscrètes.

– Ils m'ont arrêtée pendant les manifestations de juillet 1999, a-t-elle murmuré d'une traite.

« Ils »… À peine avait-elle prononcé ce mot que le visage de mon interrogateur, l'homme aux deux doigts manquants, m'est apparu dans un grand vertige. « Ils », ça ne pouvait être que les services secrets. Ou bien les camarades bassidjis de Mahmoud et Fatemeh…

– Et après ? lui ai-je demandé, les dents serrées.

– Ils m'ont jetée en prison et m'ont condamnée à cinq ans…

– Cinq ans !

– Mais tu vois, j'ai eu du bol. Je m'en suis finalement sortie au bout de deux ans, a-t-elle repris, sur ce ton de l'ironie qu'elle n'avait pas perdu.

Niloufar revenait de très loin. Je voyais bien qu'elle cherchait à me rassurer. Je voulais lui dire combien je m'étais inquiétée, lui raconter le vide laissé par son absence prolongée. Mais l'invitation à passer à table, lancée par la maîtresse des lieux, nous a vite ramenées à des préoccupations plus terre à terre.

– Il faudra que je te raconte, a soufflé Niloufar. C'est une longue Histoire, mais je préfère ne pas en parler tant que je suis en Iran. Les murs ont des oreilles…

Nice, deux mois plus tard et près de quatre mille kilomètres plus loin. Un ciel rosé par le coucher du soleil caressait la promenade des Anglais. Attablée à la terrasse d'un petit café de bord de mer, Niloufar faisait des ronds avec la fumée de sa cigarette. Elle avait choisi le soleil du sud de la France pour soigner ses plaies intérieures. Le temps de reprendre des forces, elle squattait le canapé du cabinet d'un lointain ami avocat, un de ces nombreux Iraniens de la diaspora éparpillée à travers le monde depuis 1979. De passage à Paris pour rendre visite à mes parents, j'étais allée la retrouver pour le week-end. En me voyant arriver dans le café, elle a esquissé un sourire. Les petits plis qui entouraient ses yeux en forme d'amande avaient disparu. Elle avait recouvré son rire habituel et repris du poids. Une fois sa énième Marlboro allumée, elle a pris une grande inspiration, avant de plonger dans le gouffre de ses souvenirs :

– Tout s'est déroulé très vite. J'étais en train de prendre des photos sur la place Vali Asr. C'était le quatrième jour des manifestations. J'avais décidé de rejoindre le mouvement, par solidarité envers les étudiants. Tu te souviens de Forouhar, dont je t'avais tant parlé ? Après sa mort, j'avais baissé les bras... Je m'étais calfeutrée chez moi... Je n'appelais plus personne... Avec l'embrasement des campus, l'espoir était de retour. Ils avaient tué des penseurs, mais ils n'étaient pas parvenus à tuer leurs pensées. J'ai donc décidé de rejoindre la foule. En voyant mon appareil photo, un policier en civil m'a hurlé dessus en me demandant si j'étais journaliste. Je n'ai pas eu le temps de lui répondre. J'ai senti des mains m'attraper violemment. J'ai essayé de me débattre. En vain. Autour de moi, des coups de bâton et de couteau s'abattaient sur les jeunes. Le sang coulait. Ça courait dans tous les sens.

J'écoutais Niloufar avec une attention particulière. À la description des conditions de son arrestation, je comprenais enfin pourquoi mon interrogateur des services de renseignements s'était montré si curieux à son égard. Aux yeux du régime, elle avait commis l'irréparable en documentant, avec son appareil photo, ces émeutes inédites où le nom du Guide suprême avait été pour la première fois entaché. De toute évidence, ils avaient cherché à la faire taire, à étouffer les témoignages.

– Et après, où t'ont-ils embarquée ? lui ai-je demandé.

– J'ai atterri, un peu abrutie, avec d'autres manifestants dans le « nid d'espions »... C'est le surnom officiel de l'ex-ambassade des États-Unis. Elle avait été transformée en centre de détention. Le lendemain, ils me bandèrent les yeux et commencèrent à me bombarder de questions sur la religion, sur la politique, sur mes idées. Je n'avais aucune idée de ce qui m'attendait. Et puis, au bout d'un certain temps, ils m'ont annoncé qu'ils me transféraient ailleurs. Ce n'est qu'à ma libération que j'ai compris qu'il s'agissait de la prison Tohid...

Niloufar s'interrompit subitement. Tête baissée, elle a passé une main sur ses yeux, sa bouche, son front. Puis elle a jeté nerveusement un coup d'œil derrière son épaule, avant de se rappeler qu'elle était en France, et qu'il y avait donc peu de risques qu'elle soit sous surveillance.

– Un vrai cauchemar, la prison Tohid. Là-bas, on m'a jeté dans une minuscule cellule isolée de deux mètres sur un mètre et demi. Aucune fenêtre à laquelle se pencher. Des murs épais, le vide autour de moi. Une solitude à devenir folle. Avec un néon accroché au plafond, juste au-dessus de ma tête, toujours allumé, de jour comme de nuit… Sa lumière était aveuglante, elle faisait mal aux yeux… C'est une méthode courante pour pousser les prisonniers à des aveux forcés. On l'appelle la « torture blanche ». Très vite, j'ai perdu la notion du temps. C'était un endroit étouffant, un lieu hanté par les djinns…

– Les djinns ? ai-je demandé, pour m'assurer qu'elle faisait bien référence à ces « esprits » qui peuplent la mythologie moyen-orientale.

– Oui, ils étaient partout. En plein sommeil, il m'arrivait d'entendre la voix des morts, celle de Forouhar, de ma mère… Ils envahissaient mes rêves… Ils parlaient très fort… Et puis, ils ont fini par s'installer dans ma cellule. Ils vivaient avec moi. Parfois, c'étaient les vivants, aussi, qui venaient me parler… Une fois, c'est Khatami, le président, qui m'a rendu visite… Si, si… Il disait qu'il était venu m'aider, il essayait de me calmer, de m'apaiser… Mais les gardes l'en empêchèrent. Ils ont commencé à le tabasser, à lui donner des coups. À force d'être bousculé, il a fini par tomber à la renverse. C'était horrible ! Je ne pouvais pas supporter de le voir dans cet état. Comme il ne pouvait pas se relever, ils ont traîné son corps meurtri jusqu'à la salle de bains. Ils l'ont arrosé en pleine figure avec des jets d'eau… Autour de lui, les femmes rigolaient… J'avais honte… J'étais mal à l'aise… Je criais pour que tout ça cesse ! « Stop ! Stop ! » je leur disais…

Le visage de Niloufar était crispé d'épouvante. Ses paroles, décousues. Ses lèvres tremblaient. Son regard était perdu, ailleurs, désorienté. Je lui ai pris la main pour tenter de la réconforter. Les images de son incarcération la mitraillaient, entre fiction et réalité. Avaient-ils glissé des pilules hallucinatoires dans ses repas ? Avaient-ils inondé sa cellule d'enregistrements sonores de ses propres conversations téléphoniques, une technique bien connue des interrogateurs lorsqu'ils cherchent à extirper des informations à leurs victimes ? Ou était-ce tout simplement l'isolement, le désespoir, le manque de sommeil qui l'avaient fait divaguer pendant sa détention ? Au point de se sentir poursuivie jusqu'en France par le « mauvais œil ».

Ses quatre premiers mois de prison furent les plus éprouvants. À intervalles irréguliers, ses bourreaux venaient la réveiller en sursaut pour lui faire descendre, les yeux bandés, un escalier menant à la salle des interrogatoires. Combien étaient-ils ? Deux, trois, quatre… Elle avait du mal à s'en souvenir, car elle ne vit jamais leur visage. Parfois, le supplice durait plus de cinq heures. Cinq heures pendant lesquelles, le nez plaqué contre le mur, les questions fusaient : Où es-tu née ? Que faisaient tes parents ? Où sont tes frères, tes sœurs, tes cousins, tes amis ? Pourquoi, dans ta thèse, as-tu écrit qu'ici la femme ne vaut que la moitié d'un homme ? Pourquoi es-tu allée manifester ? Quelle relation entretenais-tu avec Forouhar ? Comment l'as-tu connu ? Tu le voyais seul ou avec sa femme ? De toute évidence, ne pouvant trouver de preuve concrète de son opposition au régime, ils cherchaient à « salir » sa réputation, en l'accusant de relations sexuelles hors mariage, un « crime » passible de la peine de mort par lapidation.

Quand elle refusait de répondre, ils l'assaillaient d'insultes, la traitaient d'espionne au service de la France, de l'Allemagne, de l'Amérique… C'était une « traîtresse ». Ils l'accusaient d'avoir cherché à renverser le régime… Si seulement, se disait-elle, ils pouvaient comprendre à quel point l'opposition était fragile, bien incapable de détrôner le Guide suprême. Son silence les irritait encore plus. Dès qu'elle refusait de coopérer, ils passaient à la force.

– Ils m'allongeaient sur un lit et me menottaient les mains et les chevilles. Puis ils me frappaient sous les pieds avec des câbles. Plus je hurlais, plus j'avais l'impression d'étouffer. Je transpirais sous mon tchador. Pour me faire suffoquer de plus belle, il leur arrivait de m'enrouler dans une couverture en laine. En plein été ! Tout en me débattant, j'essayais de tirer la couverture avec mes dents, pour respirer un peu. À plusieurs reprises, j'ai perdu à moitié connaissance. J'aurais pu mourir comme ça...

Un matin, ses geôliers lui annoncèrent qu'ils l'emmenaient au Tribunal révolutionnaire. Elle avait enfin rendez-vous avec la justice ! Fini, se dit-elle, le règne de l'arbitraire à vous faire perdre la raison. Avec un peu de chance, sa famille aurait été prévenue. Mais son procès se déroula à huis clos. Sans avocat ni témoin. Au bout de cinq minutes d'audience, le juge la condamna à cinq ans de prison, dont deux fermes et trois avec sursis. Motifs d'accusation : avoir pris des photos pendant les manifestations, avoir insulté le Guide suprême, avoir offensé les versets du Coran. Seule nouvelle relativement réjouissante : l'accusation d'espionnage, elle, fut retirée.

À la sortie du tribunal, elle tomba nez à nez avec son beau-frère. Il avait enfin la preuve qu'elle était en vie ! « On t'a cherchée partout. On est même allé à la morgue », lui dit-il. Mais quand il apprit le verdict, il tomba des nues. « Tu aurais dû faire appel ! » gémit-il, désemparé. Éreintée, la pauvre Niloufar avait préféré signer, sans broncher, toutes les charges qui pesaient contre elle, de crainte que le juge ne donne un avis encore plus sévère.

Le verdict eut un seul avantage : elle fut transférée à la grande prison d'Evin, au nord de Téhéran, non loin des montagnes de Darakeh, où habitait le jeune couple de bassidjis. Avec un droit de visite de dix minutes tous les quinze jours. C'est sa tante qui, la première, vint la voir. Elle lui raconta que, sans nouvelles d'elle, quelques jours après sa disparition, elle s'était rendue chez elle. Les indics avaient déjà ratissé sa maison. Les tiroirs avaient été arrachés des commodes. Les meubles et les tableaux avaient été endommagés. Les livres de Niloufar avaient disparu des étagères. Y compris sa thèse de doctorat sur les femmes iraniennes. On eût dit que les Barbares étaient passés par là. Il fallut à sa tante une semaine pour remettre de l'ordre dans chaque pièce...

Une fois à Evin, la vie de Niloufar reprit un semblant de normalité. Finis, les interrogatoires, finies, la torture et les menaces. Incarcérée dans la section des femmes, elle y partageait sa cellule avec une demi-douzaine d'autres détenues. Et se rendit vite compte que l'univers carcéral n'échappait pas aux paradoxes iraniens…

– Ma cellule ouvrait sur un couloir, sur lequel donnaient six autres cellules. Parfois, on pouvait compter jusqu'à quarante femmes par cellule. La journée, les portes restaient ouvertes et on pouvait circuler librement d'une cellule à l'autre. On avait même le droit d'enlever le tchador et de se balader en pyjama. Le matin, on avait une séance d'aérobic, sur fond de musique américaine ! On pouvait regarder la télé et prendre des cours de couture, de langues, de littérature… À la bibliothèque, on pouvait se procurer les journaux du jour : *Iran*, *Hamshari*, *Keyhan*. Vers la fin de ma détention, j'ai même eu droit à de la lecture, apportée par ma famille. C'est comme ça que j'ai relu *Essai sur la révolution* et *Les Origines du totalitarisme* de Hannah Arendt… On disposait également d'un petit jardin, même si on en avait vite fait le tour. Imagine : trois cents femmes entassées dans vingt-cinq mètres carrés… Très vite, les anciennes m'expliquèrent les règles du jeu : si tu as de l'argent, tu peux tout te procurer derrière les barreaux. Sandwiches, chocolat, cigarettes, alcool, drogue ! Il y avait des habituées parmi nous. Contre un petit bakchhich, les gardes jouaient les passeurs. Tu parles d'une morale islamique ! Quelle hypocrisie…

Niloufar était une prisonnière d'opinion. Mais, en Iran, faire de la politique est un crime comme un autre. Alors elle partageait la même section que les prisonnières de droit commun – délinquantes, prostituées, toxicomanes, trafiquantes de drogue ou criminelles. Les quelques autres détenues politiques étaient des membres des Moudjahidine du peuple, un groupe armé opposé au régime iranien.

– Les gardiennes les appelaient les « terroristes » ou les

« anarchistes », se souvient Niloufar. Elles s'étaient fait épingler avant de commettre un attentat contre des bâtiments officiels de la République islamique. Certaines d'entre elles purgeaient des peines de trente ans, d'autres à vie.

Un soir de nouvel an, Niloufar vit même débarquer un contingent de midinettes aux talons aiguilles et au visage poudré. Leur réveillon avait été prématurément interrompu par une descente de Gardiens de la morale islamique. Mais de tous ses souvenirs, ce sont les exécutions de ses voisines de cellule qui hantaient le plus Niloufar…

– En deux ans, sept de mes codétenues ont subi la peine capitale. Et je ne compte pas les hommes, exécutés dans les autres prisons. L'un d'entre eux s'appelait Mohammad Reza Padram. C'était un ancien officier de l'armée de l'air. Exilé aux États-Unis, il était rentré au pays en 1996, puis il avait été arrêté, quelques années plus tard, pour espionnage pour la CIA. Condamné à mort, il a fait dix ans de prison avant d'être exécuté, en mai 2001. S'ils voulaient l'abattre, pourquoi l'avoir fait attendre si longtemps ? Pour lui faire faussement croire qu'il allait s'en sortir ?

Niloufar a marqué une nouvelle pause. Tête baissée, elle s'est frotté les yeux d'une main lasse. De l'autre, elle jouait nerveusement avec les mégots de cigarettes qui s'entassaient dans le cendrier.

– À Evin, l'imprévisible nous rongeait. À chaque condamnation, la mort nous prenait à la gorge. Les détenues se demandaient : À qui le tour, la prochaine fois ? Les jours d'exécution étaient invivables, on allumait des bougies et on priait ensemble pour la défunte. On gardait le deuil pendant plus d'une semaine. Et puis, il y avait aussi des suicides. J'ai vu des filles, de mes propres yeux, essayer de mettre fin à leurs jours en ingurgitant des médicaments et en se coupant les veines avec des morceaux cassés de tasses à thé… Un jour, l'une d'entre elles tenta même de se pendre avec son tchador…

Une femme pendue au bout d'un tchador ! Quel état de

désespoir faut-il atteindre pour en arriver là ! Je n'arrivais pas à me détacher de cette image. Mes démêlés avec les renseignements iraniens étaient bien dérisoires face à ce que Niloufar et toutes ces femmes avaient pu endurer dans l'ombre et le silence.

– Et maintenant que tu es à nouveau libre, que comptes-tu faire ? lui ai-je demandé.

À ma grande surprise, elle a répondu sans broncher :

– Je sais qu'en Iran j'ai les mains liées. On m'a même fait signer un document à ma sortie de prison dans lequel j'ai dû renoncer à mes activités politiques. Pourtant, je prévois d'y retourner au plus vite. Ma place est là-bas. J'ai besoin d'être aux côtés de mes concitoyens, de sentir ma terre, de pouvoir aller me recueillir sur le tombeau de mes parents...

– Vraiment ? Malgré tout ce qu'on t'a fait subir ?

– Bien sûr !

– Mais tu as tellement d'amis en France, une carte de résidente, des diplômes te permettant d'enseigner à l'université. Tu es célibataire. Il est encore temps de refaire ta vie, ici...

– Je sais. Mais l'Iran me manque. Il me tarde d'y rentrer. C'est difficile à expliquer... Mais c'est comme ça.

Sa décision était donc prise ! Ses vacances françaises terminées, elle voulait repartir au pays. Au plus vite ! À sa place, d'autres auraient préféré l'exil à cette guerre du quotidien contre un système qui vous grignote la moelle. Mais rien n'arrêtait Niloufar. Malgré les souffrances endurées, elle était accro à ce pays. Elle lui pardonnait tout, comme certaines femmes battues pardonnent à leur violent mari.

– En prison, j'ai développé des sentiments envers l'Iran que j'étais loin d'imaginer. Pendant tous ces jours où je me suis retrouvée livrée à moi-même, j'ai beaucoup réfléchi. Je hais les gens qui m'ont torturée, je ne leur pardonnerai jamais, mais la vengeance ne sert à rien ! Nos prisons sont remplies d'innocents, nos intellectuels ont été assassinés, mais c'est peut-être le prix à payer pour un meilleur avenir. On ne veut pas d'une seconde révolution. On se bat juste pour la démocratie, mais pas la démocratie à l'occidentale, comme celle que veulent les Américains pour le Moyen-Orient… Je pense même qu'il est possible de trouver un juste milieu en séparant la politique de la religion, sans pour autant éliminer le clergé. D'après moi, il y a des gens bien au sein de ce gouvernement, comme toutes ces femmes députées, par exemple. Donnons-leur une chance. C'est peut-être grâce à des personnes comme ça que l'Iran évoluera.

– Alors, tu restes optimiste ?

– Est-ce que j'ai un autre choix ? C'est mon pays.

En prononçant ces derniers mots, sa voix s'était mise à frémir. Ses yeux étaient gonflés de larmes. Elle éclata en sanglots.

– Tu sais, quand Dariush Forouhar disait qu'il était prêt à se sacrifier au nom de l'Iran, j'avais du mal à comprendre… Il disait toujours qu'il mourrait debout, la tête haute. Quand j'y pense, lui et sa femme m'ont appris à aimer mon pays avec tous ses défauts. Oui, j'aime mon pays. J'y suis tellement attachée…

Quel dévouement à toute épreuve ! Je l'ai regardée se sécher les yeux et redresser la tête.

– Tu sais, je ferai tout pour mon pays…

J'avais déjà entendu cette phrase quelque part… Ses paroles se confondaient étrangement avec celles de Mahmoud, le bassidji. En apparence, ces deux-là n'avaient pourtant rien en commun. Elle, l'occidentalisée polyglotte, toujours tirée à quatre épingles. Lui, l'islamiste aux pantalons informes, ne jurant qu'en persan, et rêvant de devenir martyr. Ils se seraient certainement détestés s'ils s'étaient rencontrés. Et pourtant, un lien profond et invisible les unissait envers et contre tout : l'amour inconditionnel pour leur pays, ce nationalisme quasi charnel qui constitue le socle le plus solide de l'identité iranienne, celui que toi, Babai, tu m'avais transmis et qui, au fil des années, allait finir par m'habiter.

Le 14 août 2002, ton pays se retrouva à la une de tous les journaux. De leur exil français, le groupe d'opposition des Moudjahidine du peuple venait de révéler, photographies à l'appui, l'existence de deux sites nucléaires clandestins – le centre d'enrichissement d'uranium de Natanz et l'usine à eau lourde d'Arak. Aussitôt, la République islamique fut placée sous le feu des projecteurs. Finis, les reportages sur la société civile, la jeunesse iranienne, le devenir des réformes… Tout ce qui touchait au social et à la politique était *has been.* À Paris, il n'y avait plus qu'une question qui obsédait les rédacteurs en chef : L'Iran veut-il la bombe ?

Les jours suivants, une armada de spécialistes s'empara aussitôt des plateaux télévisés occidentaux, assommant les spectateurs avec un jargon particulièrement indigeste : « yellow cake », uranium, plutonium, centrifugeuses, isotope, hexafluorure… Les uns criaient au danger, alarmant les foules d'un risque imminent pour la planète. Les autres s'interrogeaient, *a contrario*, sur la sortie tardive de cette information déjà connue des services de renseignements occidentaux. Après tout, le programme nucléaire iranien, momentanément interrompu après la révolution, remontait à ton époque, celle où le chah régnait sur l'Iran. Mais, coïncidence opportune pour certains néoconservateurs de Washington, il venait conforter, en cet été 2002, la fameuse thèse de « l'axe du mal » de George W. Bush.

La réaction des autorités iraniennes fut immédiate. « Le nucléaire civil est notre droit inaliénable », se mit à marteler Ali Khamenei à toutes les sauces, en arguant toutefois que la bombe est *haram* – c'est-à-dire « contraire à l'islam ». « Pourquoi eux, et pas nous ? » renchérissait la population, en référence aux autres pays nucléarisés – Israël, l'Inde, le Pakistan… –, qui ne déchaînaient pas les mêmes passions que lorsqu'il s'agissait de Téhéran. En tant que signataire du traité de non-prolifération de l'Agence internationale pour l'énergie atomique – depuis 1986 –, Téhéran prétendait également ne pas avoir pour obligation de déclarer ses travaux en cours.

Qui croire dans ce déluge d'informations contradictoires et invérifiables ? À qui faire confiance ? Quelle preuve objective apporter ? Une fois de plus, j'ai ressenti ton absence. Tes connaissances m'auraient été d'une aide précieuse. Dans cette course effrénée à l'information, il restait malheureusement peu de place pour la réflexion. Et pour la vérification. Depuis Paris, les commandes de papiers pleuvaient. En vingt-quatre heures chrono, il fallait être capable de démontrer que les « méchants ayatollahs » de Téhéran voulaient la bombe… À cette allure, impossible de mettre la main sur un quelconque expert pour tenter de décrypter la « chose ». J'avais bien cette amie ingénieure nucléaire. Mais elle ne répondait plus à mes appels. Au cours de yoga, où nous nous étions rencontrées, une place vide remplaçait son matelas. Elle s'était évaporée ! Plus tard, j'apprendrais que les employés de l'Organisation de l'énergie atomique d'Iran avaient reçu comme consigne de s'éloigner de la presse étrangère, sous peine de sérieuses représailles…

À quel « saint » se vouer ? À quel « imam » ? Fallait-il m'en remettre, comme les autres journalistes, au bon vouloir de Téhéran ? C'est-à-dire aller faire des risettes au ministère de la Culture en espérant être sélectionnée pour une visite guidée, sous escorte rapprochée, d'un des sites nucléaires ? Les plus chanceux décrochaient un permis d'accès sous haute surveillance pour Natanz ou Arak. Pour ma part, j'hériterai, des années plus tard, du lot de consolation : la centrale de Bouchehr ! Le port du Sud héberge un site dont la construction, d'abord supervisée par la compagnie allemande Siemens, avait été suspendue après la révolution de 1979, avant que les Russes ne reprennent le flambeau en 1995. Mais là encore, que peut-on vraiment espérer d'une tournée au pas de course, le nez collé à la vitre du minibus qui nous transbahute d'installation en installation, comme des ours en cage sous l'œil vigilant de plusieurs cerbères de l'uranium ? J'aurais préféré perdre mon temps à aller manger du poisson grillé et des crevettes épicées en souvenir de mon premier voyage sur les rives du golfe Persique. De ce grand show, je n'allais pas voir grand-chose si ce n'étaient les batteries antimissiles déployées le long de la route menant au site – premiers signes d'un Iran qui bombait le torse face aux menaces extérieures. Et surtout, oui surtout, ces milliers de grands gaillards aux cheveux blonds et à la peau rougie par le soleil, transpirant sur leurs vélos : les fameux techniciens russes qui faisaient quotidiennement la navette, sous une chaleur d'étuve, entre les installations nucléaires et leurs habitations. Une fois sur ce gigantesque campus, véritable ville dans la ville, ils avaient tout à portée de main : supermarché privé, bière Baltika sans alcool, école privée pour leurs enfants… Loin des regards, leurs épouses laissaient même tomber le foulard… Encore une fois, le réel se mariait à l'absurde !

J'en avais assez de tourner en rond. Que l'Iran veuille développer un arsenal nucléaire, sans doute… Mais, tandis que les Iraniens se crispaient au fur et à mesure que le monde entier cherchait à faire d'impossibles pronostics sur le nombre d'années rapprochant l'Iran de la présumée bombe, une autre question me taraudait : Pourquoi ? Oui, pourquoi la République islamique était-elle obsédée à ce point par cette course au nucléaire ?

C'est au pied du mont Zagros, à dix kilomètres de la

frontière irakienne, que je finirais par trouver un semblant de réponse, quelques mois plus tard. Dans un bled paumé. Loin, très loin des caméras occidentales. Un minuscule point inconnu des mappemondes qui s'inscrit comme une tache indélébile dans la mémoire des Iraniens. Sardacht. Perdue au fin fond des montagnes de l'Azerbaïdjan de l'Ouest, elle avait été la première ville victime des armes chimiques de Saddam Hussein. En pleine guerre Iran-Irak, dans le silence international le plus total. Cette attaque, le 28 juin 1987, allait être fatale pour l'avenir de l'Iran. Elle serait à l'origine du repli nationaliste de Téhéran et sa détermination à se protéger. Envers et contre tout.

Je pris place dans le fauteuil en similicuir noir offert par Mustafah Assaghzadeh, un grand moustachu à l'accent kurde et aux yeux d'ébène. De sa fenêtre, à flanc de colline, se dessinait un paysage empreint d'une singulière beauté. Des colonies de pins y enveloppaient les contours des montagnes. Des grenadiers gonflés de fruits mûrs s'y laissaient caresser par une brise matinale. Au milieu des champs, des paysans portant le *charwar*, le pantalon bouffant traditionnel, s'affairaient à la récolte des pommes. Une pile de pains *sangaks* posée sur sa tête voilée, une villageoise en robe à paillettes colorées marchait d'un bon pas. J'aperçus un arc-en-ciel à la surface des chutes d'eau qui filaient entre les roches. Un vrai décor de carte postale ! Mais l'image d'Épinal se figea brutalement lorsque, fixant la fenêtre, mon hôte se mit à scruter le passé.

– Il fut un temps où ses habitants surnommaient Sardacht le « Paradis », a murmuré Mustafah Assaghzadeh…

Les yeux éteints, il attrapa un petit album de photos posé sur la table. Puis il me le tendit, d'un geste lent et maladroit. Sur un cliché de groupe jauni par le temps, sa famille était réunie au complet. Un fichu coloré sur la tête, les femmes avaient des visages joyeux. Les hommes portaient les enfants dans leurs bras. Ils avaient ce sourire des gens heureux.

– C'est tout ce qui me reste de ma famille… C'est tout ce que j'ai pu sauver…

– Que s'est-il exactement passé ? ai-je demandé.

Il prit une grande inspiration. Et il ouvrit son cœur blessé :

– Il est environ 4 heures de l'après-midi, ce 28 juin 1987… J'ai 18 ans et je fais mon service militaire à Téhéran. Mes parents, eux, sont restés à Sardacht. Ce jour-là, un ami m'appelle de Tabriz, affolé. « Sardacht a été attaquée ! Sardacht a été attaquée ! » hurle-t-il. Au début, je ne m'inquiète pas. Depuis que la guerre a commencé, les troupes de Saddam attaquent régulièrement les bases de l'armée iranienne et des rebelles kurdes à la périphérie de la ville. Les habitants ont l'habitude de se réfugier dans les abris. Mais mon ami insiste : « Une des bombes est tombée près de la maison de tes parents… Ils ont été transportés à l'hôpital. » À l'hôpital ! Je n'en crois pas mes oreilles. Cette fois-ci, c'est le centre-ville qui a été visé ! Une zone résidentielle ! Il me faut rentrer chez moi au plus vite. Paniqué, je prends le volant en direction de Sardacht. Quand j'arrive à l'hôpital, je prends conscience de l'ampleur des dégâts : les blessés sont si nombreux qu'ils se déversent jusque dans la cour, noire de monde. Au moins sept cents personnes y sont entassées sous un soleil de plomb ! Étonnamment, elles ne présentent aucun signe de fracture, ni d'égratignures. Leurs blessures sont inhabituelles : des yeux rouges, la peau cloquée. Leur respiration est lourde, comme un sifflement. Je baisse les yeux. Devant moi, une femme suffoque en vomissant du sang. À côté, un homme supplie les infirmiers pour qu'ils lui injectent de la morphine afin d'apaiser ses démangeaisons. Plus loin, un corps d'enfant sur le sol. Inerte. J'avance à tâtons. Sardacht, mon petit Paradis, que t'est-il arrivé ? Et ma famille ? Où est-elle passée ? Dans ce chaos, je cherche désespérément mes parents. En vain. Un médecin s'approche alors de moi. « Désolé, vraiment désolé », me dit-il. Au début, je ne comprends pas. « Nous sommes tous désolés », je lui réponds. « Non, désolé pour vous… Vous êtes arrivé trop tard… Votre père est mort, votre mère aussi », ajoute-t-il… Mes parents ! Je tombe à genoux, effondré…

Mustafah baissa la tête, à bout de souffle. Son visage était livide, comme au bord de l'évanouissement. J'étais sidérée par l'acuité de sa description, par cette façon qu'il avait de parler du passé au présent. Je voulais entendre la suite, même si je pressentais l'issue tragique de son récit.

– Sous le choc, j'emboîte le pas au médecin qui m'indique de le suivre. Nous traversons un long couloir comme on traverse l'enfer. Les blessés y sont appuyés contre les murs. Leurs cris résonnent à l'infini. Blêmes d'épuisement, des infirmières brandissent des rasoirs en disant qu'il faut perforer les cloques. Un interne explose en sanglots. Les mains vers le ciel, il implore Allah de l'aider à comprendre cet étrange fléau qui s'est abattu sur Sardacht. Il crie que seules huit bombes sont tombées sur la ville… Huit bombes, ça ne devrait pas causer autant de dégâts ! Huit bombes… Quand j'essaie d'en savoir plus, il me raconte l'étrange odeur d'ail et de pommes qui flottait dans l'air, la ville prise dans un envahissant nuage de poudre… Étrange phénomène… Inexplicable… Le médecin me prend par la main. Il ouvre une porte. Allongé sur un lit, un jeune homme s'étouffe en toussant, une sonde dans la gorge. C'est Hadi, mon jeune frère de 14 ans ! Je le reconnais à peine. Ses paroles, incompréhensibles, ressemblent à un miaulement de chat. Je n'arrive plus à retenir mes larmes. En me penchant contre lui, je lui fais la promesse de retrouver vivants les autres membres de notre famille. Mais quelques heures plus tard, le corps de mon grand frère Ali m'accueille à la morgue. D'hôpital en dispensaire, je finis par apprendre que tous mes autres frères et sœurs sont décédés. Mes grands-parents aussi ! Au bout de quatre mois, Hadi me quitte à son tour. Mon dernier lien familial, ma raison d'être… J'en suis devenu fou !

Mustafah se leva, referma l'album et colla son visage contre la fenêtre. Quel contraste entre ses âpres souvenirs et ce paysage en apparence si paisible. Un long silence envahit la pièce. Par peur de le briser, je restai collée à mon fauteuil. Au bout de quelques minutes, il finit par se retourner vers moi, avant de murmurer, le visage embrumé :

– Avec le temps, j'ai appris à accepter la malédiction, à l'apprivoiser, même si le mal reste indélébile.

Mustafah me fit alors signe de le suivre pour m'indiquer d'une main tremblotante une des cloisons de sa maison, nouvellement rénovée.

– Vous voyez ce mur. Il est encore infesté. Quand, il y a quelques mois, les ouvriers l'ont poncé avant de le repeindre, leurs yeux se sont mis à gonfler et à rougir. Le gaz a contaminé les hommes, les maisons, la terre, l'air, peut-être l'eau. Un virus incurable.

À Sardacht, les récits comme le sien allaient se révéler tristement singuliers. Derrière la porte de chaque maison se cachait une nouvelle Histoire, encore plus accablante.

Le même jour, je rencontrai Hossein Mohammadian. Cet agriculteur kurde de 44 ans dirigeait une petite association locale venant en aide aux gens comme Mustafah. Une vraie encyclopédie ambulante qui connaissait les moindres détails de ce drame pour en avoir été, lui aussi, victime, et s'en être sorti de justesse. Le jour de l'attaque, il était en route vers l'épicerie de son quartier. Plaqué au sol sous l'impact de la déflagration, il avait rampé jusqu'à chez lui, entassé sa femme et ses trois jeunes enfants dans sa vieille Land Rover, et avait fui la ville au plus vite. Ce n'est que six heures plus tard qu'il commença à ressentir un dérangeant malaise. De cette descente aux enfers, il se rappelait les moindres détails :

– J'ai soudainement perdu la vue ! Pourtant, je n'étais pas blessé… Et puis ma voix s'est mise à dérailler. La peau me démangeait ! C'était insupportable. Au dispensaire d'un village voisin, j'ai vite compris que je n'étais pas le seul… D'après les médecins, au moins un tiers des vingt mille habitants de Sardacht souffraient des mêmes symptômes. Et une centaine d'autres en sont morts, comme les parents de Mustafah. Les médecins étaient affolés, incapables de dresser un quelconque diagnostic. Les uns après les autres, on nous a alors évacués sur Téhéran… Ce n'est qu'au bout d'une semaine, après qu'on m'eut envoyé en Espagne, dans un hôpital spécialisé, que des experts finirent par diagnostiquer un empoisonnement au gaz moutarde.

Saddam Hussein avait donc utilisé du gaz chimique ! L'Irak avait pourtant signé, en 1925, le protocole de Genève bannissant l'utilisation de ce genre d'armes. Comment justifier un tel crime, visant délibérément des populations civiles ? Cela faisait des années que la guerre s'éternisait, apportant chaque jour son lot de nouveaux « martyrs ». Cela faisait des années que le raïs de Bagdad menaçait ses ennemis iraniens du pire. Mais personne n'avait osé imaginer qu'un jour toute une population en ferait les frais. Le président irakien, lassé par la capacité de résistance iranienne, avait-il cherché à mettre un terme radical au conflit ? Ou bien voulait-il interrompre une rencontre clandestine dont il avait eu vent, entre opposants kurdes et officiels iraniens ?

– À ce jour, toutes ces questions sont malheureusement restées sans réponses, souffla Hossein Mohammadian.

– Mais comment est-ce possible ? Il y a sûrement eu des enquêtes internationales qui ont été menées. Des spécialistes se sont certainement penchés sur la question…

– Non, je vous jure que non…

Puis il a poursuivi :

– Vous savez, une enquête sur le gazage mettrait sans doute à mal les fournisseurs en armes chimiques de Saddam : de grosses compagnies européennes et américaines… Les Occidentaux n'ont donc pas intérêt à trop fouiller de ce côté-là. D'ailleurs, juste après l'attaque, personne ne daigna lever le petit doigt.

Le mutisme de l'Occident : voilà la seconde blessure des habitants de Sardacht ! Moins visible, mais plus perfide. Selon Hossein Mohammadian, le silence international ne fit qu'encourager Saddam Hussein à s'en prendre, quelques mois plus tard, à Halabja, une ville du Kurdistan irakien où cinq mille habitants trouvèrent la mort, et à poursuivre ses attaques chimiques contre l'Iran. Au total, trois cent soixante bombes chimiques visèrent des cibles militaires et civiles iraniennes. L'ONU fut la seule organisation à mener, à l'époque, un semblant d'enquête. Sept missions d'évaluation eurent lieu tout au long de la guerre. Mais les deux communiqués du Conseil de sécurité n'aboutirent à aucune conclusion satisfaisante pour les habitants de Sardacht. Le premier, le 9 mai 1988, lançait une vague mise en garde aux deux pays pour qu'ils n'utilisent plus de bombes chimiques. Le second, en août 1988, précisait que « du gaz chimique avait été utilisé contre l'Iran » sans citer son origine : l'Irak.

– Même l'ONU a fini par nous lâcher. Même l'ONU... poursuivit Hossein Mohammadian.

Il s'interrompit. Ses yeux avaient rougi. Sa voix tremblait, sa respiration s'intensifiait. D'un geste lent, il fouilla dans sa poche pour en extraire un tube de Ventoline, l'unique palliatif pour les asthmatiques « chimiques ». Une fois sa toux apaisée, il m'expliqua qu'à Sardacht, ils étaient encore trois mille blessés chimiques – sur un total de quarante-cinq mille à travers le pays – à recevoir des soins particuliers. Avec lui, nous sommes partis à la rencontre d'autres victimes. La parole, c'est tout ce qui leur restait pour évacuer la douleur. Je me souviens de ce vieil homme allongé sur des coussins. Sous sa chemise, son torse était parcouru d'étranges traces de brûlure.

– Méritions-nous vraiment ça ? L'Iran n'a jamais attaqué de pays ! C'est injuste ! s'est-il insurgé.

Une autre femme, rencontrée dans son modeste appartement, m'a confié à voix basse la souffrance de n'avoir pu tomber enceinte. L'infertilité faisait partie des nombreux effets secondaires imputables au gaz. « Le gaz moutarde agit avec retardement. Il pénètre dans les tissus, touche l'ADN et peut se manifester bien des années plus tard », me souffla un docteur. À l'écouter, je repensais au père de Sepideh, la jeune étudiante. Ses tremblements n'étaient apparus que dix ans après qu'il avait été exposé au gaz chimique sur le front de la guerre. Une victime parmi tant d'autres !

Au moment de repartir, Hossein a insisté pour que nous prenions un dernier thé ensemble au pied de la jolie cascade qui demeurait l'attrait de cette ville meurtrie. Silencieux, nous avons contemplé ce torrent d'eau qui file le long de la roche.

Puis il ajouta, nostalgique :

– Derrière ses airs bucoliques, Sardacht, notre petit Paradis, ne sera plus jamais comme avant.

Longtemps, j'ai repensé à ces Histoires. Jamais récit n'avait mieux expliqué cette propension qu'ont tes compatriotes à se sentir victimes, leur protectionnisme exacerbé à l'égard des grandes puissances. À se demander si le programme nucléaire iranien n'était pas, d'une certaine mesure, le legs du gazage chimique perpétré par l'Irak dans la plus grande indifférence internationale.

Au sortir de la guerre, en 1988, la République islamique tira effectivement deux leçons du drame de Sardacht : éviter à tout prix de se retrouver en position vulnérable et ne plus jamais faire confiance aux conventions et traités internationaux. Hantées par la paranoïa, les autorités voulurent coûte que coûte se doter des moyens leur permettant de prévenir un danger futur. « Si l'utilisation d'armes biologiques est inhumaine, nous devrions tout de même songer à les développer pour notre défense », déclara à cette époque Ali Akbar Hachemi

Rafsandjani, alors président du Parlement. En ajoutant : « La guerre nous a enseigné que les lois internationales ne sont que de l'encre sur du papier. »

Vu d'Occident, la République islamique est souvent perçue comme une puissance menaçante, prête à exporter la révolution islamique, à soutenir le terrorisme, à frapper Israël avec ses missiles et à fabriquer sa bombe. Mais, après plusieurs années dans ton pays, je prenais progressivement conscience que, pour les Iraniens, la lecture de leur Histoire contemporaine était, *a contrario*, une suite de complots, souvent menés par l'Occident. En 1906, lorsque le monarque écrasa la révolution constitutionnelle, c'est avec l'appui des Britanniques et des Russes, qui étaient pressés de mettre un terme à cette expérience démocratique inédite au Moyen-Orient. En 1953, le coup d'État contre le Premier ministre Mossadegh, chantre de la nationalisation du pétrole et de l'indépendance du pays, n'aurait pas eu lieu sans l'intervention des Américains. Quand la révolution de 1979 mobilisa les foules, c'est en partie parce qu'elle portait en elle la promesse de libérer le pays de la mainmise étrangère.

Des années plus tard, en 2005, cette hantise du complot étranger serait habilement exploitée à des fins politiques par le président Mahmoud Ahmadinejad. Au nom d'un ennemi extérieur, et en jouant sur la fibre nationaliste des Iraniens, il se mettrait à renforcer son emprise sur la société tout en accélérant le programme nucléaire, suspendu un temps pendant les négociations entamées en 2003 entre Khatami et l'Occident. Mais nous n'en étions pas encore là…

À l'hiver 2002, les États-Unis se tournèrent vers l'Irak en l'accusant – bien trop tardivement ! – de détenir des armes de destruction massive. Armes qui, paradoxalement, n'existaient plus quinze ans après l'attaque contre Sardacht…

À Téhéran, le pouvoir se mit à trembler. Dans sa croisade antiterroriste, Bush avait d'abord visé l'Afghanistan. Cette fois-ci, c'était au tour de l'Irak, autre pays limitrophe de la

République islamique. À quand notre tour ? se disaient les Iraniens. Alors que les bruits de bottes se faisaient entendre à Bagdad, l'Iran commença à se replier un peu plus sur lui-même. Dans un nouveau sursaut protectionniste, les autorités de Téhéran décidèrent de s'attaquer à la première cible qui se trouvait à portée de main : les médias occidentaux.

Le lendemain du nouvel an 2003, le téléphone a sonné. C'était un appel du ministère de la Culture. Sans préavis, on m'annonçait que ma carte de presse m'était retirée. À la veille de l'invasion américaine en Irak, je devenais *persona non grata* dans ton pays.

La porte s'est ouverte. Deux hommes. Je les ai immédiatement reconnus. Traits tirés, épaules carrées, le dos collé à leur chaise. À part quelques cheveux blancs supplémentaires, ils n'avaient pas changé.

– *Khanoum* Minoui ! Ça fait un bail, a lancé l'interrogateur aux deux doigts manquants.

Quatre ans, déjà. Quatre années s'étaient écoulées depuis ma convocation par la police secrète. À côté de l'interrogateur en chef, le même acolyte de service. Tassé sur sa chaise. Muet, à me regarder. Ce jour-là, au « Bureau des ressortissants étrangers », ils avaient préféré un endroit plus incongru pour me convoquer : la chambre d'un grand hôtel téhéranais. J'y étais venue à reculons. C'était quelques jours après le retrait de mon accréditation. Au téléphone, le boss avait été bref. Il voulait me voir au plus vite. Sans donner de motif particulier.

– Bonjour, ai-je lancé, en pénétrant dans la chambre.

– Asseyez-vous !

J'ai sursauté au claquement de la porte. Elle s'était refermée automatiquement derrière moi. Me pliant à ses ordres, j'ai pris place dans le fauteuil vide. Une table basse nous séparait. Un instant, je me suis demandé s'ils me convoquaient à nouveau à cause de Niloufar. Elle avait fait le choix risqué de rentrer en Iran. Par précaution, nous avions pourtant préféré ne pas nous revoir. Étonnamment, il n'en fut rien. Ce jour-là, c'est moi qui l'intéressais. À ma grande surprise.

– Alors, comme ça, il paraît qu'on vous a retiré votre carte de presse... a-t-il avancé.

Une expression d'ironie moqueuse traversait son regard. Il a ajouté :

– C'est pas gentil... Et vous savez pourquoi ils ont fait ça ?

– Euh, non... ai-je répondu.

– Il y a bien une raison. Réfléchissez un peu...

Il y eut un silence crispé. J'ignorais si c'était à cause d'un article ou d'une interview en particulier. Depuis quelques mois, nos reportages étaient passés au peigne fin au bureau de la censure du ministère de la Culture. Le bruit courait même que chaque journaliste disposait de son censeur attitré. Son rôle consistait à décortiquer les reportages, à les traduire et à en surligner les passages jugés litigieux, au gré des lignes rouges, constamment fluctuantes. Le boss amputé me fixait inlassablement du regard, sans mot dire. Un silence épais s'écrasait sur le tapis.

– Alors ? a-t-il repris, sarcastique. Vous ne savez vraiment pas pourquoi ?

– Non... ai-je répondu.

Des raisons, il n'en manquait certainement pas, à leurs yeux. Dans ma tête, je me mis à passer en revue les sujets potentiellement contestables sur lesquels j'avais récemment travaillé. Étais-je sanctionnée pour avoir rendu visite au fils Montazéri ? Ou bien était-ce à cause de mon échappée à la montagne ? À moins que ce ne fût ma virée chez les bassidjis...

– Vous êtes encore moins bavarde que la dernière fois, a-t-il froidement enchaîné.

Puis il s'est enfoncé dans sa chaise, caressant de sa main non mutilée ses rebords. Et il a changé de ton :

– En quatre ans, vous semblez pourtant avoir pris de l'assurance. Ce pays de vos origines, c'est un peu votre pays maintenant. Votre vocabulaire s'est enrichi. Vous voyagez beaucoup, vous avez de nouveaux amis. Même votre grand-mère a fini par vous attendrir, semble-t-il...

Il était donc impossible de lui cacher quoi que ce soit. Il a enchaîné :

– Vous aimez l'Iran ?

– Oui, ai-je répondu, sans hésitation.

– Vous aimeriez y rester ?

– Oui, ai-je répété.

Il marqua une pause. Puis il reprit, en me regardant droit dans les yeux :

– Ne vous inquiétez pas, on va trouver une solution.

Sa voix s'était soudainement adoucie. Elle était presque sympathique. On eût dit qu'il cherchait à me rassurer. Face à mon mutisme, il réitéra sur le ton de la compassion son intention de me donner un coup de main. Les raisons du retrait de ma carte de presse ne lui importaient plus. Il disait qu'il trouvait ça tout à fait « regrettable ». Un malentendu, sans doute. Un simple malentendu. Il a encore répété que je ne devais pas m'inquiéter. Qu'il y avait probablement une solution. Qu'il savait à quel point j'aimais l'Iran. Qu'après tout, j'étais une *hamvatan*, une concitoyenne, et qu'il était prêt à m'aider…

– Les amis, c'est fait pour ça, *Khanoum* Minoui, n'est-ce pas ?

Amis ? Je n'ai pas su quoi répondre. Je le trouvais tout à coup changé. Je ne voyais pas où il voulait en venir. Il a marqué une pause. Une longue pause. Il s'est redressé, m'a souri d'un faux sourire. Son regard a effleuré la porte de la chambre, fermée à double tour. Et c'est là qu'il m'a offert son « deal ». Son fameux « deal » : la récupération de mon accréditation contre un « service ».

– Lequel ? ai-je demandé en brisant mon silence.

J'avais répondu vite. Trop vite. Pressée de récupérer ma carte de presse, je n'avais pas imaginé la suite.

– Un petit service de rien du tout à nous rendre… Juste un petit service… La prochaine fois que vous allez à Paris, pensez à nous rapporter la liste des Iraniens à succès qui vivent en France…

Ce n'était donc que ça : un simple inventaire des Iraniens connus, danseurs, photographes, médecins. J'en connaissais à la pelle. D'ailleurs, c'était de notoriété publique : les Iraniens de la diaspora brillaient par leurs qualités professionnelles. Une petite heure passée à surfer sur Internet me suffirait pour dresser cette fameuse liste sans grands efforts.

– D'accord, ai-je répondu, en toute innocence, rassurée par la simplicité de sa requête.

Il a esquissé un sourire. Il semblait satisfait.

– Alors, on se revoit à votre retour !

Puis il s'est dirigé vers la porte. Il m'a souri. À nouveau. Le même rire faux et froid. Ensuite, il a posé sa main sur la poignée.

– Je compte sur vous, madame Minoui…

– Au revoir, ai-je répondu.

Ce n'est qu'une fois arrivée à Paris que je compris où il voulait vraiment en venir. Une recrue ! Il me prenait pour une recrue potentielle… Il m'avait fallu attendre d'être en dehors des frontières de l'Iran pour comprendre que son « deal » n'était ni plus ni moins qu'une offre de collaboration avec les renseignements. Immédiatement, tout devenait plus clair. Je comprenais mieux où Monsieur Finger voulait en venir. Monsieur Finger, c'est ainsi que j'allais désormais le surnommer à cause de ses deux doigts manquants, avait profité de ma faiblesse du moment. Il avait saisi la fragilité de mes sentiments, il me savait éprise de ce pays qui m'habitait depuis quatre ans. Les noms d'hommes et de femmes à succès, ça n'a rien de confidentiel, *a priori*. Mais en acceptant de les lui communiquer, je devenais à mon insu une des leurs. Et qui sait ce qu'ils m'auraient demandé par la suite ?

À mon retour en Iran, une semaine plus tard, le téléphone a sonné. J'ai tout de suite deviné qui c'était. Monsieur Finger me donna rendez-vous dès le lendemain dans la cafétéria du même hôtel. Je me devais d'y aller, sans enthousiasme. Il m'y attendait, le visage souriant.

– Alors, cette liste ? Vous me l'avez rapportée ? m'a-t-il aussitôt demandé.

Rien du tout, j'étais revenue bredouille. Alors, je lui ai dit « non », comme ça, sans réfléchir aux conséquences. « Non », en pensant à Baghi et à tous les combattants de l'ombre qui payaient le prix de leur engagement pour la liberté. « Non », en songeant à leur courage que je n'avais pas. Céder au chantage, c'était trahir leur cause. Dans ma tête, j'avais répété plusieurs fois la phrase que je voulais lui lancer en pleine figure : « Un journaliste, ça ne s'achète pas. Ça se subit. » À son regard sombre, à ses sourcils tassés par la colère, je n'ai pas osé. J'ai juste répété « non ». Sans offrir d'explication supplémentaire.

– Quoi ! Vous êtes revenue les mains vides !

Il était furieux. « Vous êtes revenue les mains vides. » Quand Monsieur Finger a prononcé ces mots, selon une expression persane bien connue, j'ai eu la confirmation du marchandage auquel j'avais failli céder. Puis il a ajouté sans détour :

– Pas de collaboration, pas de carte de presse !

Et il est parti.

Alors, il en était ainsi : après tant d'années d'efforts pour tenter de rassembler les pièces manquantes du puzzle iranien, ton pays ne voulait plus de moi. J'en tombai malade comme je ne l'avais jamais été. Un mal incisif, comme un tourbillon qui vous draine l'estomac.

C'est en rentrant de l'interrogatoire que les crampes ont commencé à se manifester. Au début, j'ai préféré les ignorer, mettant cette douleur passagère sur le dos du stress et de la fatigue. Mais les spasmes s'intensifiaient d'heure en heure. Incisifs, perfides, continus. Je me suis allongée sur le canapé, pensant vaincre le mal par une sieste réparatrice. Des étoiles dansaient devant mes yeux, des trous noirs, un gouffre. J'ai vu le lampadaire trembler, les murs vaciller. Je me suis accrochée aux coussins, comme on s'accroche à des bouées de sauvetage. La tempête s'abattait de tous les côtés. La tête me tournait, la fièvre montait. Dans mon ventre, les vagues s'enroulaient, puis se déroulaient à vive allure… « Nom ? Prénom ? Âge ? Adresse ? » Aïe… Toujours les mêmes questions ! « Madame Minoui, ne faites pas l'imbécile. Vous savez très bien ce qu'on attend de vous… » Des doigts coupés, pointés dans ma direction. Ils me menaçaient, m'agrippaient, m'écrasaient… « Non, non, je ne peux pas, Monsieur Finger ! Je n'en peux plus de vos interrogatoires ! Ce que vous me demandez est impossible. Impossible ! J'ai mal. Mal au ventre. Mal à ma conscience. Laissez-moi tranquille ! » Nouveau roulis de la vague. Mes intestins ! Spasmes, nausée, envie de vomir, de tout cracher, de… « Je veux sortir ! Je veux sortir ! » J'étouffe, mon corps… J'ai chaud… Faites-moi sortir de mon corps ! « Non, madame Minoui, vous ne sortirez pas d'ici tant que… » Qu'est-ce que j'ai, mais qu'est-ce que j'ai encore fait ? Ma tête, ma tête… Je sombre. « C'est un chantage, Monsieur Finger ! Un chantage… Laissez-moi ! Je ne sais rien ! Je ne peux rien pour vous ! » Douleur, mon corps n'est que douleur… J'ai soif ! Il me faut de l'eau. Vite ! De l'eau fraîche.

Au réveil, le lendemain matin, j'étais allongée dans la salle de bains, une main sur la tempe, l'autre plaquée sur le carrelage. Au-dessus du lavabo, l'eau coulait du robinet en abondance. Quelle heure était-il ? Combien de temps étais-je restée évanouie, assoupie ? Quel diable était venu m'habiter ? J'ai rassemblé mes esprits et j'ai traîné mon corps fébrile jusque dans la chambre à coucher. En m'agrippant au mur pour me lever, les spasmes sont revenus. Encore plus intenses. Ils me ravageaient l'abdomen. Entre deux convulsions, j'ai fini par enfiler mon manteau, noué mon foulard, et j'ai rampé jusque chez le vieux docteur Rafat. Il habitait dans mon quartier, non loin de la place Mohseni. À me voir dans cet état, il a aussitôt saisi sa grosse loupe. Puis il a parcouru dans le détail son épais manuel de médecine, et m'a annoncé son diagnostic : « Helicobacter. Vous avez un Helicobacter ! » Le mot savant était imprimé noir sur blanc, à la cent deuxième page de son gros livre aux allures d'encyclopédie du Moyen Âge. Il disait que j'avais dû attraper ça lors d'un récent reportage en Afghanistan, quand j'avais pris la route pour Hérat, à la chute des talibans. Je n'avais jamais entendu parler d'un tel microbe, mais le simple fait de pouvoir mettre un nom sur cette étrange douleur me rassurait un peu. Une fois chez moi, j'ai appliqué à la lettre son « régime miracle » : du poulet grillé pour calmer les troubles gastriques, du miel pour tuer la bactérie, et rien de plus.

Mais la petite bête était tenace. Les semaines suivantes, la douleur a empiré. Jour et nuit, elle ratissait mon estomac.

Me lever devint un défi. Sortir de chez moi, une vaine intention. Dehors, la vie m'était devenue étrangère. Un ballet d'ombres qui longent les murs, se perdent derrière les portes, une farandole de corps sans visage, de mains sans doigts… « Nom ? Prénom ? Âge ? Adresse ? » Plus les questions se télescopaient dans ma tête, plus mon corps me lâchait. Je me sentais vaincue. Impuissante. Paralysée. « Le persan a la démence de l'inaccessible », disait Henry Corbin. Pour moi, c'était tout un pays qui, maintenant, se dérobait…

J'étais désorientée, je pensais pourtant avoir enfin dompté ton pays. Trop peut-être… Chaque reportage était une occasion rêvée de partir à la conquête d'une nouvelle ville. Le train était devenu mon moyen de locomotion préféré. Parfois, il m'arrivait de prendre le bus en pleine nuit. Je logeais chez l'habitant, à Qom comme à Bandar Abbas. Je m'obstinais à casser le cliché de la femme journaliste dépourvue de liberté. J'avais même convaincu mes rédacteurs en chef qu'il y avait d'autres sujets que l'atome iranien. Je leur disais qu'avant de s'inquiéter de la bombe atomique, il fallait observer la bombe sociale. Tous ces jeunes, ces femmes, ces intellectuels. Mes conditions de travail s'étaient également améliorées. Avant qu'on ne me retire ma carte, j'étais enfin parvenue à vivre de mes « piges ». Dans mon portfolio, je venais d'ajouter *Le Figaro* à Radio France.

Pendant ce temps, le printemps iranien avait viré à l'automne. Après l'arrestation d'Emadeddin Baghi, ce fut au tour d'Abbas Abdi, l'ex-preneur d'otages, d'atterrir à la prison d'Evin. On lui reprochait d'avoir publié un sondage révélant que trois quarts des Iraniens rêvaient d'un rapprochement irano-américain. Mais même cette ambiance répressive, je pensais l'avoir intégrée. Les récits d'intimidation et d'incarcération habitaient mon quotidien. La peur commençait à devenir une compagne comme une autre. Je savais que les murs avaient des oreilles, qu'il ne fallait jamais être trop bavard au téléphone. Qu'il fallait s'abstenir d'y prononcer le nom d'un dissident. Que le vin se disait « jus de grenade » en mot magique. Que les rendez-vous se donnaient toujours par courriel. Je savais que l'Iran, c'était aussi des coups de fil anonymes, des pierres qu'on reçoit parfois en pleine nuit sur sa fenêtre, des chauffeurs de taxi un peu trop curieux… Monsieur Finger aussi, je commençais à m'y habituer. Ses interrogatoires à n'en plus finir. Ses questions inquisitrices. Ses gros yeux et ses coups de colère. Je me disais que ça faisait partie du kit d'intimidation du reporter.

Cette fois-ci, dans la cafétéria de ce grand hôtel aseptisé, il était apparu sous un autre visage. Le bourreau était devenu « ami ». Mais sous condition. Un « petit service de rien du tout »… Juste un « petit service »… Avec sa proposition, il m'avait offert l'Iran sous forme d'un marchandage. Depuis quand l'amour d'un pays se négociait ? En refusant ce pacte avec le diable, je m'étais rendue vulnérable. J'étais au chômage. Indésirable sur la terre de mes ancêtres. Privée du précieux sésame qui me permettait d'y exercer mon métier. « Pas de collaboration, pas de carte de presse », avait-il insisté. Au fond de mon lit, ses paroles se mêlaient à la douleur. « Vous êtes revenue les mains vides »… « Vous êtes revenue les mains vides »… Mon ventre aussi finit par se vider. En quinze jours, je perdis six kilos. Au lieu de me soigner, le régime prescrit par le docteur Rafat me creusait encore plus l'estomac. À l'autre bout du fil, parents et amis me suppliaient de quitter l'Iran. Je m'y refusais. Partir ? C'eût été un échec. Retourner voir le médecin ? À quoi bon ! Pour m'entendre dire que mon Helicobacter est, parmi les bactéries, de celles qui résistent même au miel et à la volaille grillée ? Impensable. Au bout d'un mois de souffrance, je finis par me rendre à l'évidence : j'étais atteinte du virus de « l'iranite », porteuse d'un petit morceau de ton pays qui m'avait contaminée comme la fièvre. La maladie coulait dans mes veines, elle me rongeait les tripes. Un mal incurable que le meilleur des médecins aurait été incapable de soigner. Il me fallait juste apprendre à vivre avec. Je n'avais pas d'autre choix.

Qui eût cru, cher Babai, que nos Histoires finiraient par se ressembler ?

Depuis que j'avais attrapé l'iranite, papa m'appelait fréquemment de Paris. Nos conversations étaient toujours très brèves. Il ne savait trop que me dire. Mon acharnement à rester dans ton pays le déroutait, lui qui l'avait quitté il y a bien longtemps. Un soir qu'il me suppliait pour la énième fois de rentrer en France, mes maux lui inspirèrent ces mots : « Tel grand-père, telle petite-fille. »

Sa remarque retint toute mon attention. Intriguée, je cherchai à en savoir plus. Papa prit alors une grande inspiration. Puis me fit la confidence qu'en ton temps, avant la révolution, les services de renseignements t'avaient causé bien des tracas. Lui qui n'avait pas l'habitude d'être loquace se mit alors à faire le récit finement détaillé du chantage dont tu avais toi-même fait l'objet… C'était un matin d'été 1961. Avant de monter dans ta Cadillac noire, tu avais pris soin de revêtir ton élégant costume bleu marine, celui que tu réservais aux occasions particulières. Tu l'avais assorti à une nouvelle cravate en soie pour célébrer la bonne nouvelle : on venait de t'offrir le poste de ministre de l'Éducation nationale. Après toutes ces années de fonctionnariat au sein du gouvernement iranien, tu méritais bien cette consécration. Mais la prestigieuse promotion était accompagnée d'une condition bien particulière, pour ne pas dire pernicieuse : collaborer avec la Savak, la police secrète du chah ! La nouvelle te fut annoncée sèchement en arrivant au bureau. Évidemment, tu étais tombé des nues. La Savak ! Comment pouvaient-ils oser ? Tu connaissais ses pratiques répressives, tu avais eu écho de la torture dans les prisons, des techniques de délation, des disparitions... Cela t'était insupportable. Adhérer à la Savak, c'était renoncer à tes convictions démocratiques. Devenir un traître à ta propre cause. Alors tu n'hésitas pas un instant. En un mot, tu refusas cette offre. Tu dis « non » à tes interlocuteurs, préférant l'isolement à la trahison envers ton peuple. Même si ce jour-là, en rentrant chez toi, tu compris que ta carrière était finie... Avec le chah, c'était comme ça. On était avec lui ou contre lui. Tu le savais. Mais, dans ton for intérieur, tu étais fier de ta décision.

J'ignorais tout de ce fragment de ta vie. Comme de tant d'autres, d'ailleurs. Tandis que papa parlait, je fixais une de tes photos, posée sur ma table de nuit. Tu y portais tes fameuses lunettes à monture noire. En 2001, après l'apparition de Marie, ta femme cachée, je les avais retrouvées au fond d'un tiroir poussiéreux alors que je cherchais quelques indices supplémentaires pour compléter le mystérieux puzzle de ta vie. Sans hésiter, je les avais chaussées, curieuse de savoir comment tu voyais le monde. Leurs verres étaient si épais qu'une espèce de flou était venu obstruer ma vue. J'avais alors renoncé à te comprendre. Je m'étais simplement résignée à te pardonner tous tes écarts, y voyant la faiblesse d'un homme qui porte un cœur surdimensionné. Jamais, pourtant, je n'aurais imaginé qu'on t'ait fait subir les mêmes tourments qu'à moi. Qu'avec un demi-siècle d'écart, ton parcours croise le mien. À notre insu.

Papa prit son temps pour faire ressurgir le reste de ton passé. C'était la première fois qu'il moissonnait ainsi ta mémoire. Il me raconta que tu étais né en 1911 sous la dynastie Qajar. Ton père, Bagher Minoui, un ambitieux propriétaire terrien, était d'Ispahan. *Nesf-e jahan*, « la moitié du monde ». Aucune cité n'illustre mieux que cette ville des roses et des mosquées turquoise la double identité, persane et religieuse, des gens de ton pays. Avant ta naissance, tes parents avaient décidé de monter dans la capitale, attirés par la troisième facette du « moi » iranien : la modernité. Cette course vers le progrès avait pour instigateur le roi Reza Chah, un ambitieux monarque qui mit fin, en 1925, au règne des Qajar en imposant sa propre dynastie : celle des Pahlavi. Tu n'avais alors que 14 ans. Adolescent, tu fus le témoin des changements qu'il insuffla, parfois trop rapidement et maladroitement, à ton pays. Inspiré par son voisin turc, Mustafa Kemal Atatürk, Reza Chah fit construire, à tout-va, des nouvelles routes, des tunnels. Et, initiative largement controversée, il imposa une « tenue occidentale » aux hommes, tout en interdisant aux femmes le port du voile. Si ta mère s'en accommoda, celle de ta future épouse, plus pieuse et plus traditionnelle, en sortie traumatisée. Comme elle, de nombreuses Iraniennes se cloîtrèrent chez elles et cessèrent de se rendre aux bains publics pour ne pas aller tête nue dans la rue. Ironie de l'Histoire : des années plus tard, la République islamique se mettrait, à l'inverse, à traquer les « mal-voilées ». Mais personne, à l'époque, n'aurait pu prédire un tel retournement.

En 1941, Reza Chah fut à son tour détrôné par son propre fils, Mohammad Reza. C'est sous son règne que tu commenças ta carrière dans la fonction publique, après des études d'archéologie qui te ramenèrent, un temps, à Ispahan, où tu logeas, rare privilège, dans le fameux palais des quarante colonnes, véritable joyau de l'architecture iranienne. Observateur avisé de l'évolution de ton pays, tu ne cachais pas tes penchants laïcs, même si tu faisais partie de ceux qui pensaient qu'on peut concilier islam, démocratie et tolérance. Préoccupé par l'autoritarisme, tu allais consacrer une partie de ton temps à te battre au nom des valeurs humaines. Quitte à en payer le prix.

Ta première mise à l'écart remonte à 1956. Trois ans plus tôt, le chah, appuyé par la CIA, s'était débarrassé de son Premier ministre Mossadegh, un fervent nationaliste qui lui faisait de l'ombre en critiquant ouvertement l'américanisation du pays. Ivre de pouvoir, Mohammad Reza activa son appareil sécuritaire et commença à traquer les ennemis potentiels, c'est-à-dire tous ceux qui pensaient différemment de lui. Tu n'avais jamais été associé à aucun parti politique. D'ailleurs, des années plus tard, tu resterais en retrait des mouvements révolutionnaires. Mais ton franc-parler dérangeait. Dans les fichiers de la sécurité iranienne, on te classa dans la catégorie des spécimens à surveiller de près. Ou à éloigner. C'est la seconde option qui allait être retenue, avec ce placard doré qu'on te proposa à Paris : la représentation de l'Iran à l'Unesco. Tu sautas sur l'occasion, pensant y voir un sas de liberté dont tu avais bien besoin.

Au bout du fil, papa marqua une pause dans son récit. Je l'imaginais envahi par ses propres souvenirs. Pour lui qui n'avait alors que 10 ans, ce déménagement parisien allait marquer le début de sa nouvelle vie française. Pour toi, cette fonction onusienne, d'abord très attrayante, allait vite contredire ton souci d'indépendance…

Dès ton arrivée à l'Unesco, me confia papa, une seule consigne te fut en effet donnée par Téhéran : « Lorsqu'une résolution doit être votée à l'assemblée générale, tu fais comme le représentant américain. S'il lève la main, tu lèves la main ! » Frustré par ce manque flagrant d'autonomie, et à force de te sentir humilié, tu renonças rapidement à assister aux débats pour ne t'y présenter qu'à la fin, au moment du vote. Un jour, alors que tu n'avais même pas eu le temps de t'enquérir du thème de la séance, tu fis comme d'habitude : tu suivis l'exemple américain. Mais à cette occasion, un collaborateur te fit signe de t'abstenir de te manifester. « Cette fois-ci, les Américains ont demandé qu'on vote contre eux ! » t'assena-t-il sèchement sans te donner de raison. On t'obligeait à baisser la main. Tu finis par baisser les bras, irrité par l'influence grandissante des États-Unis sur le chah. À écouter papa évoquer cette anecdote, je repensais à Sardacht, à la course au nucléaire. À sa façon, ton expérience expliquait le protectionnisme exacerbé de tes concitoyens. Ton Histoire personnelle se fondait dans la grande Histoire, celle de ton pays.

Papa poursuivit son récit. Il m'expliqua que, dépourvu de la moindre responsabilité, tu enrageais de tourner en rond à ne rien faire. Cela te mettait hors de toi. Ne supportant pas l'oisiveté, tu finis par t'inscrire à la Sorbonne. La littérature devint ton refuge. Un exutoire pour oublier tes tracas. Tu choisis de faire une thèse sur la vie de Kafeshi, un illustre poète persan. Elle allait te valoir, le jour de ta soutenance, les honneurs du jury, précisa papa.

J'en déduisis que c'est de cette époque que t'était resté ce goût de la métaphore, celui que tu me transmis tardivement sur ton lit d'hôpital par la grâce de Hafez. Après ta mort, je me souviens avoir longtemps parcouru un recueil bilingue de ses poèmes que je m'étais procuré à la blibliothèque de mon quartier. En piochant au hasard parmi ses quatrains, j'étais tombée sur l'un d'eux qui disait que l'Histoire se répète. Fallait-il y voir un message entre les lignes ? Une mise en garde à cogiter ? Toi qui disais que j'étais « la lumière de tes yeux », je me sentais désormais « poussière sous tes pieds ». Ta place n'avait jamais été aussi « vide », selon le proverbe iranien.

Imperturbable, papa ajouta qu'en 1961, alors que tu venais de rentrer de France, le fameux chantage de la Savak acheva d'entamer ton divorce avec l'État iranien. Dégoûté par ces méthodes pernicieuses, tu jetas tes derniers espoirs dans les poubelles de l'Histoire. Tu demandas ta retraite anticipée pour t'éloigner de tout ce qui avait trait, de près ou de loin, à la politique. Mais tu restas dans ton pays. La lecture et l'écriture devinrent tes palliatifs. Les promenades à la campagne, tes seules distractions. En 1979, c'est de ton canapé, converti en poste d'observation, que tu suivis de loin les soubresauts de la révolution sans y participer.

Vu la tournure des événements, tu n'avais certainement eu aucun regret à ne pas t'y être impliqué. J'en conclus que ton apolitisme et ta prise de distance avec la Savak eurent même pour mérite de te sauver. Car, si aux yeux des nouveaux dirigeants islamistes tu entrais dans la catégorie des *taghoutis*, les privilégiés, dont il fallait confisquer les terres, tu n'étais pas pour autant un homme à abattre. Même si papa semblait toujours aussi convaincu que tu avais fini par mourir, assassiné par tes tracas fonciers avec le tribunal révolutionnaire…

Des années plus tard, en 1997, j'avais pu constater à quel point la victoire de Khatami t'avait redonné un peu d'espoir pour ton pays. Tu le pensais différent des autres. Peut-être parce que lui aussi aimait s'exprimer en poèmes ? Quand tu nous quittas subitement, quelques mois après le raz-de-marée de son élection, j'avais regretté que tu ne puisses voir de tes propres yeux cet Iran qui réapprenait peu à peu à sourire. Mais, avec le recul, je me dis qu'il en était peut-être mieux ainsi. Aurais-tu supporté de voir, quelques années plus tard, les rêves de ton pays se fracasser à nouveau sur les écueils du réel ?

Après tes démêlés avec la police secrète, tu avais choisi l'exil intérieur dans ton propre pays. Moi, je décidai de migrer un temps en Irak. Je pensais que de l'autre côté de la frontière, je parviendrais peut-être à me guérir de l'iranite. Faute de remède miracle, je ne perdais rien à essayer. En février 2002, désespérant de récupérer ma carte de presse, j'ai d'abord mis le cap au nord, côté Kurdistan irakien. L'invasion américaine était imminente. Là-bas, la presse était libre. C'est dans cette enclave semi-autonome, protégée depuis 1991 des griffes de Saddam Hussein, qu'une partie des médias internationaux avait établi ses quartiers généraux. Télévisions, radios, journaux, nous étions tous sur le pied de guerre à attendre le premier signal pour descendre au plus vite sur Bagdad. À sa chute, début avril, nous avons aussitôt rallié la capitale irakienne.

La ville, tout juste libérée, était recouverte d'une fine pellicule de poussière beige pulvérisée par les explosions. D'est en ouest, les blindés américains en contrôlaient les axes principaux. Des bâtiments officiels, visés par les tirs de missiles, il ne restait que des montagnes de gravats – à l'exception du très stratégique ministère du Pétrole. Dans les quartiers résidentiels, les rues étaient aussi vides que mon estomac. Désertées par ses habitants. Grignotées par la peur des bombardements. Le long du Tigre, seules les fenêtres maintenues par des bandes adhésives avaient résisté aux déflagrations. Il en avait fallu des rouleaux de scotch pour limiter les dégâts !

À peine arrivée, je fus aussitôt saisie par un détail : cette cité aux imposantes bâtisses en béton, vestiges de l'architecture baasiste, ne portait aucune trace de son autre guerre – celle que Saddam avait livrée à la République islamique, plus de vingt ans plus tôt. Contrairement à Téhéran, les visages des martyrs étaient invisibles. Inexistants. Enfermé dans le culte de la personnalité, friand de fresques outrancières à son effigie, l'ex-raïs de Bagdad avait dû estimer que même les morts pouvaient lui faire de l'ombre. Pourtant, tout dans cette ville me ramenait à l'Iran.

Un jour que je sortais d'une interview à Kazemiyeh, un quartier du nord de Bagdad, je fus happée par la musicalité du persan. J'ai aussitôt frissonné à cette mélodie familière, m'empressant de chercher du regard d'où elle pouvait s'échapper. Deux mètres plus loin, des pèlerins iraniens se déversaient dans la rue, l'appareil photo en bandoulière et des bouteilles d'eau dans les bras. Ils étaient quelques centaines, hommes en noir, femmes voilées. La chute du raïs de Bagdad, un membre de la minorité sunnite connu pour sa phobie des chiites, avait rouvert la voie qui mène aux mausolées de leurs imams chéris, longtemps placés sous haute surveillance. Alors, les Iraniens accouraient de partout, de Téhéran, de Shiraz ou encore d'Ispahan pour se prosterner sur le tombeau de l'imam Kazem, enterré ici à Bagdad. Les plus zélés franchissaient la frontière de nuit et à pied, au risque de sauter sur une mine datant du conflit des années quatre-vingt. Ils fonçaient, tête baissée, comme s'ils se ruaient vers un paradis retrouvé. Leur périple à haut risque allait ensuite les mener à Nadjaf, puis à Karbala, où reposaient Ali et Hossein, les plus vénérés des saints chiites.

Et puis, il y eut cette rencontre inopinée avec Hossein Khomeyni, le petit-fils de l'imam Rouhollah Khomeyni, le père de la République islamique… Lui aussi avait fait le déplacement d'Iran pour venir se recueillir sur les lieux saints. Mais une autre raison, plus insolite, avait particulièrement motivé son voyage en Irak : une envie folle et curieuse de goûter au parfum de liberté retrouvée qui flottait sur l'Irak après vingt-quatre ans d'un régime tyrannique. Je fis sa connaissance un peu par hasard, alors que je rendais visite à un jeune clerc chiite irakien, tout juste rentré d'un long exil à Dubaï. La quarantaine, les deux amis partageaient une villa qui surplombait le Tigre. Dans cette spacieuse demeure où résonnait le chant d'un canari, ils passaient leurs soirées à jouer du târ et à recevoir une panoplie hétéroclite d'ex-opposants au régime baasiste, de politiciens, d'intellectuels et de défenseurs des droits de l'homme. L'un comme l'autre avaient la même haine de Saddam, mais également une étonnante admiration pour les GI's. Assis en tailleur sur son canapé, Hossein Khomeyni m'offrit quelques explications entre deux bouffées de cigarette Miami.

– Comme vous le savez, les Iraniens sont friands de liberté. Un rêve impossible tant que religion et politique resteront liées. Alors, s'il n'y a d'autre solution qu'une intervention américaine pour obtenir cette liberté, je pense que mon peuple y sera favorable. Et moi aussi !

Son discours me renvoya aussitôt aux propos du fils Montazéri. Le même franc-parler, la même antipathie envers un régime dont il était l'héritier. Mais le petit-fils de Khomeyni allait encore plus loin : depuis ce même Irak où son grand-père avait théorisé, lors de son exil des années soixante, le fameux *velayat-e faghi*, la « souveraineté du dogme » consacrant la primauté du religieux sur le politique, Hossein Khomeyni en défiait non seulement le principe, mais se disait prêt à accueillir en Iran les chars d'une puissance ennemie pour y mettre fin. En l'écoutant, je tentais d'imaginer la scène : une enfilade de blindés déferlant sur Enqelab, la fameuse avenue de la révolution. Elle était digne d'un *SAS*, et faisait froid dans le dos. Comment réagirait Mahmoud, le bassidji mortifère, à un tel dessein ? Ou encore Niloufar, aussi nationaliste qu'engagée contre le régime des mollahs ? Même les plus dissidents de mes amis iraniens s'étaient toujours montrés réticents à une intervention étrangère dans leur pays. Ils affirmaient que le changement devait venir de l'intérieur, pas de l'extérieur. Mon étonnement n'échappa pas à Hossein Khomeyni.

– Aujourd'hui, poursuivit-il, le totalitarisme ronge l'Iran, comme c'était le cas dans l'Irak de Saddam… Depuis mon arrivée à Bagdad, j'observe des changements positifs : la presse est libre, les gens n'ont plus peur de parler, les Irakiens respirent de nouveau. Leur pays est sur la voie du progrès. Il faut se rendre à l'évidence : tout cela n'aurait pas été possible sans l'intervention américaine.

À ces paroles, je sentis mon estomac se nouer. Une rafale de spasmes, puis une autre me traversèrent de nouveau les intestins. La puissance de feu américaine était-elle vraiment l'unique recours contre un régime qui oppressait sa population ? Pouvait-elle vraiment garantir l'instauration d'un régime démocratique ?

– Beaucoup de pays, y compris la France, se sont opposés à cette guerre. Même l'ONU était contre. Certains se demandent si les troupes américaines ne risquent pas de se transformer en force d'occupation… lui répondis-je.

– Pas d'accord ! riposta-t-il tout de go. Pour moi, ce sont des forces de libération, pas d'occupation !

Je voyais exactement à quoi il faisait référence. Avant lui, les défenseurs de l'invasion américaine n'avaient cessé de chercher à nous vendre cette guerre en la comparant au débarquement américain dans la France occupée par les Allemands pendant la Seconde Guerre mondiale. Mon grand-père maternel, alors captif en terre ennemie, leur devait la vie… Mais, là, les paroles de Hossein Khomeyni ne parvenaient pas à me convaincre. Je comprenais entièrement sa frustration envers un système politique abracadabrant dont son aïeul était l'instigateur et qui étouffait sans merci sa population ; en même temps, je voulais croire, comme Niloufar et tant d'autres, à la possibilité d'un changement de l'intérieur. Était-ce l'influence croissante de mon identité iranienne ? Pour moi, une intervention étrangère revenait à brader l'Iran. Pire : ouvrir la porte du pays aux GI's, c'était ouvrir la porte de l'enfer. Le coût humain d'une opération militaire aurait été colossal. Je me disais que cela radicaliserait le régime et achèverait de détruire le flot battant de la vie qui s'obstinait à résister au pouvoir de Téhéran. Après tant d'années de souffrance, les Iraniens méritaient-ils vraiment ça ? N'y avait-il pas une autre solution pour en finir avec la tyrannie ? Dans ma tête, les questions se bousculaient au même rythme que les crampes. À la fin de l'interview, je vis que je devais faire acte de lucidité : si le miel et le poulet grillé commençaient enfin à apaiser la douleur, j'étais loin d'être guérie de l'iranite. En Irak, je me sentais plus iranienne que certains Iraniens.

Je n'étais pas seule lors de cette traversée de la Mésopotamie. Début février, j'y avais retrouvé mon compagnon, Borzou, un journaliste américain d'origine iranienne. Nous nous étions rencontrés un an plus tôt à Téhéran, au bord du tapis rouge sur lequel Khatami recevait Hamid Karzaï. La première visite en Iran du chef d'État afghan depuis la chute des talibans.

Installé aux États-Unis dès l'âge de 4 ans, Borzou avait renoncé au confort d'un grand magazine américain après avoir assisté en direct à l'attentat contre les tours de New York depuis son quartier de Brooklyn. Alors que les États-Unis s'enfermaient dans une paranoïa poussée à l'extrême, il avait mis le cap sur le Moyen-Orient pour sonder l'envers du décor. Sa nouvelle vie de reporter indépendant tenait dans une valise : un téléphone satellite, une lampe de poche et quelques liasses de dollars. Un sens du minimalisme qui m'avait immédiatement séduite. Comme lui, j'avais voyagé léger lors de ma première venue en Iran. Les bagages : des fardeaux inutiles.

Ensemble, nous partagions la même attirance névrosée pour cette région du monde, une prédilection pour les situations compliquées et une bonne dose d'entêtement. Après Téhéran, Kaboul et maintenant Bagdad, nous étions vite devenus inséparables. C'était d'ailleurs grâce à lui que j'avais fini par m'extraire de mon lit téhéranais pour traîner mon corps squelettique jusqu'en Irak, dans l'espoir de vaincre l'iranite.

Je l'avais traité de tous les noms, convaincue d'être enchaînée à jamais à ce pays qui me rongeait l'estomac. Mais lui seul était parvenu à me sortir du gouffre.

Comme moi, Borzou entretenait une curiosité singulière à l'égard des mollahs chiites. Dans sa valise miniature, il avait rapporté un ouvrage de référence, *Les Chiites d'Irak*, qui deviendrait rapidement notre guide dans les méandres de Bagdad. Son auteur, Yitzhak Nakash, y évoquait cette fameuse frontière irano-irakienne, passage incontournable sur la route des pèlerins chiites qui, de Téhéran à Bagdad, unissait spirituellement et géographiquement les deux pays depuis des siècles. Fermée sous Saddam, elle venait de rouvrir et allait devenir notre voie de prédilection lors de nos nombreux allers et retours en Irak. À l'instar de nombreux religieux chiites.

Depuis la chute de Bagdad, clercs et théologiens irakiens exilés chez le voisin iranien rentraient par centaines au pays. En Iran, le réveil chiite de Nadjaf, l'arabe, intriguait autant qu'il inquiétait Qom, la persane. Contrairement au petit-fils Khomeyni, épris d'américanisme, les mollahs conservateurs, soucieux de préserver la suprématie de Qom sur la communauté chiite de la région, voyaient dans ce nouveau chapitre de l'Histoire irakienne une occasion rêvée de reprendre leurs marques en pays voisin. À tel point que, des années plus tard, les États-Unis feraient l'amer constat qu'ils avaient donné l'Irak aux Iraniens.

De retour à Téhéran, quelques semaines après la chute du raïs irakien, nous avons mis le cap sur Qom, la ville-tchador, pour sonder l'ayatollah Haeri. On disait de cet ultraconservateur qu'il était le mentor de Moqtada al-Sadr, un jeune clerc irakien anti-américain qui officiait à Koufa, près de Nadjaf. L'envie nous animait de mieux comprendre ce qui se tramait entre les deux villes saintes. Comme moi, Borzou était privé d'accréditation iranienne, mais nous pensions le risque mesuré, n'ayant pas couvert l'actualité iranienne depuis longtemps.

Nous venions de terminer notre interview avec l'ayatollah Haeri quand le portable a sonné. Par souci d'économie, Borzou et moi partagions le même téléphone.

– Allô, ai-je répondu.

– Passez-moi Borzou, a dit l'homme au bout du fil.

– C'est de la part de qui ? ai-je répliqué.

Je connaissais cette voix. Je n'avais jamais pu l'effacer de ma mémoire.

– Allons bon, *Khanoum* Minoui, ne faites pas l'idiote, vous savez parfaitement qui s'adresse à vous.

Monsieur Finger ! Mon échappée irakienne n'avait pas suffi à me faire oublier de lui. Sauf que, cette fois-ci, je n'étais pas l'objet de son appel. C'est Borzou qui l'intéressait. D'une main hésitante, je lui ai passé l'appareil. J'aurais voulu l'épargner des griffes du cerbère, lui éviter les mêmes tracas que moi. Borzou a saisi le combiné, je l'ai vu faire un geste de la tête, enchaîner quelques « oui », puis raccrocher, en me faisant signe qu'il fallait rentrer à Téhéran au plus vite. L'homme mutilé était pressé de le voir. Une visite de routine, avait-il dit. Des mots qui résonnaient dans ma tête avec un écho familier.

En rentrant du rendez-vous, Borzou s'écroula sur une chaise de mon salon, lui qui habituellement avait de l'énergie pour deux. L'homme l'avait reçu en personne, sauf qu'il s'était présenté sous un autre nom que celui que je lui connaissais. D'un ton glacial, il l'avait accusé d'être allé à Qom sans carte de presse, lui avait reproché d'entraver les règles du pays, puis lui avait formellement interdit d'écrire. « C'est bien compris, interdit ! » avait-il martelé, menaçant. Avant de clore son sermon, il lui avait demandé de tenir une promesse : celle de ne révéler à personne le contenu de cette conversation. Bien entendu, Borzou fit tout le contraire. Savoir que nous partagions la même galère nous donnait la force de résister. À deux, les spasmes de l'iranite semblaient plus faciles à défier. D'un commun accord, nous décidâmes de publier notre interview avec l'ayatollah Haeri, lui en anglais, moi en français. Quelques jours plus tard, le téléphone a de nouveau sonné. Au numéro masqué sur l'écran du portable, j'ai tout de suite su de qui il s'agissait. Monsieur Finger était furieux. Il voulait me voir à mon tour. Et dans un nouvel endroit, « l'immeuble en pierre », au nord de Téhéran.

L'édifice, protégé par une muraille de pierres blanches et grises, avait des airs de prison. Il me fallut y accéder par une épaisse grille en ferraille, qui se referma aussitôt derrière moi. Plus tard, j'apprendrai que la sinistre bâtisse, saisie à la révolution à un homme d'affaires bahaï qui possédait l'ex-usine Coca-Cola, était une des nombreuses succursales des services de renseignements. Dans le sas d'accueil, un commis se tenait derrière une vitre. Il me fit signe de lui glisser par la fente mon passeport et mon portable, qu'il enferma aussitôt à double tour dans un petit coffre-fort. Je fis mine de trouver ça normal. Mon cœur battait la chamade.

On me fit asseoir dans une salle d'attente, avec pour seule compagnie les portraits de Khomeyni et Khamenei qui ne me quittaient pas des yeux. Accrochés en plein milieu du mur principal, ils avaient ce quelque chose d'orwellien qui faisait froid dans le dos. Une heure s'est écoulée. Deux heures… Je commençais à me demander si je finirais par sortir de ce trou quand une porte grinça.

– Eh bien, vous voilà !

Monsieur Finger se tenait là, dans l'entrebâillement de la porte. Le regard glaçant, la bouche pincée, pareil à lui-même. Il me fit signe de le suivre dans une petite pièce aux rideaux jaunis par le temps. Sur son pupitre en bois, je reconnus mon dossier. Il avait bien épaissi depuis ma première convocation. L'interrogateur ne se perdit pas dans des formules de politesse inutiles. Il alla droit au but.

– Comment osez-vous écrire que Moqtada al-Sadr est iranien ?

De sa main valide, il brandissait un feuillet A4 qu'il venait d'extraire du dossier. Je reconnus mon dernier article, annoté de caractères persans.

– Je n'ai jamais écrit qu'il était iranien, simplement qu'il avait un mentor iranien.

– Ce n'est pas ce que dit la traduction…

– Je l'ai rencontré à Koufa. Il ne parlait pas un mot de persan. Je peux vous confirmer qu'il est irakien.

– Alors pourquoi avoir écrit le contraire ?

– Je vous le promets, ce n'est pas ce que j'ai écrit.

– C'est pourtant ce que je lis, ici même, dans la marge.

– Il doit y avoir une erreur de traduction…

– Je vous trouve bien insolente depuis que vous fréquentez M. Borzou !

En quoi ma vie privée était-elle associée à une « interprétation » erronée de mon article ? Qu'insinuait-il par cette remarque déplacée ? Qu'il savait tout de nos fréquentations, inévitablement illicites à ses yeux puisque nous n'étions pas mariés ?

– Vos accusations sont injustes ! lançai-je.

Il frappa du poing sur la table.

– Alors comme ça, vous écrivez des mensonges, et en plus sans carte de presse !

Il se lança ensuite dans un monologue d'accusations. Il parlait à toute allure. Dans le flot de ses paroles, je reconnus les mots « traître », « menteuse », « hors-la-loi », pas grand-chose de plus. En fait, je ne comprenais qu'un mot sur deux – ou trois. Je voulais éviter de flancher, je m'accrochais à ma conscience de journaliste. J'ai sorti mon carnet de notes, le seul bouclier qui me restait. Je voulais noter ses phrases, les faire traduire ultérieurement pour comprendre exactement de quoi il m'accusait. Plus il parlait, plus j'écrivais.

– Ici, ce n'est pas la France ! a-t-il aboyé.

Tel un automate, je poursuivais ma prise de notes.

– Vous avez vraiment la manie de tout écrire ! Votre ami

Borzou ne vous a-t-il pas informée de ma consigne : il est interdit d'écrire ?

Il venait de prononcer le prénom de Borzou sur un ton particulièrement dédaigneux. J'étais hors de moi.

– Il m'a juste dit qu'il s'était engagé à ne révéler aucun détails de votre conversation, répondis-je sur un ton excédé qui frôlait un peu trop l'ironie.

Monsieur Finger n'apprécia pas. Il hurla :

– Savez-vous que je peux vous faire poursuivre en justice pour mensonge et infraction à la loi ?

J'avalai ma salive. Me ressaisissant, je répétai avec insistance que je n'avais jamais écrit que Moqtada était iranien. Je refusais de flancher. Je lui en voulais de s'acharner sur moi, lui qui m'avait déjà ravagé l'estomac. Stylo en main, je continuais à remplir les pages de mon carnet.

Il frappa de nouveau sur la table :

– Ça suffit !

Je relevai la tête. Son visage était écarlate. Je ne dis rien. J'étais sidérée. Sa voix rebondissait de mur en mur. J'ignorais ce qui m'avait pris de l'avoir ainsi provoqué.

– La prochaine fois, c'est au tribunal qu'on aura rendez-vous ! a-t-il hurlé.

Et, de sa main mutilée, il m'indiqua la porte.

J'ai aussitôt retrouvé Borzou dans un café. Il m'attendait, inquiet.

– Et maintenant, qu'est-ce qu'on fait ? lui ai-je demandé après lui avoir tout raconté.

Ni l'un ni l'autre n'avions de réponse. D'ailleurs, y en avait-il une dans ce pays aux lignes rouges sans cesse redessinées ? Nous sommes allés frapper à la porte de Mohammad Seifzadeh, un des rares avocats en liberté. En Iran, même les avocats finissaient en prison. Autour d'un thé agrémenté de nougat d'Ispahan, sa ville d'origine, Seifzadeh nous répéta un paradoxe que nous connaissions déjà : il n'existe, en dépit des restrictions imposées, aucune loi interdisant d'écrire sans carte de presse.

– Écrivez ! Écrivez ! insista-t-il. C'est le seul moyen de sauver le peu qui reste de la liberté d'expression bafouée.

Son audace nous épatait. Lui qui avait défendu Shirin Ebadi, la Prix Nobel de la paix, lors de son arrestation, il avait connu bien pire cas que le nôtre. De toute évidence, il cherchait à nous rassurer. Il disait que nous n'avions pas de raison de nous affoler. Qu'après tout, nous disposions d'un second passeport, une « porte de sortie », comme il disait. Qu'il nous protègerait en cas d'urgence. Mais nous nous sentions vulnérables. Le lendemain, nous sommes allés sonder Machallah Chamsolvaezin, un pilier de la presse réformiste qui dirigeait le syndicat des journalistes iraniens. Pipe à la bouche, il nous a reçus les bras ouverts en riant de nos craintes.

– De quoi avez-vous peur ? Vous me faites sourire. Si vous arrêtez d'écrire, qui le fera à votre place ? Qui racontera l'Iran de l'intérieur ?

Il parlait en connaissance de cause. Depuis le printemps de Téhéran, il ne comptait plus le nombre de journaux fermés, d'amis de plume embastillés, de confrères exilés. Lui aussi avait connu la froideur des geôles iraniennes sans jamais renoncer à son combat. Il y avait pourtant enduré les pires humiliations. Il nous raconta que, lors de sa dernière incarcération, la justice avait même monté de toutes pièces une accusation de liaison illicite avec sa secrétaire.

– Quand ils ne parviennent pas à vous briser professionnellement, ils vous brisent personnellement.

Borzou et moi nous sommes regardés. Il n'avait pas besoin d'en dire plus. Au pays de l'amour interdit, il fallait sinon arrêter d'écrire, du moins protéger notre vie privée.

– La liberté à un prix. À chacun sa façon de la négocier

au moindre coût, murmura-t-il, en guise de conseil, et sous forme d'au revoir.

En rentrant chez moi, nous nous sommes enfoncés dans le canapé, blottis l'un contre l'autre. Rien qu'à passer une nuit sous le même toit, nous commettions un « crime » que Monsieur Finger pouvait utiliser à sa guise contre nous. Et toi, grand-père absent, qu'aurais-tu fait à notre place ? Parmi les cassettes poussiéreuses récupérées dans un de tes vieux cartons que Mamani avait gardés, j'ai pioché un album de Shahyar Ghanbari, une de ces nombreuses pop stars exilées à Los Angeles depuis la révolution. Il chantait : « Le bleu de la mer, interdit ! Le désir de voir, interdit ! L'amour entre deux poissons, interdit ! »

Bercés par la mélodie, nous nous étions assoupis quand le téléphone a sonné. Au bout du fil, c'était la maman de Borzou. Chez elle, à Chicago, le soleil se réveillait à peine. Avec le décalage horaire, elle nous appelait toujours à l'heure du dîner. Quand elle s'est enquise de nos nouvelles, nous avons d'abord hésité à lui confier nos soucis. Et puisque les murs ont des oreilles, on a fini par tout lui raconter. Attentive, elle s'est exclamée sans hésiter : « Faites un *sighé* ! » Un *sighé* ? J'ai haussé les épaules. Elle avait pourtant raison. Pour se protéger des foudres du régime, mieux valait cesser de jouer avec les interdits. Après l'avoir tant dénigré, j'allais faire de ce « pacte secret » la clef de ma survie.

Le lendemain, je n'ai porté ni couronne de fleurs ni foulard blanc. À la hâte, j'ai appelé Laya, une amie iranienne. Elle est arrivée au pas de course pendant que Borzou filait chez le pâtissier. Elle nous servirait de témoin, et les sucreries, d'agrément festif. Le mollah marieur discrètement recommandé par une consœur iranienne officiait près de la place Tohid, non loin du centre-ville. « Ne t'inquiète pas, il connaît son métier par cœur », m'avait-elle assuré. Quelques jours plus tôt, il avait uni pour deux semaines une de ses connaissances musulmanes à un zoroastrien de Californie. Le *sighé*, un mariage à la carte.

– Que puis-je faire pour vous ? a-t-il marmonné en nous voyant arriver.

Nous n'avions pas eu de peine à trouver son adresse. « Mariages/Divorces », annonçait en lettres persanes l'enseigne de son cabinet qui avait pignon sur rue. Depuis peu, une épidémie de divorces contaminait Téhéran. Pour beaucoup d'Iraniennes insoumises, qui passaient directement du foyer familial au foyer conjugal, c'était devenu l'ultime étape pour atteindre la liberté tant rêvée. D'ailleurs, le clerc s'imaginait que c'était ce qui nous amenait chez lui.

– C'est pour un mariage temporaire, a chuchoté Borzou, en évitant de prononcer le mot tabou.

Le mollah s'est redressé dans son fauteuil, intrigué par notre requête.

– Pour combien de temps ? a-t-il demandé.

Nous sommes restés cois. Nous avions pensé à tout sauf à la durée.

– Une semaine ? Trois mois ? Un an ? Quatre ans ? a-t-il poursuivi.

– Euh, disons deux ans, a enchaîné Borzou.

Son persan, qu'il avait toujours parlé à la maison, et même aux États-Unis, était bien meilleur que le mien. Mais un fort accent américain le trahissait.

Le clerc s'est retourné vers Laya :

– Ils sont d'où ? a-t-il demandé.

– Un peu d'ici, un peu d'ailleurs, a-t-elle répondu.

– Allons bon, asseyez-vous !

Notre cas semblait l'amuser autant que l'intriguer.

D'un air solennel, il a chaussé ses lunettes puis s'est tourné vers moi.

– Que Dieu vous préserve, êtes-vous veuve ? m'a-t-il demandé.

À mes côtés, Laya me traduisait en direct ses questions.

– Non, ai-je répondu.

– Divorcée ? a-t-il enchaîné.

– Non plus !

Devant mon air ébahi par ses questions, il a ajouté :

– Vous voulez dire que vous n'avez jamais été mariée ?

– Non, ai-je rétorqué.

– Jamais ?

– Non.

Il s'est penché vers Laya, a marmonné quelques mots incompréhensibles, s'est mis à feuilleter les pages d'un ouvrage comme à l'affût d'une solution miracle, puis a croisé les bras, pensif. Embarrassée, Laya m'a glissé à l'oreille :

– Je crois qu'il y a un problème.

– Lequel ?

– Une femme ne peut faire un *sighé* que si elle est veuve ou divorcée. Enfin, la condition, c'est qu'elle ait déjà consommé son mariage, si tu vois où il veut en venir…

Je voyais parfaitement ce qu'il voulait dire. Depuis ma discussion avec Mehdi, le mollah en blouson de cuir, le mariage temporaire n'avait plus aucun secret pour moi. Je savais aussi, grâce à la réapparition de Marie, ton « épouse cachée », qu'il existait mille et un arrangements possibles pour sceller ce pacte pseudo-religieux.

– Alors dis-lui que j'ai déjà été mariée, si ça peut le rassurer.

Mais il en fallait plus pour convaincre le mollah marieur : une preuve écrite de mon « divorce », la présence de mon père, ou du moins son autorisation sur papier.

– Pas de papier, pas de *sighé*, a repris le mollah.

Je me suis tournée vers Borzou. Dans ce labyrinthe de contraintes, j'avais l'impression d'avoir épuisé toutes les ressources.

– Il y a certainement une solution, a dit Borzou.

Le mollah était imperturbable. Il mordillait la monture de ses lunettes en nous observant du coin de l'œil. Après un temps de pause, il a rechaussé ses lunettes. Et il a dit, un sourcil relevé :

– Quel don seriez-vous prêts à faire en échange d'un *sighé* ?

Avec Borzou, nous nous sommes de nouveau regardés. Je l'ai laissé répondre.

– Cinquante dollars, a-t-il dit.

Cinquante dollars, c'était le cinquième du salaire moyen.

Le visage du mollah s'est soudainement détendu.

– Bon, on va se débrouiller pour marier vos amis, a-t-il enchaîné à l'intention de Laya.

Nous avons poussé un long soupir. C'était donc une simple affaire d'argent !

De son air le plus sérieux, il a alors sorti un feuillet A4 du fond de son tiroir. Il y a agrafé nos deux photos d'identité, y a minutieusement recopié nos noms et prénoms. Puis il s'est appliqué à reproduire quelques formules du Coran, en nous les faisant répéter après lui. Ensuite, il a sorti du ruban adhésif. Après en avoir recouvert les versets coraniques, il s'est tourné vers moi :

– C'est pour ne pas entacher les paroles de Dieu… pendant vos périodes d'impureté.

Je l'ai regardé apposer son cachet final en dessous de nos signatures. Je n'y ai pas reconnu son nom. Décidément, l'homme était un singulier spécimen. Mon étonnement ne lui a pas échappé :

– Le vrai mollah, ce n'est pas moi. Moi, je ne suis qu'un médiateur de l'ombre !

Nous avons quand même ouvert la boîte de friandises. Mollah ou pas, il fallait bien célébrer notre visa pour l'amour avant sa date d'expiration. Les yeux pétillants de gourmandise, le charlatan coranique a pris un chou à la crème. Puis il a relevé la tête en direction de Laya. Cette fois-ci, c'est elle qu'il dévorait du regard. Quand nous nous sommes levés pour partir, il lui a fait signe de rester. Il disait qu'il avait une confidence à lui faire. En tête à tête. Nous l'avons attendue à l'entrée. Quelques minutes plus tard, Laya nous a rejoints, blême.

– Ça va ? lui ai-je demandé.

– Il m'a proposé… un *sighé* !

Le jour de notre « vrai mariage », le 31 juillet 2004, il ne manquait que toi parmi les convives. Fidèles à nos convictions, Borzou et moi avions opté pour un mariage civil, en pleine Normandie. Au dîner, les tables des invités portaient les noms des villes que nous avions parcourues à deux : Téhéran, Qom, Kaboul, Hérat, Bagdad, Falloujah, Kirkouk, Nadjaf, Samarra. La lune était notre hôte, pleine et lumineuse. Et l'Iran, notre invitée d'honneur. Avant le repas, nous nous sommes embrassés sous deux bâtons de sucre, pour que la douceur guide notre chemin, selon la coutume persane. Laya nous avait fait la surprise de venir. Dans sa robe en velours rouge, elle a enchanté l'apéritif d'une danse soufie. Au dîner, il y avait des mets d'Orient et d'Occident, du champagne et des fous rires. Et ces mélodies de pêcheurs du golfe Persique fredonnées par un ami musicien de Bandar Abbas. Même Mamani avait fait tomber son masque de Médée. En plein repas, elle s'est soudainement levée. Elle a mis un pied devant l'autre, a claqué des doigts avec entrain. Puis, de tout son corps flétri par le poids des années, elle s'est mise à danser. Son visage, d'habitude si sombre, rayonnait sous l'effet d'un demi-verre de vin rouge. Elle riait en illuminant la piste de danse. Mes amis français n'en revenaient pas, eux que j'avais tant empoisonnés avec mes Histoires de grand-mère rabat-joie. Et toi, quelque part tout là-haut, ou bien derrière les vagues, je t'imaginais en train de sourire de tout cela.

Mais le mariage civil ne valait rien aux yeux des Iraniens. Avant de reprendre l'avion pour Téhéran, il nous restait à franchir une ultime étape, celle de l'ambassade d'Iran. Nous avons pris rendez-vous avec Hassan Ferechtian, un docteur en théologie accrédité par le régime. Il nous a donné rendez-vous au premier étage de l'Institut culturel iranien, derrière le jardin du Luxembourg. Je portais un foulard blanc. Borzou un costume crème. En vertu des codes en vigueur, Hassan Ferechtian a prononcé quelques versets du Coran et nous a remis un livret de mariage dans un écrin bordeaux. Une fois les formalités remplies, il nous a tendu un cadeau : *400 Questions-Réponses pour mieux connaître l'islam*, un ouvrage qu'il avait fait éditer en France. Il tenait néanmoins à boucler notre union sur une note plus romantique. Il s'est tourné vers Borzou, et il lui a demandé :

– Vous connaissez Florent Pagny ?

– *Floran what ?* a répondu Borzou en m'interrogeant du regard.

– Florent Pagny, le chanteur français ? ai-je répété.

Je n'étais pas sûre d'avoir bien entendu.

– Oui, Florent Pagny, a insisté Ferechtian.

Les mains posées sur la table, il nous a souri :

– Le contrat de mariage, c'est une formalité. De la paperasse administrative. L'important, c'est d'aimer. Aimer, c'est prendre et donner. Entretenir la flamme… Dans une de ses mélodies, le chanteur français Florent Pagny le dit bien mieux que moi. Alors, un conseil : foncez acheter son CD.

Encore un paradoxe à l'iranienne ! Entre lui et le mollah charlatan, deux mondes s'entrechoquaient. Touchés par son ode à l'amour, nous avons suivi son conseil. Avec la bénédiction d'Allah et le disque de Florent Pagny dans nos valises, nous étions vaccinés pour appréhender de nouveau l'Iran.

À Téhéran, notre lune de miel iranienne fut abruptement écourtée. Au ministère de la Guidance, nos demandes d'accréditation butèrent à nouveau sur le même refus. J'enrageais de faire l'objet d'un tel dénigrement. Je sentais l'iranite me creuser de nouveau l'estomac. À force d'insister, je finis par décrocher un rendez-vous au bureau de la presse étrangère. « Avant vous, d'autres journalistes ont accepté de rendre quelques services. C'est à prendre ou à laisser », a murmuré le fonctionnaire en chef. En ajoutant : « Désolé, je ne peux rien faire pour vous. » Sa réponse eut le mérite d'être claire. La nôtre aussi. Pour échapper aux diktats de l'Iran, il ne nous restait plus qu'à repartir de l'autre côté de la frontière, à nous installer pour de bon en Irak. Le moment n'était pas le plus propice. Deux semaines après nos noces normandes, nos confrères français, Christian Chesnot et Georges Malbrunot, avaient été enlevés au cœur du « triangle sunnite », sur la route de Nadjaf. Les enlèvements contre rançon devenaient légion, et les voitures piégées explosaient sans préavis. Pendant ce temps, chiites et sunnites se disputaient le pouvoir sur fond d'escadrons de la mort et d'assassinats ciblés. Un conflit post-Saddam d'une violence inouïe. En Irak, vous n'aviez pas besoin de réveille-matin. La première bombe du jour explosait toujours aux environs de 7 heures. En Irak, vous pouviez mourir à chaque coin de rue, à chaque instant, c'était la roulette russe. Mais cette guerre n'était pas la mienne. Je la vivais avec un détachement particulier. La peur qui m'y rongeait n'avait pas la même texture que mes angoisses iraniennes. Le soir, je trouvais presque un certain réconfort à me laisser bercer par le ronron du générateur qui palliait le manque d'électricité. Ça changeait du *staccato* des pierres qui rebondissaient par ricochet sur mes volets, quand des inconnus de passage cherchaient à m'intimider en perturbant mes nuits téhéranaises.

À l'hiver 2004, je m'entêtai à repartir pour quelques semaines à Téhéran. Une visite privée, l'envie d'embrasser Mamani et de revoir les amis. L'amour d'un pays ne se contrôle pas. Les renseignements iraniens, quant à eux, me confirmèrent qu'ils excellaient dans le contrôle. À la perfection. J'attendais mon bagage devant le tapis roulant du grand hall d'arrivée quand les haut-parleurs ont craché mon nom. Une voix métallique, qui m'ordonnait de me présenter dans un sas. Derrière un pupitre, un homme en costume noir était là, à m'attendre. Nom ? Prénom ? Âge ? Adresse ? Encore les mêmes questions. À la façon d'un automate, je répondis à l'interrogatoire sans broncher. Avec le temps, j'avais gagné en assurance. Mon interlocuteur me remit alors une « invitation ». Sur le papier blanc assorti d'un numéro de téléphone, il m'était demandé de contacter le « bureau de la présidence » pour caler un rendez-vous. J'en déduisis que c'était le nouvel alibi des renseignements. Une fois à la maison, j'appelai mon rédacteur en chef. Je voulais que les services secrets entendent que je prévenais sciemment Paris. Que je n'étais plus aussi vulnérable qu'avant. Mon sang-froid les prit de court. En contactant le numéro indiqué, je m'entendis dire que l'entretien était annulé.

Mais les services n'avaient pas apprécié mon petit jeu. Le jour de mon départ, trois semaines plus tard, ils se sont « vengés ». Au contrôle des passeports, un gros barbu s'est approché de moi. L'oreille collée à son talkie-walkie, il a aussitôt réclamé mes papiers. Je les lui ai tendus. Après s'en être emparé, il les a feuilletés à la va-vite, et il est reparti avec en slalomant à travers la foule des passagers. Au bout d'une demi-heure, j'ai reconnu mon nom dans le haut-parleur. Cette fois-ci, c'était la compagnie aérienne qui m'appelait. Le dernier appel avant la fermeture des portes. Et là, j'ai tremblé. J'ai tremblé d'avoir joué aux effrontées. J'ai tremblé de ce moment sans papiers où je ne contrôlais plus rien. Je savais qu'à cet instant même, le pire pouvait arriver. Le pire, c'était de disparaître à l'aéroport pour réapparaître, quelques jours plus tard, au fond d'un cachot. La technique était classique. Avant moi, d'autres voyageurs l'avaient expérimentée. Dans les haut-parleurs, mon nom a de nouveau crépité. J'ai regardé ma montre. Il ne restait que quinze minutes avant le décollage. À vive allure, les minutes fondaient. Dix minutes. Cinq minutes… « Voilà ! » J'ai sursauté à la voix du gros barbu. Il était réapparu, mon passeport dans une main, et une photocopie de toutes ses pages dans l'autre. « Voilà ! a-t-il répété en me tendant mes papiers d'identité. Cette fois-ci, on vous laisse prendre votre avion. » J'ai attrapé mon passeport comme une voleuse. Je n'ai rien dit, ni « merci » ni « au revoir ». J'ai couru de toutes mes jambes en direction de l'appareil. J'ai longé le long couloir, emprunté l'escalator à vive allure, sauté sur la passerelle puis me suis engouffrée dans l'avion. J'étais la dernière passagère. Mon cœur battait la chamade. Je maudissais le barbu. Je les maudissais tous. Ces gens-là avaient le don de jouer avec vos nerfs, conscients du malaise qu'ils semaient derrière eux.

Mes mésaventures iraniennes n'avaient rien de singulier. Elles se fondaient dans le blanc de cet hiver 2004, un des plus rigoureux qu'ait connus l'Iran. Cet hiver-là, la neige avait enveloppé Téhéran dans un épais voile cotonneux. Sur l'avenue Vali Asr, le vent avait arraché les dernières feuilles des platanes. Durant mon séjour de trois semaines, j'avais constaté que les promesses de réformes, aussi, s'étaient envolées pour de bon. Après les municipales de 2003, les conservateurs avaient remporté les législatives de 2004. C'était à se demander lequel du froid ou de la sinistrose politique avait déteint sur l'autre. Je me souviens avoir frissonné en voyant qu'en pharmacie les antidépresseurs se vendaient à la chaîne. Les Iraniens les consommaient sans modération, comme autant d'antidotes à la douleur saisonnière. Même Sepideh, ma jeune amie espiègle, avait cédé à la sinistrose. Elle avait pourtant réalisé avec brio son rêve de devenir reporter. Ses précieuses enquêtes sur les enfants des rues ou encore sur le suicide des femmes par l'ingurgitation de ciment dans la province d'Ilam faisaient rougir de jalousie les meilleurs des journalistes iraniens. Mais, sous l'effet d'une censure renforcée, les quotidiens fermaient les uns après les autres. Et Sepideh n'en pouvait plus de changer de rédaction comme on change de chemise. Son avenir avait un horizon brouillé. Violent, imprévisible et dangereux. Comme ses confrères, elle ne sortait jamais de chez elle sans avoir glissé une brosse à dents au fond de son sac. « En cas d'arrestation », m'avait-elle dit, un jour que nous nous étions donné rendez-vous dans notre café préféré de Téhéran, avant que je ne reparte pour l'Irak.

Lors de mes soirées bagdadiennes, une fois mes reportages du jour envoyés, je pensais souvent à elle, le regard fixé au plafond. J'avais beau me passionner pour l'actualité irakienne, être aux côtés de l'homme que j'aimais, vivre enfin de mon métier en démultipliant les piges, l'Iran occupait constamment mes pensées. Parfois, des heures entières, je me torturais l'esprit à l'idée de ne plus pouvoir y travailler. Je pensais aux étudiants indociles. Je rêvais de Qom, de Bandar Abbas, de Shahr-e Rey. Je revoyais le petit mendiant de Téhéran, un canari sur l'épaule, et ses vers de Hafez dans le creux de la main. Je songeais aussi à toi, mon grand-père invisible. Tu aurais été d'un précieux réconfort en ces moments d'incertitude.

Et puis un matin du printemps 2005, presque à la même heure que la première bombe de la journée, la nouvelle à laquelle je ne m'attendais plus est tombée par courriel. « Votre accréditation vient d'être renouvelée. Passez la prendre quand vous voulez. » Le message était signé du ministère de la Guidance. Sans motif, ni marchandage à la clef. Des dizaines de fois, je l'ai relu en pensant à une imposture. C'était bien vrai : on m'invitait à revenir en Iran pour couvrir le scrutin présidentiel à venir. Quelques jours plus tard, Borzou recevait aussi une bonne nouvelle : le *Los Angeles Times* lui proposait d'être son correspondant permanent à Bagdad. L'offre était séduisante, difficile à refuser. Que faire ? Rester en Irak ? Rentrer en Iran ? Le cœur serré, nous avons coupé la poire en deux : à lui, Bagdad ; à moi, Téhéran. Et à nous, les vacances en Jordanie, entre deux reportages.

C'est lui qui, le premier, m'a remarquée. Il passait à moto, juste au bout de ma rue. Une Honda, celle que tous les miliciens bassidjis chevauchent lorsqu'ils sillonnent la ville du nord au sud. Mahmoud, le martyrophile, n'avait pas changé, avec son collier de barbe, son pantalon sombre et sa chemise en nylon.

– *Che khabar ?* Quelles nouvelles ? a-t-il lancé, en me donnant cette inconfortable impression qu'il guettait peut-être mon retour.

Nous étions en mai 2005. Il y avait dans ces retrouvailles quelque chose de presque improbable. Depuis notre dîner à Darakeh, peu avant mon iranite, on ne s'était pas revus. Téhéran est un vaste labyrinthe. On y est facilement incognito, perdu dans la foule des douze millions de badauds anonymes. Notre rencontre, le fruit d'un simple hasard ?

– Nous avons déménagé… Nous habitons maintenant le même quartier que le vôtre. À bientôt, inchallah ! s'est-il empressé de lancer, comme s'il avait lu dans mes pensées.

Et il a disparu dans les embouteillages.

Le lendemain, il me téléphona poliment pour m'inviter à prendre le thé. J'acceptai, curieuse de cette coïncidence. Effectivement, nous étions voisins. Leur nouvel appartement se trouvait à quelques encablures du mien, derrière l'avenue Pasdaran. En arrivant, j'ai aussitôt remarqué que deux gros canapés remplaçaient les coussins traditionnels. Il y avait même une table en bois dans la salle à manger. La décoration avait gagné en modernité. Elle était plus colorée. Rien à voir avec l'ambiance austère de l'ancien logis. Dans la chambre à coucher, qu'on apercevait du couloir, les faïences des deux leaders suprêmes avaient disparu du mur. Mon étonnement n'a pas échappé à Mahmoud.

– C'est la touche « Fatemeh », a-t-il dit, d'une moue semblant signifier que ces nouveaux aménagements n'étaient pas de son goût.

– Ça vous plaît ? a enchaîné une voix féminine.

Je me suis retournée. La tête emmitouflée dans une serviette, Fatemeh sortait à peine de la salle de bains, semant sur son passage une douce odeur de musc. D'un geste désinvolte, elle jeta la serviette sur le canapé, révélant une nouvelle coupe de cheveux, plus courts, et balayés de mèches colorées. Moulée dans un T-shirt noir, sa silhouette s'était affinée. Quelques kilos en moins qui lui allaient à ravir.

– Quelle… Quelle transformation ! ai-je répondu, hésitant à la complimenter sur tous ces changements qui la rendaient plus sympathique à mes yeux.

Mahmoud s'était tu. Son silence trahissait une forme d'embarras. C'est comme si l'émancipation de son épouse nuisait à l'image qu'il voulait projeter de son couple.

– Dieu soit loué, elle porte toujours le tchador noir quand elle sort dans la rue, enchaîna-t-il pour sauver les apparences.

Puis il s'empressa de changer de sujet :

– Alors, quelles nouvelles de votre côté ?

Je ne savais trop quoi répondre. J'étais encore à me demander pourquoi il m'avait invitée, ce qu'il attendait vraiment de moi. C'est dans ces moments-là que la paranoïa revenait au galop. Je décidai de garder en sourdine mes Histoires de carte de presse.

– Eh bien, moi aussi, je me suis mariée ! leur annonçai-je, pour faire diversion.

– Avec un Français ? m'interrogea Fatemeh, pleine d'enthousiasme.

– Non, un Iranien.

– *Mobarak !* Félicitations ! enchaîna Mahmoud, d'un regard approbateur.

Lui, le nationaliste, le martyr vivant, le défenseur acharné d'une patrie adulée à l'extrême, avait retrouvé le sourire, probablement flatté dans son for intérieur de voir que l'Iran avait déteint sur le cœur d'une Occidentale. Quand je lui appris que Borzou était posté à Bagdad, une nouvelle étincelle illumina son regard.

– Ah, l'Irak, dit-il d'un ton rêveur.

L'Irak, ce pays qu'il avait été trop jeune pour combattre, continuait à le hanter. Il me confia que depuis l'intervention américaine, il ne ratait aucune miette des événements. Comme beaucoup d'Iraniens, il avait accueilli avec soulagement la chute de Saddam, l'ennemi de toujours. Mais la présence prolongée des États-Unis en terre voisine le tracassait. Pour lui, elle cachait un plan manichéen d'occupation de la région dans son intégralité. Convaincu que l'Iran était la prochaine cible de cette « croisade occidentale », il se disait prêt à saisir les armes en cas de besoin. Cette guerre serait enfin sa guerre, celle de sa génération, la guerre qu'il attendait depuis si longtemps. D'ailleurs, il me fit la confidence que les bassidjis avaient repris leurs entraînements militaires, moins fréquents ces dernières années. Dans la grande banlieue de Téhéran, on maniait de nouveau la kalachnikov et on se rodait à la guerre asymétrique. Il trouvait ça indispensable pour se préparer au pire.

– Et vous ? me demanda-t-il. Vous qui avez séjourné en Irak, que pensez-vous de tout ça ? De quelles armes disposent les GI's ? Leur puissance de feu est-elle aussi invincible qu'on le dit ? Au fait, auriez-vous la générosité de partager certaines photos prises sur place ?

Ses questions me renvoyèrent aussitôt à Monsieur Finger.

Fallait-il y voir une chasse à l'information militaire, propre aux services de renseignements ? Ou bien les interrogations légitimes d'un demi-chahid obsédé par tout ce qui touche au combat ?

Sa curiosité me mettait mal à l'aise. Il fallait que je trouve un autre sujet de conversation. Le scrutin présidentiel à venir, par exemple. Khatami arrivait à la fin de son second mandat. Les noms des candidats à sa succession commençaient à circuler : Mostafa Moïn, l'ex-ministre de l'Éducation, démissionnaire après la répression des manifestations de 1999, Ali Akbar Hachemi Rafsandjani, le conservateur pragmatique, Mohammad Bagher Ghalibaf, un ancien Gardien de la révolution tenté par la politique, Ali Larijani, l'ex-directeur de la télévision d'État...

– Et vous, lui demandai-je, pour qui songez-vous à voter ?

– Mahmoud Ahmadinejad ! lança-t-il sans hésiter.

Mahmoud Ahmadinejad. Un nom qui avait un goût d'inconnu. De cet islamiste pur et dur, on savait si peu de chose, à l'exception des restrictions imposées à la mairie de Téhéran, où il siégeait depuis 2003 : interdiction de porter des chemises à manches courtes pour les employés municipaux, interdiction de monter dans le même ascenseur qu'une femme, concerts de musique remplacés par des compétitions de lecture du Coran dans les centres culturels... Mahmoud ne semblait pas y voir d'inconvénient, au contraire. Pour lui, Ahmadinejad incarnait l'homme-providence. Il l'adulait pour sa ferveur religieuse, sa simplicité. Il rappelait à qui voulait l'entendre que son candidat de prédilection était un humble fils de forgeron. Qu'il s'était récemment habillé en éboueur pour prouver sa proximité avec le peuple. Qu'il avait même promis d'apporter l'argent du pétrole sur le *sofreh*, la nappe traditionnelle posée au sol. Et que d'ailleurs, chez lui, on ne s'encombrait pas de meubles inutiles à l'occidentale. On y mangeait par terre, avec la même simplicité que dans l'ancien logis de Darakeh.

– Et en plus, il a fait la guerre Iran-Irak ! insista Mahmoud.

Pour lui, c'était la consécration, même si le rôle d'Ahmadinejad au sein du Bassidj était voilé d'un troublant mystère. La rumeur lui attribuait une propension à la brutalité contre les opposants de l'époque. Mais pour mon hôte, tout cela n'était que détails superflus. Les yeux fermés, il se reconnaissait dans ce Monsieur Tout-le-monde, enfant modèle d'une « révolution islamique » qu'il soutenait sans faille. Depuis une semaine, il organisait d'ailleurs des rencontres dans sa mosquée de Darakeh pour faire connaître le « vrai Ahmadinejad » à un large public.

– C'est un homme comme lui qu'il nous faut pour défier l'Amérique ! lâcha-t-il.

J'étais curieuse de connaître les intentions de vote de Fatemeh. Je me demandais si elle penchait, comme un grand nombre d'Iraniens, pour un autre candidat. Ou si elle partageait le même enthousiasme que son mari. Silencieuse, elle l'avait docilement écouté sans faire transparaître la moindre émotion. Je me suis tournée vers elle.

– Et vous, lui ai-je demandé, êtes-vous de même avis ?

Elle semblait étonnée que je lui pose la question, elle qui avait grandi avec cette habitude de se soumettre aux choix des hommes – père, frères, mari. Durant l'exposé politique de Mahmoud, elle s'était contentée de jouer avec ses cheveux mouillés. Elle a pris une grande inspiration et elle a dit :

– Moi, je ne suis pas convaincue que ce soit la personne qu'il nous faut…

En se retournant vers son mari, elle eut un sourire malicieux. Comme si elle s'était soudainement libérée d'un poids. Comme si, pour la première fois de sa vie, elle assumait pleinement son droit de se poser des questions, de ne pas approuver tout ce que disait son époux. Son droit à la différence.

« Condoléances ! » Au bout du fil, j'ai immédiatement reconnu la voix de Sepideh, noyée dans un torrent de sanglots. C'était le samedi 25 juin 2005. Elle était incapable de parler, encore sous le choc de la victoire inattendue d'Ahmadinejad. Lui, l'improbable président, l'islamiste à la barbichette et au blouson informe, celui dont même Fatemeh doutait, venait de remporter l'élection. La nouvelle était tombée à l'aube. Abasourdie comme tant d'autres, Sepideh l'avait accueillie à la façon d'un deuil, celui du printemps iranien.

Sepideh avait pourtant voulu croire en un possible réveil saisonnier. Au premier tour, le 17 juin, elle avait voté Moïn, espérant trouver en la personne de cet ex-ministre de l'Éducation une issue honorable à l'impasse politique creusée par les conservateurs. Mais de nombreux Iraniens s'étaient retranchés dans l'abstention. Après l'euphorie du début des années Khatami, ils avaient boudé les urnes. Un vote-sanction contre les collaborateurs de « l'Ange » en qui ils avaient placé tous leurs espoirs. Pour eux, la saison du changement était révolue. Pourtant, dans la palette des divers candidats, personne n'accordait la moindre chance au plus radical d'entre eux. Et voilà qu'au second tour, il se retrouvait propulsé dans un face-à-face inattendu avec l'ex-président Rafsandjani, celui qui avait dirigé le pays après la guerre contre l'Irak, celui aussi qu'on disait s'être enrichi sur le dos des Iraniens. Un duel peu encourageant que la presse libérale comparait à celui qui avait opposé, trois ans plus tôt, Le Pen et Chirac lors de l'élection française. Dans un sursaut de panique, Sepideh et ses acolytes avaient sillonné la ville, naviguant de place en place, pour encourager les abstentionnistes à voter Rafsandjani. « Un vote par défaut », avait-elle concédé.

Fatemeh aussi avait choisi Rafsandjani. Le jour du second tour, elle m'avait invitée à l'accompagner jusqu'au bureau de vote. Elle avait même tenu à ce que je la suive dans l'isoloir, pour remplir son bulletin sous mes yeux. J'y avais senti la fierté d'une femme qui s'émancipe discrètement de son mari, le signe d'un pays qui poursuivait malgré tout sa mue, à l'ombre des tours de vis du régime. Le soir, en rentrant chez moi, j'avais repris espoir, je m'étais convaincue que tout n'était pas encore perdu. Qu'avec des gens comme elle ou comme Sepideh, Ahmadinejad n'avait aucune chance de l'emporter. Surtout que pour séduire la jeunesse, Rafsandjani avait poussé le zèle jusqu'à faire défiler ses supporters en rollers sur l'avenue Vali Asr, en distribuant des roses rouges. Du jamais vu. Mais c'était compter sans tous les Mahmoud, représentants de cet autre Iran auquel nous, les journalistes occidentaux, avions moins accès, mais qui pesaient de tout leur poids dans les urnes. Loin des caméras, ils étaient parvenus à activer les réseaux des bassidjis, des pasdarans, des mosquées et des associations islamiques. Aux belles envolées poétiques de Khatami, ils opposaient un discours simple, concis, des promesses d'aide sociale qui plaisaient aux démunis et aux couches traditionnelles. Ahmadinejad, c'était celui qui tenait tête à l'Occident, à l'Amérique et qui promettait de faire du nucléaire un instrument de fierté nationale.

Quand Sepideh m'a appelée, ce samedi 25 juin, pour m'annoncer la victoire d'Ahmadinejad, c'est tout cela que j'ai compris d'un seul bloc.

– Je suis navrée, ai-je répondu à ses larmes. Après tout, peut-être qu'il n'est pas si terrible qu'on le dit.

Ma formule sonnait faux. Elle résonnait de maladresse. Entre deux sanglots, elle a lâché :

– Tu vas voir, ça va être l'enfer. L'enfer !

Sepideh avait vu juste. Dans les semaines, les mois et les années à venir, le nouveau président allait repeindre l'Iran en noir. À la vitesse de l'éclair, il allait réactiver le programme nucléaire, déclarer la guerre des mots à l'Amérique et déclencher une véritable tempête internationale en appelant à rayer Israël de la carte du monde.

– Vin ou vodka ?

La tête émergeant de derrière une montagne de bibelots, Moses Baba est apparu en brandissant deux jerricanes d'essence, l'un rempli d'un jus rouge, l'autre d'un breuvage aussi translucide que de l'eau de source.

– Alors, vin ou vodka ? a-t-il répété de sa voix espiègle, en m'invitant à m'asseoir.

Du *târof* illicite, Moses Baba avait depuis longtemps fait son rituel, sa manière de résister. Il suffisait qu'un visiteur passe une tête par la porte de son échoppe pour qu'il sorte aussitôt l'apéritif, avant de procéder à l'étalage de ses « trésors » : vieux manuscrits de la Torah, mosaïques persanes flanquées de l'étoile de David, calligraphies coraniques, tapis d'Ispahan, peintures Qajar. Souvent, il leur inventait une ancienneté aussi invérifiable que cette visite d'Alain Delon dont il se targuait d'avoir eu l'honneur au temps du chah. C'est sur cette anecdote que nous avions sympathisé à mes débuts iraniens. Dans un français teinté de mots persans, qui me rappelait le tien, il m'avait conté sa nostalgie du passé, l'« âge d'or » de son petit commerce, à l'époque où les touristes occidentaux se ruaient vers l'Iran. À l'époque, aussi, où sa petite communauté, qui comptait alors soixante-dix mille âmes, vivait en paix sur cette terre à majorité musulmane. Une sérénité perdue depuis 1979, point de départ d'un exode massif des juifs d'Iran vers l'Europe, les États-Unis et Israël. De ses proches, Moses Baba était le seul à être resté, à l'exception d'un frère, Elyas, qui refusait de lui adresser la parole à cause d'une stupide Histoire d'argent.

De ce différend familial, j'avais d'abord profité à mon insu. Comme Moses Baba, Elyas était antiquaire, une niche où prospéraient les membres de cette minorité religieuse, faute de pouvoir accéder aux métiers de la fonction publique qui leur étaient interdits. Par la plus grande des coïncidences, Elyas tenait boutique sur l'avenue Pasdaran, en face de ta rue. Je m'y arrêtais souvent, malgré sa mauvaise humeur, parce que je savais que c'était là, aussi, que tu venais chiner de ton vivant. Je t'y imaginais, les yeux rivés sur les miniatures persanes à faire l'éloge de la beauté féminine gâchée par le port obligatoire du foulard. À chaque visite chez Elyas, je cédais également à la tentation d'un bol en céramique, d'un kilim, ou de petits oiseaux en bronze. Mes achats provoquaient des haut-le-cœur à Mamani, qui n'y voyait que dépenses superflues. *A contrario*, je me disais que c'était ça, aussi, l'iranisation : la réappropriation d'une infime partie du patrimoine de ton pays.

Au fil de mes acquisitions, j'avais remarqué que les prix pratiqués par Elyas frôlaient le double de ceux qu'affichait Moses Baba. Un jour que je lui en fis la remarque, Elyas bondit de son siège et m'économisa, sans discuter, le marchandage habituel en m'offrant le plateau que je convoitais pour la moitié du prix. Une semaine plus tard, quand je rapportai l'anecdote à Moses Baba, il pouffa de rire : « Mais c'est mon frère ! Ça fait des années qu'il refuse de me parler. J'ai tout essayé pour me réconcilier ave lui, mais il me déteste… » Depuis, on s'amusait l'un et l'autre de ce frère si rancunier qu'il était prêt à sacrifier ses bénéfices pour rivaliser avec le seul parent qui lui restait au pays. « Face à celui qui vous cherche du mal, le rire est une arme invincible ! » philosophait Moses Baba, en espérant qu'avec le temps, les tensions fraternelles finiraient par s'apaiser. Une devise qu'il prêchait également au sein de sa petite communauté. Et qu'il mettait en exergue lorsqu'il brandissait inlassablement ses jerricanes comme autant de pieds de nez aux ultras du régime.

Mais l'Iran d'Ahmadinejad n'était pas l'Iran de Khatami. Cette fois-ci, à la vue des deux bidons qui dansaient au-dessus de sa tête, mon cœur cessa un instant de battre.

– Moses Baba, est-ce bien raisonnable ? ai-je soufflé, en lui faisant discrètement signe de dissimuler sa potion illicite sous son comptoir.

Depuis qu'Ahmadinejad était au pouvoir, pas un jour ne passait sans que la presse locale relate une énième sortie contre « l'entité sioniste ». D'Israël, le nouveau président avait fait son obsession. Reprenant à son compte un vieux discours de l'ayatollah Khomeyni, il s'évertuait à comparer ce petit bout de terre tant controversé à un « cancer » qu'il fallait « éradiquer » à tout prix. Une fois de plus, la communauté juive d'Iran se sentait vulnérable. Et les yeux inquiets de la planète se tournaient de nouveau vers l'Iran. Ce jour-là, c'est la préparation d'un article à ce sujet qui m'avait conduite chez lui.

– Une menace de plus ou de moins, ce n'est pas cela qui va changer la face du monde ! a ricané le vieil antiquaire, en s'accrochant à ses jerricanes.

Puis il a fait signe à Ahmad, le jeune réfugié afghan qui lui servait d'assistant, pour qu'il me donne un verre.

– Nous, les juifs, nous sommes comme des poissons qui nagent dans un filet. Quand tout va bien, les Iraniens laissent le filet dans l'eau. Mais quand ça va mal, ils le retirent…

Je reconnaissais là son art de la métaphore pour signifier la façon dont la République islamique se servait des juifs de son pays comme de boucs émissaires dès que la tension montait avec Israël. La tête dans ses souvenirs, il a poursuivi :

– Souvenez-vous de l'affaire des « treize juifs de Shiraz », arrêtés pour espionnage au profit d'Israël. Certains avaient 16 ans, à peine ! Des mois d'emprisonnement pour être finalement libérés en échange d'aveux forcés à la télévision... Et c'était en 1999, sous Khatami, l'ami de tous les Iraniens, a-t-il enchaîné.

Mais là, Ahmadinejad était allé encore plus loin. Outre ses diatribes enflammées contre Israël, il disait douter de l'Holocauste, y voyant un « mythe » qu'il contestait sans demi-mesure. Un journaliste iranien en exil avait même fait courir le bruit que les juifs d'Iran allaient bientôt devoir porter une étoile. Quand j'évoquai cette rumeur à Moses Baba, il se résigna enfin à poser ses jerricanes. Mais ce n'était pas un geste d'effroi, c'était au contraire l'expression d'un homme pressé de « rétablir » la vérité, comme il disait.

– Soyons clairs : il suffit de regarder la télévision iranienne pour voir que les juifs y tiennent toujours le mauvais rôle. Voleurs, escrocs, espions, et j'en passe. À l'école, quand j'étais petit, les enfants refusaient de boire de l'eau dans mon verre. Pour eux, j'étais *nadjes*, impur. Aujourd'hui encore, certains clients évitent de me serrer la main ! Bien évidemment, cette discrimination sociale s'est renforcée après la révolution. Mais de là à vouloir nous faire porter des signes distinctifs, le régime n'est pas aussi fou ! Ça, ce sont des « mythes » véhiculés par les opposants qui vivent à l'étranger.

Lui qui se raillait si facilement du régime refusait les classifications trop hâtives. En Iran, le paradoxe voulait que la petite communauté juive, bien que stigmatisée, jouît de certains « droits » indéniables : elle avait son député au Parlement, ses écoles, ses synagogues, son hôpital. Elle pouvait même produire du vin, interdit par l'islam, pour son usage religieux. Voire plus à condition de rester discret...

– Je vais vous faire une confidence. Si on m'attrape avec mes bidons d'alcool, on me traitera au pire de sale juif. Mais pour Ahmad, c'est la prison garantie ! Pas vrai, Ahmad ?

Assis sur l'escalier qui menait à la réserve, le jeune Afghan opina de la tête.

– Imaginez : les réfugiés afghans n'ont même pas le droit

d'acheter une voiture, ou de scolariser leurs enfants ! Et je ne parle pas des bahaïs, pourchassés par le régime, ou de la minorité sunnite, privée de mosquées…

L'œil rivé sur le portrait mural de Khamenei, une « décoration » imposée à tous les commerçants, Moses Baba a alors murmuré :

– Ma femme me supplie tous les ans de la rejoindre en Israël. La vérité, c'est que même sous surveillance, je me sens ici chez moi. Point à la ligne !

Je m'étonnai qu'il ne pratiquât pas la « feuille volante », comme disaient ses coreligionnaires. La méthode était connue, parfaitement rodée : un transit à l'aéroport d'Istanbul, un visa apposé sur un bout de papier distinct du passeport pour contourner l'interdit de voyager en « territoires occupés », et un voyage incognito en Israël pendant les vacances d'été ! Il me répondit que ça ne l'intéressait pas, qu'il ne voyait pas l'intérêt de toutes ces cachotteries. Pour rien au monde, il ne renoncerait, ne serait-ce que pour quelques jours, au goût de la grenade et à l'odeur du safran. Pour lui, Nowrouz, le nouvel an persan, se fêtait avec le même enthousiasme que Pessah. D'un geste lent, il prit un des jerricanes, et remplit son verre du breuvage illicite. Il l'a alors levé au ciel en disant qu'il voulait trinquer à Shushtar, où gît le tombeau du prophète Daniel, à Hamadan, où se trouve celui d'Esther. Et au roi Cyrus qui, selon la Torah, aurait libéré les juifs de captivité lorsqu'il conquit Babylone en 539 avant Jésus-Christ. Il voulait célébrer l'Histoire iranienne et l'Histoire juive, dont Ahmadinejad, ou n'importe quel autre président, ne parviendrait jamais à briser le lien. Et dans un fou rire, il a lancé :

– Partir en Israël, pour quoi faire ? Je ne parle pas l'hébreu. La vie est plus chère. Pour moi, l'Iran est plus tendre qu'une mère. C'est mon pays !

En fait, dans l'Iran d'Ahmadinejad, les étoiles ne visaient pas les juifs. Elles visaient les étudiants. Sur les campus, des sanctions moyenâgeuses se mirent rapidement à lapider la moindre pensée critique. Un étudiant chahuteur, une étoile. Un slogan désobligeant, deux étoiles. Un signe de dissidence, trois étoiles. Au bout de la quatrième étoile imprimée noir sur blanc dans leur dossier, que mettait régulièrement à jour le comité disciplinaire, c'était l'expulsion garantie, pour cause d'« atteinte à la sécurité nationale ». Les professeurs n'étaient pas épargnés par cette chasse à la pensée critique. Il suffisait d'être un peu trop bavard pour être remercié sur-le-champ, en échange d'une retraite anticipée. Les mois suivants, le tableau s'assombrit encore. Des jeunes furent arrêtés, leurs journaux censurés, et leurs amis menacés du même sort s'ils osaient se révolter contre les nouvelles règles en vigueur. Au nom de l'islamisation des programmes, certains cours furent également remaniés, d'autres éliminés. Dans cet Iran castrateur, le contrôle de la pensée alla de pair avec une reconquête de la sphère publique. Une nuit d'été, le nouveau directeur de l'université Amirkabir fit détruire au bulldozer le siège de l'Association des étudiants pour le remplacer par une salle de prière. Avec la disparition de ce symbole du bouillonnement intellectuel des campus, c'était tout un pan de la mémoire estudiantine qui s'effaçait.

Pendant ce temps, les bassidjis reprenaient peu à peu du

galon en s'octroyant le droit de traquer à nouveau les filles « mal voilées ». Et pour marquer leur territoire, ils firent enterrer les corps de certains martyrs de la guerre Iran-Irak sur les campus universitaires. Le reformatage tous azimuts déborda rapidement sur d'autres espaces. À Téhéran, les concours de lecture du Coran s'imposèrent dans la riche programmation musicale héritée des années d'ouverture. À Qom, une loge soufie fut rasée au profit d'un parking. Pour ceux qui avaient connu la « révolution culturelle » de 1979, cette nouvelle ère réveilla des souvenirs terrifiants. Une véritable machine à broyer l'Iran moderne était en marche. Au nom d'un danger extérieur, tantôt américain, tantôt israélien, Ahmadinejad avait sciemment déclaré la guerre à son propre peuple. Chaque jour, il peignait un peu plus le pays en noir. Un deuil national permanent qui étouffait jusqu'aux rires. Après avoir embastillé ses derniers bourgeons, il était en train de voler au moindre Iranien l'envie de respirer. De vivre.

Dans ce nouveau climat de terreur, la mort a fini par frapper à ma porte. Au fil des années, je m'étais résignée à la côtoyer de près. Je ne comptais plus le nombre de dissidents disparus auxquels j'avais consacré des articles. Mais ces Histoires étaient suffisamment détachées pour maintenir une certaine distance face au tragique du quotidien. Jusqu'à ce soir de grisaille, et l'appel désespéré d'un ami comédien. Au bout du fil, il marmonna qu'il voulait me faire une confidence, le genre de confidence qui ne se livre pas par téléphone. Je lui ai dit de passer sur-le-champ. J'étais à la maison. À la pâleur de son visage, dès son arrivée, j'ai compris la gravité du sujet.

D'une voix chevrotante, il a murmuré :

– Tu te souviens d'Ardéchir ?

Ardéchir, le jeune acteur qui ne jurait que par le théâtre de l'absurde. L'espiègle funambule, héros du *Livre des Rois*. Un prénom qui ne peut s'oublier ! En entendant son nom, j'ai aussitôt imaginé qu'il avait été arrêté. Depuis notre folle soirée chez Niloufar, interrompue par la police des mœurs, j'avais suivi sa courageuse progression à travers les méandres de la censure iranienne. Après *Les Nègres* de Jean Genet, puis quelques tentatives ratées de monter des pièces encore plus risquées, il avait délaissé les planches pour les plateaux de cinéma. Le septième art payait mieux. Il se prêtait, aussi, à une plus grande souplesse. Au théâtre, il fallait systématiquement soumettre le texte de la pièce à un comité de précensure qui devait par la suite également valider la dernière répétition avant la première représentation. Une fois montée, la pièce restait à la merci d'une descente des Gardiens de la morale islamique qui pouvaient l'annuler sans préavis. En une minute, des mois de répétition et des années d'investissement personnel partaient ainsi en fumée. Le cinéma, c'était différent. Il suffisait de présenter un scénario bidon, puis de tourner le « vrai » film, tout en réservant aux visites impromptues des censeurs quelques saynètes politiquement correctes. Et l'affaire était dans le sac ! Depuis la révolution, le cinéma iranien s'était d'ailleurs enrichi de ces subterfuges, au point de gagner une véritable renommée internationale.

– Le cinéma, justement, a marmonné l'ami commun.

Le cinéma. Il y avait de ça quelques mois, Ardéchir avait enfin achevé, à l'âge de 28 ans, la réalisation de son premier long-métrage de fiction. La fin du montage du film coïncidait avec l'Achoura, cette période de « deuil » national commémorant chaque année le martyr de l'imam Hossein. Malgré la « retenue » imposée par le pouvoir lors de cette célébration chiite, ses amis l'avaient convaincu d'organiser une petite fête dans son appartement du quartier Tadjrich. La soirée avait bien commencé. Il y avait des sandwiches, de la musique, quelques rafraîchissements, et un mot de passe pour y accéder. À une heure bien avancée de la nuit, des hommes en civil ont frappé à la porte. Ils ont dit qu'ils étaient de la police, qu'il fallait absolument leur ouvrir. Au début, Ardéchir et ses compères ont résisté. Ils se sont juste contentés d'éteindre la sono. Mais les coups ont retenti de plus belle. Derrière la porte, les visiteurs du soir ont commencé à enfoncer la porte. Les invités ont paniqué. Les plus acrobates d'entre eux se sont rués vers le balcon, et en ont enjambé la balustrade, pour rebondir sur un arbre et filer au fond du jardin. Ardéchir a suivi le mouvement. Il connaissait cette gymnastique par cœur pour l'avoir pratiquée dans d'autres soirées. Mais son appartement se trouvait au quatrième étage. Quand il a sauté, la branche a cédé sous son poids. La chute fut fatale.

– Ses amis l'ont aussitôt emmené à l'hôpital. Les médecins ont tout fait pour tenter d'arrêter l'hémorragie. Douze heures plus tard, il est mort de ses blessures, a ajouté l'ami de théâtre.

À ces mots, je n'ai rien pu dire. Mes larmes avaient avalé mes paroles. Des jours durant, l'incident a envahi l'écran de ma pensée. Aujourd'hui encore, j'y repense souvent. Et j'essaie de reconstituer dans ma tête ce qui s'est exactement passé cette nuit-là, cet instantané fatal qui fait qu'on passe sans transition de la vie à la mort. La musique à fond, les éclats de rire, les danses ondulées, le parfum d'une liberté volée, le temps d'une soirée. Puis la milice qui débarque, les coups sur la porte, la police qui finit par entrer, les supplications des convives, les agents qui ne veulent rien entendre, qui n'acceptent aucune concession, pas même quelques billets glissés au creux de la main. Enfin, la panique, les jeunes qui se cachent sous les lits, les autres qui s'enferment dans les toilettes ou qui se réfugient sur le balcon. Et Ardéchir qui saute sur une branche. Combien de fois l'avait-il déjà fait ? Rodé à l'exercice, il se croyait invincible. À force, c'était devenu un jeu. Un jeu à pile ou face. Cette fois-ci, la branche n'a pas résisté. Ardéchir l'acrobate est tombé. Le vide. La mort. La fin d'un rêve. L'innocence assassinée.

La mort, la vie. La vie contre la mort. Tandis que le noir déteignait progressivement sur notre quotidien, au rythme des sirènes funestes du nouveau président, un homme d'une singulière témérité menait un combat acharné contre l'excédent de linceuls. Cet homme, c'était Emadeddin Baghi, l'ex-révolutionnaire islamiste et ami journaliste de toujours, un Iranien qui ne cessait de m'épater par son courage et sa clairvoyance. Après trois ans de prison, il avait recouvré la liberté en 2003. Interdit de politique, il s'était investi dans l'action sociale en lançant une petite association qui défendait les droits des prisonniers. Il était surtout l'un des rares à se soulever contre la peine de mort, un autre fléau en expansion qui gangrenait l'Iran d'Ahmadinejad.

Je voulais absolument le revoir. Sonder son audace, si précieuse en ces heures particulièrement sombres. Son bureau de la place Hafté Tir avait fermé depuis longtemps. De déménagements forcés en locaux hypothéqués pour payer la caution de sa libération, il avait atterri en haut d'une tour de l'avenue Jordan, un de ces nombreux gratte-ciel qui obstruaient le ciel de Téhéran. La fenêtre de son nouveau bureau donnait sur une vue improbable : la cour du « bâtiment de pierre », le fief de Monsieur Finger et autres préposés à la surveillance. J'ignore par quelle coïncidence, ou contrainte, il s'était retrouvé dans le voisinage si rapproché des services de renseignements. C'était ça aussi, l'Iran, une montagne de paradoxes et d'imprévus, difficilement déchiffrables. Je me gardais de lui en faire la remarque, pressée que j'étais de comprendre quelle force le poussait, lui, le condamné aux ennuis, à se battre au nom des condamnés à la potence.

– La vie humaine, c'est comme les racines d'un arbre. Le reste, ce sont des branches. Si vous les arrosez bien, il n'en sortira que du bon. Autrement dit, si on trouve une solution à la peine capitale, il y aura d'autres ouvertures.

Je reconnaissais là sa sagesse habituelle. Pour lui, il n'y avait pas que des problèmes. Il y avait aussi des solutions. Sur son bureau, les piles de dossiers s'accumulaient, plus désolantes les unes que les autres : un opposant confiné à l'isolement, un homme condamné à perpétuité pour enrichissement illégal, une détenue coupée de ses enfants. Et tous ces cas de condamnation à mort par pendaison ou par lapidation publique pour terrorisme, homicide ou encore adultère. Plusieurs centaines par an dans cet Iran connu pour être l'un des cinq pays de la planète à appliquer le plus souvent la peine capitale, y compris pour les mineurs. Avec des chiffres visiblement en augmentation depuis l'arrivée d'Ahmadinejad. Dès qu'il avait vent d'un nouveau cas, Baghi s'attelait à lui trouver un avocat, à aider sa famille, à alerter les médias en temps voulu. Un travail de fourmi. Millimètre par millimètre. En fin observateur de son pays, il partait du constat que la peine de mort était une source de violence pour toute la société. L'abolir apaiserait les tensions.

Je m'étonnai qu'il ait préféré à l'engagement politique et journalistique la voie associative pour poursuivre son combat.

– Je n'ai pas le choix. C'est le seul espace qui me reste. Lancé à l'automne 2004, son nouveau quotidien *Jomhouriyat* (*Républicain*) avait été interdit au bout de deux semaines. Le durcissement de la censure l'empêchait aussi de publier son nouvel ouvrage, *Le Droit à la vie*, dans lequel il s'efforçait en tant que croyant sincère et théologien averti de montrer combien la Charia, la loi islamique, n'était pas incompatible avec une application équitable de la justice, sans peine de mort. C'est, entre autres, pour ses articles dénonçant cette sentence barbare qu'il venait de purger trois années de prison. Mais loin de le briser, son expérience carcérale avait été riche d'enseignements, sur son pays, ses travers et ses failles.

– En prison, j'ai passé beaucoup de temps avec des détenus de droit commun. J'ai vécu avec des voleurs, des drogués, des petits criminels. Nous, les intellectuels, avons la fâcheuse tendance à croire que les droits de l'homme sont respectés à partir du moment où l'un d'entre nous est libéré. Mais nous ne représentons qu'un nombre infime de prisonniers.

Fréquenter pendant trois ans un tout autre milieu lui avait, disait-il, ouvert les yeux sur l'ampleur du fossé qui séparait la société de la classe intellectuelle iranienne. Pour lui, c'est ce même fossé qui avait provoqué la récente victoire d'Ahmadinejad, avec ses slogans populistes et ses promesses adressées aux déshérités.

– Les réformateurs se sont trop concentrés sur des notions abstraites comme la démocratie, ou encore la liberté. Ils auraient dû faire du travail social. C'est ça, aujourd'hui, que j'essaie de rectifier. À ma façon.

Posé sur une pile de documents, son téléphone portable s'est mis à siffloter. Baghi a décroché. L'appel venait d'un captif de Karadj, à la périphérie de Téhéran. Accusé de détournement de fonds et condamné à dix ans de prison, il avait eu vent de l'association et appelait à l'aide. Sur son calepin, Baghi a griffonné quelques notes. De sa voix douce et calme, il a promis à son interlocuteur de lui trouver un avocat. En raccrochant, il a posé son regard sur la photo d'un oiseau aux ailes pliées blotti au pied d'une série de barreaux. Le poster de son association.

– Les prisonniers sont nombreux à ne pas avoir de défense, a-t-il précisé. La plupart ne savent même pas qu'ils y ont droit. Le seul fait qu'ils nous appellent, c'est déjà une victoire. Je suis convaincu que ce n'est pas avec des slogans qu'on obtiendra la démocratie. Parfois, un simple geste vaut bien plus qu'une myriade de paroles scandées à tue-tête.

Baghi était un résistant. Un vrai. Alors que les portes se refermaient les unes après les autres, il avait fait de son association un ultime échappatoire contre la censure. En me raccompagnant jusqu'à la porte, il me signifia qu'il avait un petit service à me demander. Il avait eu vent d'un livre d'Albert Camus sur la peine capitale. Il voulait que je l'aide à en obtenir un exemplaire, qu'il souhaitait faire traduire en persan. Je n'ai pas hésité. J'ai dit « oui » tout de go. Ce genre de service ne se refusait pas. À mon insu, sans en prendre la mesure, je basculais discrètement du journalisme au militantisme.

Dans cet Iran à sens interdit, où chacun se repliait dans son sanctuaire, l'apprentissage de ta langue, Babai, devint mon ultime refuge. Jusqu'ici, je me débrouillais maladroitement avec les mots, je les écorchais sans merci, je ne maîtrisais pas la richesse de leurs nuances. En fait, je n'avais jamais trouvé le temps de plonger entre les « alef » et les « djim », de faire naviguer ma plume de droite à gauche. Ironiquement, la censure ambiante fut l'occasion de m'y mettre. Pour de bon. Le hasard de la vie me fit rencontrer Sara, une jeune chercheuse en sociologie. Entre deux enquêtes de terrain, elle enseignait le persan pour arrondir ses fins de mois. Dès le premier cours, Sara me proposa d'explorer la langue par les blogs. Elle-même en tenait un, dédié à la poésie. Si tu avais encore été des nôtres, elle t'aurait ému autant que moi.

Je fus aussitôt conquise par sa méthode, loin des sentiers académiques. En ces temps de répression, les blogs étaient en plein boom. Un monde parallèle, calfeutré sur la Toile, qui se raillait des coups de ciseaux. Entre parlé et écrit, les blogs offraient aussi cette facilité de lecture que n'avaient pas les journaux. Des textes courts. Des mots simples. Des phrases sans verbe. Une introduction idéale à cette langue indo-européenne raffinée à l'excès. Le farsi, qui s'écrit comme l'arabe, était un éternel jeu de devinettes. Sur le papier, seules les consonnes apparaissent. Les voyelles se contentent de petits accents, qui disparaissent sur les écrans d'ordinateurs.

Une fleur, *Gol*, peut ainsi se lire « Gel », comme de la boue. Il en fallait aussi de l'imagination pour déchiffrer le sens des expressions. Dans ta langue, « ma chérie » se dit « mon cœur ». L'amitié comme l'amour se déclarent par métaphores. Un être cher vous affirme « être de la poussière sous vos souliers ». Pour exprimer le manque de l'autre, on évoquait non la solitude mais un « cœur étriqué ».

Le persan, m'expliqua Sara, est un cache-cache permanent avec les sentiments. Il faut constamment lire entre les lignes pour en déceler le sens originel. Comme si cette langue, d'origine araméenne, était née pour résister. Lorsque, au VIIe siècle, la conquête arabe imposa un nouvel alphabet, le peuple perse assimila sous la contrainte les lettres de l'envahisseur, mais s'attela à préserver son vocabulaire d'origine. Après la révolution de 1979, les ayatollahs tentèrent à nouveau d'injecter des mots d'arabe, la langue du Coran, dans le parlé quotidien. Une offensive contre laquelle les érudits de ton genre firent constamment bouclier en déclamant des rimes comme certains récitent des versets coraniques. Sara aussi mettait un point d'honneur à résister par les mots. Je riais de la voir s'évertuer à parler un persan aussi « pur » que dans un poème de Saadi. Avec elle, on ne disait pas *moutchakeram*, dérivé de l'arabe *chokran*, pour dire « merci ». On disait *sepas gozaram*. Une manière subtile de signifier son opposition au régime.

Sara était une jeune fille frêle qui débordait d'énergie, une femme-enfant pétrie de contradictions qu'elle maquillait sous un sourire angélique. Elle venait d'une famille dont la foi éclairée avait beaucoup souffert de la prise du pouvoir par les religieux. Comme Baghi, dont ils étaient proches, ses parents avaient vécu l'espoir et la fièvre de la révolution. Très vite, ils avaient fait l'amer constat que la République islamique trahissait l'islam plus qu'elle ne le servait. Son père, un homme engagé dans le mouvement d'opposition *Melli-Mazhabi*, les Nationalistes religieux, en avait payé le prix fort en finissant derrière les barreaux. Dans sa famille, il y avait aussi des chahids de la guerre Iran-Irak et des dissidents moudjahidine, l'opposition armée au régime. Un véritable échantillon de la société iranienne, l'exemple parfait d'un Iran non monocorde. De tous ses proches, c'était Sara la vraie rebelle. Elle n'avait rejoint aucune organisation politique. Son penchant permanent pour la défiance en faisait pourtant une *rohshanfekr*, une libre-penseuse dans le vrai sens du terme. Mariée très jeune, elle me confia qu'elle avait fait de son divorce un tremplin vers la liberté, s'installant seule dans un appartement miniature, puis troquant le tchador noir de rigueur chez les siens contre un foulard plus léger. À l'université, les couloirs bruissaient de rumeurs sur son passage. Elle n'en avait que faire. Le soir, après l'heure de la prière, elle s'évadait en écrivant des poèmes. Souvent, l'inspiration lui venait en pleine nuit. À la lumière de la bougie, une fois la ville assoupie, elle les déroulait sur un cahier. À contre-Coran, ils invoquaient la liberté, l'amour, l'ivresse. Parfois, il lui arrivait de chanter en écrivant. Le chant à huis clos, son précieux rempart. Tout comme son blog, où se réfugiait sa poésie depuis l'arrivée d'Ahmadinejad.

Avec Sara, je plongeais progressivement dans un autre univers. Celui des mots. De la danse des mots. Au fil des leçons, nous avons scellé une complicité singulière. Elle me lisait ses poèmes en avant-première, testant parfois mes progrès en persan en fonction de mon niveau de compréhension. Pour lui prouver ma bonne volonté, je faisais mes devoirs en recopiant les panneaux signalétiques que je pouvais enfin déchiffrer dans la rue. Elle riait quand je lui disais qu'il m'arrivait même de rêver en persan. En retour, je me moquais de ses insomnies quand, au lendemain d'une longue nuit d'écriture, elle arrivait une heure en retard au rendez-vous. Mais pour rien au monde, nous n'annulions nos séances. C'était notre bulle d'évasion. Dans l'*andaroun* de ce cours de persan, une fois la porte refermée, nous nous sentions libres comme nous ne l'avions jamais été. Soudain, tout s'envolait : nos peurs, nos inhibitions, nos émotions incertaines. Nous étions si différentes, mais, avec le temps, elle allait devenir mon amie la plus proche. C'était là la force d'une langue commune : Sara était la première avec qui je ne parlais qu'en persan. Grâce à elle, j'avais renoué avec l'autre moitié de mon identité.

Un soir, je me décidai à rouvrir le poème de Hafez, celui que tu m'avais laissé en héritage. La crainte me pesait de buter à nouveau sur les vers, calligraphiés en persan. À mes débuts d'Iran, je n'en saisissais que le tempo. Et là, comme dans un puzzle, chaque mot retrouva naturellement sa place. Les rimes se mirent à chatouiller la page. D'une seule traite, je parvins enfin à lire avec aisance cette ode à la vague, au voyage, cette invitation à s'aventurer au-delà du sable rassurant du rivage.

« Un poème n'est jamais fini, seulement abandonné », disait Paul Valéry. Sans préavis, tu m'avais légué quelques vers. Avec l'obstination des années, dans la boucle du temps secret, le poème sur la vague faisait sens. Et ma vie, aussi. Ce soir-là, je réalisais plus que jamais que ce n'était pas seulement toi, énigmatique grand-père, que j'étais venue chercher en Iran, mais aussi un peu de moi-même.

Pendant que j'apprenais le persan, Fatemeh la milicienne s'était mise à l'anglais. Je découvris sa nouvelle obsession pour la langue de Shakespeare à l'occasion d'un dîner chez elle. Avec Mahmoud, son mari, ils revenaient tout juste d'un séjour à Dubaï, leur premier voyage hors d'Iran. Toujours aussi mystérieux sur ses activités, il disait y être allé pour des raisons professionnelles. Elle l'avait suivi, pressée de faire du lèche-vitrine et de croquer un McDo dans cette ville-supermarché sortie du désert. Le voyage avait achevé de la transformer. Dans l'avion du retour, elle avait dévoré *Autant en emporte le vent*, acheté dans une librairie des Émirats. Elle en avait pleuré toutes les larmes de son corps. Un monde jusqu'ici inconnu, celui du sentiment amoureux, lui ouvrait soudain ses portes.

– Le livre ne me quitte plus. Je le relis tous les soirs, me confia-t-elle, lors de ce dîner, avant de s'éclipser dans la cuisine.

Elle réapparut aussitôt, le plateau rempli de mets inhabituels pour un repas iranien : une salade verte, quelques légumes vapeur et des steaks hachés.

– C'est une recette « light », lança-t-elle, pressée de mentionner qu'elle l'avait dénichée sur une chaîne satellitaire allemande.

Je jetai un œil furtif en direction du téléviseur. Juste au-dessus, à la place du bouquet de fleurs en plastique, l'unique élément décoratif qui avait survécu au déménagement de

Darakeh, un boîtier clignotait : c'était un de ces récepteurs illicites qui permettaient, à l'aide de la parabole interdite, de se connecter au monde extérieur. À Téhéran, il suffisait de compter les soucoupes qui inondaient les toits pour comprendre l'ampleur avec laquelle les Iraniens transgressaient les interdits. Le couple bassidji avait fini, lui aussi, par céder à la tentation de l'ailleurs…

Fatemeh me prit en aparté. Sur son téléphone portable, elle voulait me montrer la photo de sa silhouette amincie en bikini, prise à l'ombre du balcon de sa chambre d'hôtel de Dubaï.

– Tu ne le diras pas à ton mari, hein ?

À vrai dire, elle mourait d'envie que je le raconte à Borzou, soucieuse de projeter une image différente que celle que voulait lui donner son conservateur d'époux. Lors de nos dernières retrouvailles, je le leur avais présenté. Toutes les six semaines, le *Los Angeles Times* lui donnait quinze jours de vacances pour s'évader du bourbier irakien. Aux attentats quotidiens contre les forces américaines s'était greffée une guerre de religion entre sunnites et chiites. Bien évidemment, Mahmoud le chahid raté l'avait inondé de questions sur les GI's. Fatemeh, elle, m'avait entraînée dans des discussions plus intimes sur la lingerie française.

Elle n'en finissait pas de me surprendre. Plus je la côtoyais, plus je la voyais se métamorphoser. Après ce dîner diététique incongru, elle se mit à m'appeler régulièrement pour aller boire un café ou prendre une glace. Sous prétexte de pratiquer son anglais, elle se débrouillait toujours pour aborder des sujets qui restaient tabous dans son couple : la pilule contraceptive, l'avortement, l'amour avant le mariage. Elle me disait que j'étais la seule à laquelle elle pouvait se confier si ouvertement. Le jour de la Saint-Valentin, que fêtaient les jeunes branchés de Téhéran en s'échangeant de petits cadeaux, elle m'offrit une bougie parfumée incrustée dans une coupe à champagne couleur rose bonbon. « Un gage d'amitié », avait-elle souri. Elle raffolait d'objets kitch. Je ne comptais plus le nombre de bijoux rouges, jaunes, dorés qu'elle portait, camouflés sous les plis de son tchador sombre.

Quelques mois plus tard, elle finit même par abandonner son long voile encombrant, lui préférant un ensemble foulard-manteau plus pratique à porter. Mahmoud avait cédé à son caprice. À une seule condition : qu'elle redevienne un corbeau noir en présence de ses parents. Parfois, Fatemeh m'appelait pour aller marcher à Darakeh. En haut des cimes, on y retrouvait son mari pour grignoter un kebab. Dans le couple, les rôles s'inversaient progressivement. Lui qui était habituellement si disert, toujours prêt à défendre Ahmadinejad et Khamenei, se tenait plus en retrait. De sa voix haut perchée, elle faisait les questions et les réponses. Étonnamment, Fatemeh s'occidentalisait à mesure que je m'iranisais. C'était comme si nous déteignions l'une sur l'autre.

Je n'étais pas la seule cause de son émancipation. Un jour qu'elle m'avait entraînée jusqu'à son salon d'esthétique préféré, celui qui dessinait les plus beaux sourcils de Téhéran, elle déverrouilla son cœur. « Ma sœur vient de divorcer », m'annonça-t-elle. Mère de deux enfants, elle en avait perdu la garde. Une injustice subie par nombre de ses concitoyennes, mais dont Fatemeh n'avait jamais pris conscience, conditionnée par la propagande bassidji. Soudain, la souffrance des Iraniennes lui explosait à la figure. Révoltée contre la discrimination dont elles faisaient l'objet, elle me confia qu'elle voulait reprendre ses études, abandonnées après son mariage. C'est le droit, plus précisément, qui l'intéressait : elle voulait retourner à la source de la loi, mieux comprendre l'origine de cette inégalité entre les sexes.

Bien qu'impressionnée par son autonomisation croissante, je m'étonnais pourtant qu'elle continuât à crier sa fidélité au régime, quand je la croisais, le poing levé vers le ciel, dans les rassemblements pro-gouvernementaux commémorant l'anniversaire de la révolution ou la prise en otages des diplomates américains. Y avait-il de l'hypocrisie dans sa démarche ? Fallait-il y voir un alibi pour garder sa carte du Bassidj et les avantages sociaux qui l'accompagnaient ? Ou bien une nouvelle illustration de la schizophrénie iranienne ?

Fatemeh, elle, ne s'encombrait pas de ce genre de questions. Elle assumait pleinement ses contradictions. Au point de m'ouvrir sans complexe toutes les portes de son univers.

– Assez parlé politique ! me dit-elle ce jour-là, en plein cœur du petit salon de beauté. Demain, je t'invite à une soirée entre filles !

C'était une « soirée » d'après-midi, qui commençait dès 16 heures. La petite fête au féminin se déroulait chez une de ses camarades du Bassidj, non loin de Darakeh. En pénétrant dans l'appartement, je fis le constat que la révolution de Fatemeh avait déteint sur son petit monde de miliciennes. À l'entrée, les tchadors noirs pendaient au portemanteau, tels des cadavres sur leur potence. Leurs propriétaires étaient déjà sur la piste de danse, en plein milieu du salon, à enchaîner les déhanchés sur les derniers tubes illicites de « Tehrangeles », la « capitale » des chanteurs en exil. Leurs tenues rivalisaient de frivolité : bodies moulants, soutiens-gorge carmin sous chemises transparentes, pantalons faux cuir ou léopard, ceintures cloutées. De toutes ses amies, Fatemeh était la plus « sexy » avec son ventre à l'air et son bustier à lacets. J'étais au spectacle. À l'heure du muezzin, je les ai regardées s'éclipser l'une après l'autre, sono éteinte, dans l'une des chambres à coucher pour la prière du coucher du soleil. Puis réapparaître sur la piste de danse, comme si de rien n'était. Fatemeh était particulièrement en forme. Elle secouait ses mèches folles de droite à gauche, comme une lionne échappée de sa cage. Assise dans un coin, je photographiais du regard ses moindres gestes, à la façon d'un anthropologue.

– Qu'est-ce que tu attends pour venir danser avec nous ? a-t-elle lancé.

Je n'avais pas bougé de mon fauteuil depuis le début de la fête. Tirée de force par Fatemeh, j'ai fini par rejoindre la piste de danse sur une chanson des Spice Girls. Autour de moi, les filles ont formé un cercle en glapissant des « youyous ». J'ai levé les mains au ciel, claqué des doigts en les imitant. Tandis que je dansais, le visage d'un ami défunt m'est revenu en mémoire : celui d'Ardéchir. J'ai pensé à nos discussions du passé, à nos échanges sur le petit théâtre iranien de l'absurde. Il avait tellement vu juste, lui l'acrobate funambule. Et dire que ceux qui avaient causé sa mort étaient vraisemblablement du même groupe que ces miliciennes en pleine mue.

T'en serais-tu douté, Babai ? Grand-mère aussi se mit à faire de la résistance.

Un matin, elle me convoqua, triomphante, dans son appartement d'en bas. Le doigt appuyé avec insistance sur le bouton de l'interphone, elle voulait absolument que je descende la voir au plus vite.

– Regarde ma nouvelle tenue !

Elle avait ressorti son imperméable gris, celui qui avait survécu à tous les orages. Elle en avait minutieusement décousu les vieux fermoirs, en les remplaçant par de nouveaux boutons, parfaitement alignés à la verticale. Ils étaient dorés et frappés du visage en relief… de l'ancien chah d'Iran !

– Je les ai récupérés d'un vieux costume de ton grand-père, a-t-elle lancé.

– Et tu vas sortir comme ça dans la rue ?

– Pourquoi pas ? répliqua-t-elle, les mains sur les hanches, dans un geste de défi.

À ce moment, j'ai compris en la regardant l'incroyable délivrance qu'offrait le satellite dans une société opprimée. La semaine précédente, j'avais cédé à mon tour au virus de la soucoupe magique en faisant cadeau d'une parabole à Mamani. Depuis l'évaporation de Marie, votre « amie » commune, elle s'était renfermée dans sa solitude. Plusieurs centaines de chaînes télévisées lui apporteraient un peu de réconfort, et de compagnie, m'étais-je dit. Au début, elle avait eu de la peine à pianoter sur les touches de la télécommande : elle s'étonnait que ça parle tantôt anglais, tantôt chinois, et pas toujours persan. L'inconfort cessa immédiatement le jour où je lui annotai sur un bout de papier les numéros des chaînes iraniennes, une trentaine, qui émettaient depuis Los Angeles. Il y en avait pour tous les goûts : musicaux, culinaires, cinématographiques, gauchistes, anarchistes, monarchistes. Dirigées par des Iraniens en exil, elles étaient la « voix » de la dissidence à l'étranger.

Mamani trouva rapidement son compte dans les nombreux débats télévisés, diffusés entre deux vidéoclips, où défilait une palette hétéroclite d'opposants, d'experts, et de messieurs Je-sais-tout qui enchaînaient, des heures durant, d'épiques monologues sur l'avenir de leur pays. Leurs critiques acerbes du régime se mirent à singulièrement remodeler sa façon de penser. Elle qui avait toujours boudé la politique tenait tout à coup des discours élaborés sur la lapidation, les atteintes à la liberté d'expression, le port obligatoire du voile. Elle était devenue imbattable sur les noms des ayatollahs furibonds, des étudiants emprisonnés, des dissidents exilés. Avec une préférence pour le fiston du chah, Reza Pahlavi, exilé en Virginie avec sa femme et ses enfants.

L'épisode des boutons ne fut que le premier signe d'un fétichisme exacerbé par la parabole. C'était l'époque où l'héritier du trône, longtemps effacé, refaisait surface dans les médias. À l'étranger, il multipliait les tournées. Il sautait d'une capitale à l'autre, enchaînait les interviews. Mamani pouvait passer des journées entières cloîtrée dans sa chambre, le nez collé à son petit écran, à guetter scrupuleusement les apparitions du petit chah. Par crainte d'en rater le début, elle finit même par bouder pour de bon l'interphone. Son mode de communication préféré, celui qu'elle utilisait inlassablement pour m'appeler, ne s'accordait plus avec ses nouvelles occupations. Au risque de me jouer des tours.

Un jour que j'étais assise à ma table, la tête dans mes

devoirs de persan, le téléphone a sonné. Au bout du fil, Mamani était en émoi :

– Vite, vite ! Viens regarder la télé ! Il y a Son Altesse Reza Pahlavi qui parle en direct !

J'ai aussitôt bondi de ma chaise. Je n'en revenais pas de sa candeur. Scander le nom du chah au téléphone, sous le règne d'Ahmadinejad, c'était sacrément culotté. J'ai dévalé les escaliers à toute allure, et j'ai foncé tout droit dans sa chambre. L'index posé sur les lèvres, je lui ai fait signe de se taire sur-le-champ.

Un sourcil relevé, Mamani m'a regardée avec étonnement.

– Mais je n'ai rien dit de grave ! Quelle mouche t'a piquée ? Tu te fais de la bile pour rien ! m'a-t-elle tancée.

Je suis restée sans voix. Il y avait une telle ironie dans le destin qui nous liait. Après toutes ces années d'ostracisme et de méfiance envers les autres, c'était elle, Mamani, qui me donnait des leçons de courage.

Dans le petit monde d'Ahmadinejad, il n'y avait aucune place pour les voix critiques. Ni pour les mécontents. Quand les chauffeurs de bus se mirent à leur tour à se plaindre, ils échouèrent eux aussi derrière les barreaux. Avec femmes et enfants ! Ces mêmes chauffeurs, symboles du petit peuple que le président avait promis d'aider à grand renfort de pétro-dollars, payaient cher le prix de leur grève pour des salaires plus décents, des véhicules neufs, et l'accès à la sécurité sociale. À leur libération, quelques semaines plus tard, j'ai reçu un courriel. C'était à l'été 2006. Un de leurs leaders, que je connaissais bien, m'invitait à venir les rencontrer. Ils voulaient raconter la prison, les menaces, la fin d'un rêve.

Je savais le sujet risqué, le genre de sujet qui fâche parce qu'il « porte la plume dans la plaie », selon l'expression d'Albert Londres.

En plus, ma carte de presse avait expiré quelques jours plus tôt. J'attendais son renouvellement. Le soir même, je devais retrouver Borzou en Jordanie. On ne s'était pas vus depuis deux mois. Hors de question de rater mon avion. Alors, j'ai hésité. J'étais déchirée entre le souci d'exercer mon métier et la crainte du risque encouru. Mais je pensais à la hardiesse de Mamani. Je pensais aussi à Baghi, sa résistance à travers les lignes. Je me sentais lâche de refuser l'entretien. Si je déclinais l'invitation des chauffeurs de bus, qui raconterait leur Histoire ? J'ai pris une pièce de monnaie. Pour la première fois, j'ai joué à pile ou face. Pile, j'y vais. Face, j'y renonce. J'ai lancé la pièce en fermant les yeux. Elle a valsé, elle a rebondi sur ma table et elle s'est aplatie contre le bois. Quand j'ai rouvert les yeux, le choix était fait. Pile, je devais y aller.

J'ai rassemblé mes esprits. Il me fallait redoubler de prudence. Par précaution, j'ai confirmé le rendez-vous par mail. Au fond du placard, j'ai trouvé le plus long de mes manteaux noirs. Puis j'ai saisi le voile sombre qui l'accompagnait. Dans ma cuisine, j'ai ressorti un vieux cabas de ménagère. En chemin, j'ai acheté une grosse boîte de pâtisseries pour tromper les esprits curieux. Et quelques mètres plus tard, j'ai hélé un taxi dans la rue. Sous prétexte d'une « visite familiale », j'ai demandé au chauffeur de m'attendre en bas de l'immeuble. À la façon des Iraniennes, j'ai gravi les marches sans me retourner. Au deuxième étage, une porte s'est ouverte à mon passage. Je me suis glissée dans l'entrebâillenent, la bouche cousue. L'appartement était sombre et modeste, il sentait la colère. Accroupis à même le sol, dans un concert de chuchotements, les chauffeurs de bus ont alors tout craché : les salaires impayés, le ventre creusé par la faim, les désillusions politiques, l'envie de se rebeller…

En sortant de l'interview, j'ai repris mon taxi, le cabas en bandoulière. Dans la rue, le jour cédait à la nuit dans cet instant charnière où le ciel de fin d'après-midi se couvre d'une traînée rose. Je n'avais que quelques heures pour écrire mon article et faire mes valises avant d'aller à l'aéroport. Le chauffeur a pris la première à gauche, puis la deuxième à droite. Il n'y avait pas d'embouteillages. Seuls quelques badauds perdus dans le clair-obscur.

La voiture a freiné sec. Une odeur de pneus brûlés, un crissement, puis le grognement du chauffeur de taxi. J'ai pensé qu'une roue avait crevé. Le véhicule a cogné la chaussée. J'ai levé la tête. Deux motos nous barraient la route, les mêmes motos que celle que chevauchait Mahmoud.

– D'où venez-vous ? a aboyé l'un des deux barbus en ouvrant brutalement ma portière.

C'étaient des bassidjis !

J'ai bredouillé :

– Une visite privée. L'anniversaire d'un ami.

Il ne me croyait pas. Il a répété :

– Où étiez-vous ?

Je n'ai pas eu le temps de répondre. Il était déjà assis à ma gauche, sur la banquette arrière. Son compère s'était glissé devant, à la place du mort. Derrière le volant, le chauffeur ne pipait mot. Il était tétanisé. J'ai agrippé mon cellulaire. Je voulais composer le premier numéro sur ma liste.

– Non ! a renchéri mon voisin, en me forçant à appuyer sur la touche « off ».

Ensuite, il a ordonné au chauffeur d'activer le verrouillage des portières. Comment avais-je été embarquée dans cette galère ? Étais-je sous surveillance rapprochée ? Y avait-il un indic parmi les chauffeurs ? Mahmoud, le mystérieux époux de Fatemeh, était-il de mèche avec mes agresseurs ? Ces deux barbus n'étaient pas des tendres. Des épaules de colosses, des physiques de boxeurs, des talkies-walkies à la main. Il faisait chaud dans la voiture. J'avais la tête qui commençait à me tourner. Je m'en voulais d'avoir joué les têtes brûlées. Par la fenêtre, le soleil flanchait. C'est là que l'un d'eux a lancé :

– Ouvre ton sac !

J'ai fait « non » de la tête. J'avais peur de l'ouvrir. Peur qu'il y trouve l'enregistrement de l'interview. Je voulais protéger les chauffeurs. Me protéger aussi. Il a grogné. Est ressorti de la voiture. Derrière la vitre, je l'ai vu pianoter sur son talkie-walkie. J'ai imaginé qu'il contactait ses supérieurs. Assis devant moi, son acolyte ne pouvait pas me voir. Il me fallait saisir cet instant au plus vite. Ce bref instant de folie et de frayeur où j'étais invisible de tous. D'un geste précipité, j'ai glissé la main dans mon sac, j'ai fouillé à tâtons dans le ventre de l'enregistreur. J'ai attrapé la carte mémoire, et je l'ai glissée sous mon manteau, avant de la camoufler dans le balconnet de mon soutien-gorge. Le tout, à une allure folle. J'étais en nage. Je me suis redressée sur la banquette. Au fond du sac, je n'ai pas pu sauver le carnet de notes et l'appareil photo. J'ai entendu la portière qui se rouvrait. Le colosse était déjà de retour dans la voiture.

En se rasseyant, il a hurlé :

– Le sac ! Ou la prison !

La prison ! Je tremblais encore de mon geste. J'ai levé les yeux vers lui. Au milieu de son front, la marque de sa pierre à prier me fixait, menaçante. Un troisième œil gravé entre ses deux sourcils. Le sang me cognait les tempes. J'ai repensé à mes cours de méditation. À ces longues soirées passées à me préparer psychologiquement en cas d'arrestation. J'avais fini par me faire à l'idée que ça pourrait arriver. À écouter les récits d'anciens détenus, j'avais l'impression de déjà connaître le plan de la prison d'Evin par cœur, son odeur, ses cellules sans fenêtre, la teneur des interrogatoires. Je connaissais l'éblouissement du néon, le bruit des portes en fer, les cris qui résonnent dans les couloirs. Mais la peur m'éviscérait. En vérité, on n'est jamais préparé à une arrestation.

– Alors ce sac !

Sa voix s'est écrasée contre les vitres. C'était un ordre. Un vrai. Comme une claque, le visage de Zahra Kazemi a brutalement giflé ma mémoire. Zahra Kazemi, journaliste battue à mort pour avoir refusé de donner son appareil photo aux agents du même genre. C'était en 2003 devant la prison d'Evin. J'en étais paralysée. Jamais je ne m'étais sentie aussi vulnérable.

– Le sac ! a-t-il répété.

Le sac. J'ai fini par céder. Je l'ai ouvert. Sans broncher, j'ai regardé mes effets disparaître entre ses grosses mains : mon enregistreur, mon carnet de notes, mon appareil photo…

Puis, le colosse au troisième œil a ordonné au chauffeur de rouvrir les portières. Le pauvre homme était sonné. Il tremblait derrière son volant. Avant de ressortir de la voiture, l'agent a arraché une page de mon carnet et y a griffonné un nom et une adresse qu'il a lus à haute voix :

– Monsieur Behechti. Ministère des Affaires étrangères. C'est lui qui vous rendra votre matériel, a-t-il ajouté.

Il a enfourché sa moto, mes affaires coincées sous le bras. L'autre agent l'a suivi, son talkie-walkie entre les mains. Le front contre la vitre, je les ai regardés filer comme des voyous. J'étais épuisée. Je tremblais encore. Le chauffeur s'est retourné vers moi :

– Ces types sont des malfrats, madame ! Il faut que vous portiez plainte. Allez, je vous emmène tout de suite au ministère.

J'étais émue par sa gentillesse. Un bon samaritain dans ce guêpier.

Au ministère, Behechti ne figurait pas sur le registre des employés. Ce nom était pourtant d'un commun ! De gardien en secrétaire, j'ai fait circuler le bout de papier. Ils me regardaient tous avec pitié, probablement familiers de cette « procédure ». J'ai fini par appeler le ministère de la Culture. Au bout du fil, on m'a ri au nez : « Mais vous auriez dû résister ! C'étaient certainement des voleurs ! » J'enrageais. J'étais persuadée que le pays entier était en train de se liguer contre moi. Qu'on cherchait à me briser. Quand le taxi m'a déposée chez moi, j'ai foncé sur mon ordinateur. Il ne me restait qu'une petite heure pour écrire le fameux article. En fait, je n'avais plus rien à écrire. Je ne savais plus écrire. J'avais peur de mettre les chauffeurs en danger. J'ai appelé Paris, j'ai tout expliqué à mon rédacteur en chef. J'ai reçu sa réponse comme une nouvelle gifle : « Je t'ai réservé trois feuillets dans le canard de demain. Il te reste quarante-cinq minutes pour me pondre quelque chose ! » J'ai ravalé mes sanglots. C'était la seule chose que j'arrivais à péniblement contrôler. J'ai enfoncé mes doigts sur les touches de mon clavier et j'ai « pondu » mon article. Un papier tout bête, rempli de généralités sur l'économie du pays. Sans doute le pire de mes articles.

Le téléphone a sonné. C'était Borzou.

– Tes valises sont prêtes ?

Mes valises, bon sang ! Il ne me restait que quelques heures avant de prendre mon avion pour Amman, via Dubaï. J'ai pris une grande inspiration, et j'ai menti :

– Oui, oui. Prêtes !

– Ça va ? a-t-il répondu.

– Oui, bien sûr. Quelle question !

Borzou n'était pas convaincu par ma réponse. J'ai insisté pour qu'il me croie. Je n'étais pas en état d'argumenter. De toute façon, nous nous voyions dans quelques heures. Nous aurions tout le temps de parler.

En vérité, ça n'allait pas. Pas du tout. En raccrochant, j'ai senti la paranoïa m'envahir. J'avais l'impression d'être surveillée de toutes parts. Je me disais : les bassidjis, les renseignements, le ministère, tous les mêmes ! J'ai appelé une consœur photographe. Sans lui donner de détails, je l'ai suppliée de m'accompagner à l'aéroport. J'angoissais d'y aller seule. Je savais trop bien qu'il était truffé de barbus. Peut-être avaient-ils eu le temps de réaliser qu'il manquait une carte mémoire dans l'enregistreur ? Peut-être que l'un d'eux m'attendait déjà devant la porte d'embarquement ? Peut-être qu'il m'escorterait directement vers la prison ?

Rien de tout cela ne s'est produit. J'ignore par quelle grâce divine je suis arrivée à Amman en une pièce. Il en était ainsi dans ce pays kafkaïen qu'était l'Iran : on ne pouvait jamais prévoir quand les ennuis commençaient, ni quand ils se terminaient. À ce jour, je continue à me demander s'il s'agissait d'une stratégie sournoisement calculée ou d'un manque de coordination au sein même des services de renseignements.

Au dîner, j'ai tout raconté à Borzou. Il était furieux. Il ne supportait pas l'idée que je lui ai menti au téléphone.

– Et s'il t'était arrivé quelque chose à l'aéroport ?

– Je ne voulais pas t'inquiéter, ai-je répondu.

Paupières mi-closes, mains posées sur les accoudoirs du fauteuil, il a répondu :

– M'inquiéter ? Imagine combien je me serais inquiété si tu n'étais pas arrivée à Amman ! Tu te crois invincible !

– Mais non ! ai-je dit gauchement.

– Dans ce métier, a-t-il poursuivi, il n'y a qu'une devise : survivre au danger, pour pouvoir continuer à informer !

Il s'est levé. Il a posé un regard sur la fenêtre, comme s'il cherchait du réconfort dans le calme de cette soirée d'été jordanienne. Dehors, Amman semblait si paisible, comparée à d'autres cités du Moyen-Orient. Borzou est revenu. Il s'est rassis en face de moi. Il a pris une gorgée de vin. Et il a dit :

– Tu dois divorcer de l'Iran !

– Divorcer de l'Iran ?

– Oui, divorcer de l'Iran !

Sa voix était grave. Il parlait comme on supplie un malade de revenir à la raison.

– Impossible ! ai-je répondu.

Comment pouvais-je m'arracher à l'Iran ? Comment pouvais-je m'en détacher ? Il me paraissait trop tard pour m'amputer d'une partie de moi-même. L'Iran, pays rêvé et reconquis. J'avais vécu tous les instants de son Histoire récente. Je ne pouvais l'abandonner. D'ailleurs, je n'avais plus aucune vie après l'Iran. Ce pays était ma vie.

Borzou m'a regardée droit dans les yeux.

– En Iran, ce sont eux qui décident si tu dois partir ou rester. Tu es déjà restée trop longtemps. Tu en sais trop, ça ne leur plaît pas. Ils veulent disposer du pouvoir de te contrôler, mais tu leur échappes, ils n'aiment pas ça…

Je me suis murée dans un long silence. Je sentais les sanglots envahir ma gorge. Pour éviter les larmes, j'ai changé de sujet.

– Et l'Irak, c'était comment ?

– Oh, comme d'habitude !

J'ai décelé une hésitation dans sa voix.

– Comme d'habitude ?

Il était blême, il avait un de ces airs qui cachaient quelque chose. Au bout de plusieurs minutes, il a fini par se confier.

– L'autre jour, j'allais à Nadjaf. Un reportage de routine sur les chiites. À un checkpoint, des types armés m'ont fait descendre du véhicule. C'étaient des sunnites. Ils m'ont demandé mes papiers. Je m'étais assuré de laisser mon passeport américain à l'hôtel. J'ai sorti l'iranien. À leurs yeux, ce n'était guère mieux. Ils ont pointé le revolver sur ma tempe. J'ai cru que j'allais y passer.

– Et puis ? ai-je demandé.

– Et puis ils m'ont laissé repartir. Ils m'ont dit que c'était la dernière fois qu'ils voulaient me voir à ce checkpoint. J'ai vraiment eu chaud !

J'étais livide, effondrée par la tournure que prenait notre vie. Je lui avais menti. Lui aussi m'avait menti. Nous nous servions du mensonge comme d'une carapace pour nous protéger mutuellement. Avec le temps, nous avions appris à déguiser nos angoisses en faux-semblants. En écoutant le récit de Borzou, j'entrevoyais progressivement à quel stade nous en étions arrivés. À force de côtoyer la peur, nous ne savions plus vivre sans elle. Comme si notre corps entier était programmé pour l'endurer. Nous étions réglés par la peur, tous nos gestes n'avaient de sens qu'à travers elle – comment déjouer un guet-apens, se railler des menaces, écouter un bruit, l'apprivoiser, répondre à un appel, contourner le danger ? Chaque fois, on se promettait que c'était la dernière. Et puis on recommençait. Serions-nous un jour capables de vivre autrement ?

Quelques jours plus tard, je suis rentrée à Téhéran. C'était plus fort que moi. Un besoin pressant. L'obstination d'une égarée. Plus l'Iran me maltraitait, plus j'en redemandais. Comme une femme battue qui refuse de reconnaître ses cicatrices. Mes journées oscillaient entre crises d'angoisse et plaisir incompréhensible d'être là, dans cette ville qui me faisait souffrir et que je m'acharnais à aimer. Jusqu'à cet appel inattendu du ministère de la Culture : « Venez chercher vos affaires. Elles ont été rapportées. » Dans le bureau de la presse étrangère, un sac plastique de supermarché m'attendait sur un pupitre en bois. Je l'ai ouvert. Tous mes effets y étaient rassemblés. Les « voleurs » avaient restitué l'intégralité de mon matériel. Ma carte de presse, elle, ne me serait jamais rendue.

J'étais loin d'imaginer que les « voleurs » se déplaceraient jusqu'en France.

C'était un après-midi de mai 2007. J'étais de passage à Paris pour quelques jours. Avec Borzou, nous y avions acheté un studio. Une échappatoire salutaire en cas de surplus d'idées noires. Le matin même, je venais d'y déposer mes valises. Ma ligne Skype a immédiatement sonné. C'était Kouroch, mon fidèle fixer. Il revenait d'une convocation aux services de renseignements ! Le message de son interlocuteur y avait été aussi clair qu'incisif :

« Ne t'avise plus de travailler avec cette *haramzadeh* ! »

Haramzadeh : enfant de Haram – « bâtarde », dans un jargon plus familier. En islam, c'est une formule imbibée de haine et de mépris. J'étais sans voix. Moi, une *haramzadeh* ? Me haïssaient-ils au point de chercher à me couper de mon entourage ? Je suis sortie en claquant la porte. J'avais besoin d'air frais. J'ai longé les quais, traversé la cour du Louvre à la hâte, puis je me suis lancée la tête la première dans les allées du jardin des Tuileries. J'ai couru à en perdre haleine. Je suais de tout mon corps.

De retour au studio, j'étais vidée. Mon appartement aussi. Quelqu'un avait forcé la fenêtre. Elle était grande ouverte. Mon passeport iranien jeté au sol. Mes papiers français posés sur le comptoir de la cuisine. J'ai lancé un regard affolé en direction du bureau. Mon ordinateur n'était plus là. Le disque dur, ma mémoire ambulante, avait aussi disparu. De l'appareil photo, il ne restait que l'étui. Je me suis tournée vers le canapé. Étalés sur les coussins, nos bijoux de mariage étaient tous là, sans exception. Des épaves improbables rescapées d'un naufrage. J'étais statufiée. Incapable du moindre mouvement. En quelques minutes, des années d'articles, d'interviews, d'images et de notes s'étaient volatilisées. J'ai immédiatement pensé aux services. M'adressaient-ils un dernier ultimatum ? À moins que la paranoïa qui me rongeait ne fasse divaguer mon imagination ?

Dans la panique, j'ai fini par appeler maman. Mes parents n'habitaient pas loin. J'avais besoin de conseils, d'une présence rassurante. En arrivant, elle m'a convaincue de faire une déposition au commissariat. Nous y sommes allées à pied. Au poste de police, le fonctionnaire m'a fait signe de m'asseoir. Sur un ton d'automate, il m'a expliqué que le quartier était « infesté » de voleurs des pays de l'Est. Des Roumains sans papiers, experts en cambriolage express. Ensuite, il a ajouté qu'il valait mieux tirer un trait sur mon ordinateur. Que je n'avais aucune chance de le revoir. Le même discours qu'il devait resservir à toutes les victimes de vol. Puis il m'a demandé où j'habitais en temps normal. Quand il a entendu le mot « Iran », il a fait un bond sur sa chaise. Au bout d'une heure, la police judiciaire était à la porte de mon studio. À trois, deux hommes et une femme, ils ont relevé toutes les empreintes, étudié le diamètre de l'ouverture de la fenêtre, inspecté tous les recoins du studio. On eût dit des détectives privés à l'affût du moindre indice. En partant, ils m'ont assuré qu'ils feraient tout pour retrouver les cambrioleurs. « Si j'étais vous, je tirerais un trait sur l'Iran », a soufflé poliment l'un d'eux, avant de s'en aller.

Quand ils sont partis, je me suis écroulée dans le canapé. Sa phrase me dévorait la cervelle. Je me la répétais en boucle. Le reste était étouffé sous un nuage confus. Avec la disparition de mon ordinateur, je ressentais comme un viol, celui de ma pensée, celui de mon passé. Vie publique, vie privée. Pour les « voleurs », il n'y avait plus de frontière. Chez nous, c'était chez eux s'ils le décidaient. À Téhéran comme à Paris. Ce jour-là, dans l'espace réduit de mon studio parisien, j'y ai vu le signe d'une réalité que je ne pouvais plus ignorer : l'Iran ne voulait plus de moi. Borzou avait raison. Il était temps que je me sépare de ton pays.

On m'avait volé ma mémoire, on ne me volerait pas mes carnets.

Avant d'abandonner l'Iran, je me devais d'y retourner une dernière fois. Sauver les derniers fragments qui me restaient d'un pays retrouvé, les bribes de toutes ces années passées à remonter le fil de ton Histoire. Quelques jours après le cambriolage parisien, j'ai repris l'avion pour Téhéran. En arrivant devant ton immeuble, au numéro 12+1 de la rue, celle qui croise à la perpendiculaire l'avenue Pasdaran, j'ai gravi deux à deux les marches des escaliers. À la hâte, j'ai fait tourner la clef dans la serrure. J'avais cette redoutable appréhension que le futur se jouait là, à la porte de l'appartement. Que des visiteurs malintentionnés étaient déjà passés. J'ai traversé le salon à la diagonale. Le cœur noué, j'ai ouvert la porte du bureau. En apercevant les carnets de notes, je me suis agenouillée de soulagement. Sur la bibliothèque en bois, celle qui occupait tout un mur, ils étaient là, alignés, numérotés, classés par ordre chronologique. Parfaitement organisés depuis mon premier voyage en Iran, en 1997. Mon musée de papier n'avait pas bougé.

– Salaaaam !

J'ai sursauté en relevant la tête. À côté de la porte, Mamani était là, à observer mon petit manège. Je ne l'avais pas vue arriver. Malgré son addiction cathodique et ses jambes fatiguées, elle avait délaissé son téléviseur pour monter me saluer après avoir entendu le grincement de la grille d'entrée. Elle ignorait tout de mes tracas. Je voulais la préserver, retarder le moment où je lui annoncerais mon départ.

Elle s'est avancée vers moi.

– Regarde ce que je viens de retrouver !

Dans sa main, une pile de documents enveloppés dans du papier cellophane. Elle a dit qu'elle les avait dénichés au fond d'une vieille caisse, une de ces boîtes fourre-tout que tu lui avais laissées en héritage. Il en était donc ainsi : alors que je faisais mes valises, elle rouvrait ses cartons. Son esprit de contradiction avait toujours eu ce quelque chose d'instinctif qui ne cessait de m'étonner.

– Tiens, c'est pour toi, a-t-elle dit.

J'ai éternué en attrapant le paquet en plastique. Il dégageait une forte odeur de poussière et de naphtaline. Je l'ai ouvert. Il était rempli de lettres : les lettres de quand j'étais petite, celles que je vous envoyais à tous les deux. Moi, en France. Vous, en Iran. Je les ai aussitôt reconnues. Elles étaient intactes, minutieusement empilées les unes sur les autres. Je les ai dépliées une à une. J'ai tout décortiqué : le papier, les mots, les traits de crayon. J'ai ri de ma manie de tout relever dans le détail, les faits, les dates, les âges. À ces marges réservées aux dessins qui les agrémentaient naïvement : le bac à sable du parc Montsouris, le bureau de nos parents, la nouvelle poupée de ma sœur. Tous ces petits riens qui faisaient notre quotidien lorsque, tout là-bas, vous étiez bloqués à Téhéran pendant la guerre Iran-Irak. Sur l'une des lettres, datée du 24 décembre 1981, j'avais écrit : « Et vous, est-ce que le père Noël a pensé à vous ? » J'y ai retrouvé la curiosité de comprendre. La douleur de l'éloignement. L'envie de te connaître. Je me suis dit : Il n'y a pas de hasard dans la vie. À ta mort, en 1997, j'étais partie en Iran comme dans un rêve, même si le rêve avait fini par chavirer. Après tout, « la vie, c'est peut-être ça, un rêve terrifiant », écrivait Joseph Conrad.

Une fois Mamani redescendue, j'ai sorti ma valise noire,

celle avec laquelle j'avais l'habitude de voyager. J'y ai aussitôt engouffré mes lettres et mes carnets. Il me fallait maintenant trouver un moyen pour faire sortir du pays cette empreinte du temps si précieuse. J'étais de plus en plus minée par la paranoïa. Je voyais des espions partout. À chaque coin de rue. Derrière chaque porte. Derrière chaque mur à la peinture écaillée. Mes amies ne savaient que me conseiller, elles-mêmes emmurées derrière leurs angoisses du quotidien. « Je n'ose même plus faire l'amour à mon mari », me souffla l'une d'elles, en me confiant sa crainte qu'un agent se soit glissé derrière le rideau. Restait l'ambassade de France, ultime recours dans cette impasse. Un ami bienveillant de la chancellerie m'offrit alors de faire passer mon bagage par la valise diplomatique. J'acceptai sans hésiter.

J'ai attendu que grand-mère soit endormie devant son téléviseur pour sortir en douce dans la rue. Je ne voulais pas qu'elle voie ma valise. Puis, j'ai fait rouler mon bagage le long du *djoub*, le petit ruisseau qui courait le long de ta rue. Quand j'ai croisé trois passants en chemin, j'ai sursauté en accélérant le pas. Une fois dans l'avenue Pasdaran, j'ai attrapé un taxi à la volée. Accéder à l'ambassade ne m'avait jamais semblé si périlleux. Le bâtiment se trouvait en centre-ville, dans la rue Neauphle-le-Château. Un nom facile à retenir, celui de la résidence en exil de l'imam Khomeyni. Tout au long du chemin, je me suis sentie fugitive, constamment observée. Je tressaillais au bruit des motos. Je baissais les yeux à la simple vue d'une barbe. La peur est un fardeau de plomb quand elle vous poursuit. En m'accueillant, l'ami diplomate a souri de compassion. Nous avons à peine échangé quelques mots. J'étais pressée de repartir au plus vite.

Le lendemain, j'ai aussitôt repris mon avion pour Paris. Avant de partir, Mamani m'a embrassée sur le pas de la porte en m'assurant qu'elle attendait mon retour. Elle a ajouté qu'elle voulait que je lui rapporte une crème antirides. C'est ainsi qu'elle formulait toujours ses au revoir. Une nouvelle fois, je me suis réfugiée dans le mensonge. J'ai dit « oui » sans ciller. Je craignais qu'elle ne soit à nouveau abandonnée à ce vide auquel tu l'avais condamnée. Je me mentais aussi : l'idée de ne jamais revenir m'était insupportable. Quand on aime, on s'interdit de mettre un point final. Quand on aime, il n'y a pas de dernière fois. Alors, je suis partie en laissant mon appartement en l'état : les draps sur le lit, la serviette de toilette qui sèche sur le balcon, quelques brochettes de poulet rangées dans le frigidaire. Aujourd'hui encore, des années plus tard, Mamani me parle toujours de ces brochettes gâchées.

À l'aéroport, je n'ai pas été inquiétée. Ni au contrôle des passeports. Ni dans la salle d'embarquement. J'en ai conclu que Monsieur Finger et ses hommes de l'ombre étaient soulagés de mon départ. À force d'intimidation, ils avaient remporté la bataille. Ça fait moins de bruit, un journaliste hors des frontières. Ça fait moins de bruit, un journaliste qui se résigne à souffrir en silence. Dans l'avion, j'ai dormi pendant tout le trajet. Ce voyage avait fini par m'achever.

Quelques jours plus tard, le Quai d'Orsay m'a appelée. La malle aux lettres était arrivée à Paris. La réception des courriers de la valise diplomatique se faisait dans un bâtiment situé dans une rue adjacente à l'entrée principale. On y accédait par une grande porte en fer. Vieux réflexe, j'ai sursauté en l'entendant se refermer. Serais-je un jour capable de réapprendre à vivre normalement ? Un peu sonnée, j'ai indiqué un numéro au fonctionnaire. Il a disparu dans un sas avant de réapparaître à la minute.

– C'est une valise noire ?

– Pardon ?

– Je disais : une valise noire à roulettes, c'est bien ça que vous êtes venue chercher ?

– Euh, oui !

Le petit tapis roulant s'est enclenché automatiquement. Il faisait froid, le même froid qu'à l'aéroport de Téhéran. Au bout de quelques secondes, ma valise est apparue. Gonflée comme une oie engraissée, enceinte de mes carnets. Dix ans de reportages. Dix ans de ma vie dans une valise. De ton pays, c'était tout ce qui me restait.

– Merci ! ai-je dit gauchement.

– De rien, a répondu le fonctionnaire en me raccompagnant à la porte.

Et je suis partie, en traînant mon bagage.

Dans la rue, j'ai senti des gouttes d'eau sur mes joues. Il pleuvait. Le ciel était gonflé de nuages. Et moi, je pleurais en les regardant. Depuis ta mort, je n'avais plus autant pleuré.

Avec Borzou, nous avons fini par déménager à Beyrouth. Après Téhéran et Bagdad, c'était la ville qui nous allait le mieux. Beyrouth était une cité blessée. Partout, les traces de la guerre civile libanaise, les stigmates des obus, l'empreinte des missiles du dernier conflit, celui de 2006 contre Israël. Mais c'était une ville « libre », le costume parfait pour fugitifs, à la taille de tous les parias de la région interdits de parole dans leur pays. Beyrouth, un déversoir à idées subversives. Beyrouth, ville exutoire.

Borzou venait d'y être nommé correspondant au Moyen-Orient pour le *Los Angeles Times*. Une récompense pour tous ses reportages en Irak. En France, les médias pour lesquels je collaborais n'avaient rien à m'offrir, hormis le « regret » de me voir quitter Téhéran. Pas même l'espoir de faire une pige, tant le Liban était saturé de reporters indépendants. J'en voulais à ma profession, j'enrageais à l'idée de me heurter à des « non » dès que je proposais un article. Mais je me résignais à le suivre. Après tout, Beyrouth nous donnait la chance de renaître à deux. Elle vibrait de tous ces petits riens qui s'étaient volatilisés de notre quotidien : la caresse du vent dans les cheveux, les fous rires au téléphone, le plaisir de marcher sans se retourner. Boutonnée de paradoxes, elle avait ce don singulier d'arracher le visiteur à ses tourments d'ailleurs. Dans notre déménagement, ma valise noire nous avait suivis.

Nous n'avions plus à la cacher. À nous cacher. À Beyrouth, nous retrouvions enfin un soupçon de normalité.

Après trois ans de mariage, c'était la première fois que nous choisissions un appartement ensemble. Il fallait voir avec quel entrain nous avons arpenté les rues de la cité méditerranéenne, de maison en immeuble, de cage d'escalier en toit-terrasse. Karine, une des meilleurs agents immobiliers de la place beyrouthine, nous avait convaincus d'habiter Ashrafieh. C'était le quartier à majorité chrétienne, à l'est de l'ancienne ligne de démarcation. Plus sûr, plus calme. Au bout d'une dizaine de visites, nous avons trouvé l'appartement de nos rêves. Il occupait la moitié du troisième étage d'un immeuble Art déco. Une façade jaune Provence, un salon lumineux, un grand bureau, des balcons qui filaient le long de chaque pièce. À gauche, une mosquée. À droite, une église. Au pied de l'immeuble, un bar à sushis et une boutique de vaisselle en porcelaine. Et, en face, le vendeur de piles électriques qui roulait les *r* et arborait fièrement une cravate Mickey.

Je me suis immédiatement sentie chez moi. La journée, nous nous immergions dans les méandres des conflits politiques locaux. Le soir, nous flirtions avec la nuit, écumant les bars et les discothèques d'une capitale qui ne dort jamais. Adieu les manteaux longs, les mots de passe, l'appréhension d'une visite inopinée. Nous vivions l'instant présent. Comme les Libanais, vaccinés par des années de conflit, nous laissions nos soucis au vestiaire. L'amnésie était notre habit de fête. Une parure confortable pour qui cherche à fuir ses tourments. Parfois, nous dansions jusqu'au petit matin, avant d'aller manger un manoucheh en guettant le lever du soleil sur la corniche. Le nouvel an fut l'occasion de pendre notre crémaillère. Nous avions invité une cinquantaine de personnes. Nous en reçûmes quatre fois plus. Le lendemain, tous les clients me saluaient au supermarché. En français. En anglais. En arabe. Cette cité était un vrai village polyglotte. Mon salon, la nouvelle piste de danse du quartier.

Le Liban, ce n'était pas que ça. C'était Tripoli la sunnite et ses posters de Saddam Hussein. C'était Nabatieh la chiite et ses photos géantes de Khomeyni. Chaque ville que nous traversions avait un air de déjà-vu. Dans un pays où chaque communauté n'existe que par sa confession, Beyrouth était une cité multifacette. Et moi un caméléon. Ma couleur changeait en fonction des quartiers. À Ashrafieh, j'étais française. À Dahieh, le fief du Hezbollah chiite, j'étais iranienne. Non par choix délibéré, mais par simple effet miroir. En fait, j'étais le reflet de ce que chacun voulait projeter sur l'écran de mon visage. En fonction de leur confession, les Libanais avaient cette surprenante tendance à s'identifier à un pays parrain. Ils étaient plus français que les Français, plus iraniens que les Iraniens, plus saoudiens que les Saoudiens. Un instinct de survie dans ce pays miniature tant convoité, théâtre permanent de conflits par procuration. Moi, je les observais en naviguant d'un quartier à l'autre, le foulard tantôt en écharpe, tantôt sur la tête. Où que j'aille, je portais Beyrouth comme une robe taillée sur mesure. Jamais ma double nationalité n'avait trouvé un écho si singulier. Comme deux opposés qui s'attirent et se complètent, mes deux moitiés s'équilibraient.

C'est à cette époque-là, je me souviens, que m'est venue l'envie d'écrire. Pas un article, mais un récit, celui de la valise. Celui des lettres, des carnets, de la peur, de la vie qui se déroule à la façon d'une vague, de la quête de soi. Je voulais te le dédier tel un hommage *post mortem*. Sans toi, il n'y aurait eu ni vague ni Odyssée. Mais ce récit, comment lui donner forme, par quoi commencer ? Mon corps était au Liban. Mon cœur à Téhéran. Sur ma page, les mots titubaient. Un trop-plein de sentiments contradictoires m'empêchait de rassembler mes idées. Il me tardait de dérouler cet excès d'émotions sur le papier. Pourtant, j'étais dans la fuite. Chaque jour, je remettais à plus tard le début du manuscrit. Je sentais que ton Histoire, mon Histoire, n'était pas finie. Pas encore.

Shiraz, deux ans plus tard.

C'est à Shiraz, en mars 2009, que l'inspiration m'est enfin revenue. Longtemps, la ville de ton poète préféré m'avait murmuré de revenir. Sonder l'âme de Hafez, me nourrir de ses présages. Une étape indispensable dans ce parcours initiatique inachevé. Deux ans s'étaient écoulés depuis mon départ précipité de Téhéran. Deux ans à sillonner, au gré de mes reportages, d'autres contrées de la région : Syrie, Yémen, Oman, Bahreïn. Deux ans à m'efforcer d'oublier ton pays. En vain.

Avec Borzou, nous avions terriblement hésité avant d'entreprendre ce voyage. En cette année 2009, la République islamique soufflait ses trente bougies sur fond de répression renforcée. Roxana Sabéri, une consœur irano-japonaise, avait été arrêtée pour « espionnage ». Rongés par la peur, plusieurs amis de plume avaient cessé de travailler. D'autres avaient choisi l'exil. Mamani aussi s'en était allée. À force de tourner en rond dans sa « cage dorée », elle avait fait ses valises pour Paris, où elle les avait définitivement posées, à proximité de mes parents. Si jamais à notre arrivée en Iran Monsieur Finger se rappelait à notre bon souvenir, nous n'avions aucun prétexte familial à lui donner.

Mais après deux ans d'absence et de silence, ce voyage était loin des sentiers vertigineux. C'était un voyage pour nous, un voyage hors du temps, qui se moquait de la politique et des aléas de l'actualité. Dès notre arrivée à Téhéran, nous avons pris la route du Sud, celle qui mène aux tombeaux des grands maîtres de la poésie persane. Ensemble, nous sommes allés nous recueillir sur celui de Hafez, au nord de Shiraz. Le repaire des amoureux, une oasis de sérénité. Tous les mois, les visiteurs y affluaient par centaines pour apposer la main sur le marbre frais du mausolée en récitant quelques *ghazals* du grand poète du XIVe siècle : des petits porte-bonheur qu'ils épinglaient à leurs rêves, comme celui de la « vague » que tu m'avais donné en cadeau. Les yeux clos, nous avons gardé le silence en faisant défiler les années écoulées sur l'écran de notre mémoire. Il y avait trop d'émotion contenue pour qu'elle se décline en paroles. Puis nous avons parcouru les allées alentour, encadrées par d'élégants cyprès. Dans le parc, il flottait une odeur printanière de rose et de jasmin. À la boutique de souvenirs, j'ai fini par acheter *Le Divân* de Hafez dans sa version originale. Mon premier ouvrage persan sans traduction.

Notre pèlerinage achevé, nous sommes allés sonner chez Ali Jafarian, un vieil ami musicien. Il nous a ouvert sa porte, la paume de sa main appuyée sur la poignée, l'autre cherchant à tâtons une joue à embrasser. Depuis l'âge de 14 ans, Ali ne voyait plus. La faute à une mauvaise chute dans un escalier. Mais au royaume des paradoxes de la morale islamique, sa cécité avait joué en sa faveur : il était le seul homme autorisé à diriger un ensemble exclusivement féminin.

– Vous tombez bien, les filles vont bientôt arriver, a-t-il glissé, d'un sourire paternel.

À petits pas, nous l'avons suivi jusqu'au salon principal. Les canapés étaient plaqués contre les murs. Sous la grande fenêtre, le piano dominait un parterre de chaises pliantes, une trentaine, disposées en enfilade. Au fond de la salle, une femme en chemisier rose s'affairait à régler la sono. J'ai aussitôt reconnu Pouran Dokht, l'épouse du maestro. Ce vendredi, comme tous les vendredis, c'était jour de répétition.

Pouran nous a fait signe de nous asseoir avant de disparaître dans la cuisine. Elle est aussitôt revenue, en déposant deux jus de cerise sur le buffet du salon. Des photos jaunies par le temps y chantaient la nostalgie du passé. Sur l'une d'elles, Ali Jafarian brillait d'élégance dans son costume à l'italienne, posant aux côtés des divas du temps du chah. Enfant, il s'était d'abord rêvé sculpteur. Après son accident, sa mère avait préféré en faire un musicien. Prodige du violoncelle, maîtrisant à la perfection le piano, il s'était vite imposé dans le microcosme des artistes iraniens, sautant de concerts classiques en accompagnement musical de pop stars. Après la révolution, de nombreuses étoiles de la musique persane s'étaient enfuies, mais il avait choisi de rester, endurant sans sourciller les descentes de police à l'affût d'instruments « sataniques » : pianos, guitares, saxophones… Confiné au noir et au silence, il avait discrètement mis son talent au profit des jeunes filles de sa ville, assoiffées d'échappées culturelles, en leur donnant des cours de solfège. Leurs progrès fulgurants avaient coïncidé avec les timides ouvertures des années quatre-vingt-dix. Sous sa direction, et derrière l'écran noir de ses lunettes, l'un des premiers orchestres féminins de l'après-révolution avait ainsi vu le jour.

La sonnette a retenti. C'était Bahareh, une de ses plus anciennes élèves. Une fois son foulard retiré, elle a pris soin de dénouer sa longue tresse pour redonner vie à ses longs cheveux noirs, avant d'embrasser tendrement son maître de musique.

– Salam, *Ostâd* (Maître) ! a-t-elle lancé d'une voix de miel.

La trentaine, la jeune femme rayonnait dans sa robe en soie, cintrée à la taille. Étudiante en architecture, des études qu'elle poursuivait scrupuleusement en parallèle, elle était la pianiste du groupe. Les unes après les autres, les musiciennes ont suivi. Il fallait voir avec quelle grâce elles rivalisaient de coquetterie, révélant décolletés et escarpins, une fois le perron passé. Assise dans un coin, je dévorais des yeux ce délicieux manège. Appuyé sur sa canne d'aveugle, Ali naviguait de l'une à l'autre, les complimentant sur leur parfum, taquinant leurs absences, s'enquérant de leur situation familiale. Il y avait celles qui, sous l'impulsion d'un mari possessif, avaient renoncé à la musique, celles qui venaient ici à l'insu de leur père, celles qui avaient convaincu leurs époux de prendre, eux aussi, des cours avec le maestro. Dans cet Iran des bulles, où chacun se mettait des œillères pour survivre, la maison d'Ali Jafarian était plus qu'un refuge. C'était un havre de paix, un lieu de résistance où l'excellence défiait la religion et le pouvoir. Une métaphore contemporaine du jardin de Hafez.

Je m'étonnais que les répétitions d'Ali aient survécu aux tours de vis d'Ahmadinejad. Depuis 2005, plusieurs de ses concerts avaient été annulés, souvent sans préavis. Après une grande inspiration, Ali se pencha vers moi.

– Combien de fois ai-je songé à mettre un terme à mon travail ! souffla-t-il.

Chaque fois, ses élèves l'en avaient dissuadé, le menaçant de sombrer dans la dépression si on les privait de leur vendredi salutaire. Alors Ali avait fini par céder, faisant du petit bonheur la chance le mode d'emploi de ses répétitions. Après tout, c'est ainsi qu'il fonctionnait depuis des années. En l'absence de soutien étatique, il avait toujours tout payé de sa poche : les réparations des instruments, les repas de ses élèves, les déplacements dans la capitale lors de représentations publiques ou privées…

– Pour faire ce métier, il faut être fou. Ou amoureux ! a-t-il dit, en brassant l'air d'une main tendre.

Et puis il est parti dans un grand fou rire.

Ses éclats de rire se sont vite perdus dans la cacophonie des instruments. Dans la salle, les filles avaient rejoint leurs chaises, accordant leurs sétars, réglant leurs santours. Au premier rang, les virtuoses du daf faisaient déjà danser leurs doigts sur la peau tirée de l'instrument rond. Aidé par Pouran, son épouse, Ali a pris place face au parterre de musiciennes, debout, derrière son pupitre. Tête droite, le menton pointé vers la salle, il a annoncé de ses deux mains le début du premier morceau.

Il y eut d'abord quelques notes de piano, puis un orage de percussions, et la voix de soprano de Dorna, la soliste de l'orchestre.

> Mon printemps, ma fille !
> Réveille-toi !

– C'est une chanson interdite, a soufflé Pouran.

J'ai penché la tête. Je voulais qu'elle m'en dise plus.

– C'est Fereydoun Moshiri qui l'a écrite. Elle a ensuite été chantée par Marzieh.

Rien que ces deux noms auraient pu faire d'Ali Jafarian un dissident à embastiller. Moshiri, poète de l'amour. Marzieh, la diva iranienne en exil, convertie au militantisme moudjahidin, après la révolution de 1979.

– Cette chanson, poursuivit l'épouse du maestro, évoque l'Histoire, vraie, d'une certaine Bahar, un prénom synonyme du « printemps » en persan. À l'époque, la jeune Iranienne, fille du compositeur Farhad Fakhreddini, mourut d'une maladie incurable, à la fleur de l'âge. Pour consoler son père et ami cher, Moshiri lui dédia ce morceau.

Je me souviens avoir fermé les yeux. Avoir attentivement tendu l'oreille en me laissant bercer par les paroles.

> Fleur de mon destin
> Oh le mignon bourgeon
> Le printemps arrive et tu viens avec lui…
> Mon printemps, ma fille !
> Réveille-toi !

Cette chanson chantait la mort et le printemps, elle vibrait de mélancolie et d'espoir. On disait de Hafez que ses vers apaisent les incertitudes, qu'ils soignent les tourments. Au cœur de sa ville, dans le huis clos de l'orchestre de Shiraz, j'ai voulu voir dans cette chanson le signe d'un possible renouveau.

De retour à Beyrouth, *Le Divân* de Hafez est devenu mon guide errant. Un compagnon de vie, ce petit ersatz d'Iran qui, ici ou ailleurs, n'allait plus me quitter. Il était là, posé sur ma table de chevet, comme le reflet de ton souvenir, prêt à livrer quelques clefs de survie dans les moments de nostalgie. Ses vers me berçaient. Ils me berçaient de la même manière que la chanson du printemps, doux refrain d'espoir qui habitait ma pensée. Les Iraniens ont cette singulière propension à s'abandonner à leur destin, à sonder les oracles, imams, diseuses de bonne aventure, poètes, pour illuminer leur chemin embrumé. À mon tour, j'avais cédé au charme des prophéties de Shiraz. Borzou me regardait avec perplexité. Il s'inquiétait de mon regain d'optimisme. Lui qui m'avait vue fondre, six ans plus tôt, sous l'effet de l'iranite, y voyait la recette anticipée d'une nouvelle désillusion. Il me trouvait trop passionnelle. Je l'accusais de rationalisme démesuré.

Le destin finit par jouer en ma faveur. Au début, tout du moins. C'était un matin de mai 2009. Dans un courriel encore une fois dénué d'explication, le ministère de la Culture m'annonçait sa disposition à m'accorder une nouvelle carte de presse. Trois ans après l'incident des chauffeurs de bus, on m'autorisait à retravailler en Iran. Cet étonnant « miracle », nouvel exemple des contradictions du pouvoir iranien, coïncidait une fois de plus avec l'approche de la présidentielle. Dans un élan de générosité, le régime avait fait délivrer plus de six cents visas aux journalistes de la presse internationale. Borzou aussi figurait sur la liste des nouveaux accrédités. Enivrés par la nouvelle, nous avons préparé nos sacs à la va-vite, en jetant aux oubliettes tous les tracas du passé. Nous étions sur un petit nuage. Ce pays, aimé et redouté, nous invitait à revenir.

Le 29 mai, nous avons atterri à Téhéran comme dans un rêve éveillé. Au contrôle des passeports, le traditionnel pincement d'angoisse s'est vite dissipé dans un océan d'humeur clémente. Malgré ses néons blancs, l'aéroport avait perdu de son habituelle austérité. À la réception des valises, des passagers racontaient avoir fait le voyage rien que pour voter. Derrière la vitre du hall d'entrée, des hordes de cousins les attendaient, les bras chargés de fleurs. Dehors, la capitale s'était habillée de nouveaux posters. Pas ceux, habituels, des ténors du régime. Mais ceux des trois rivaux d'Ahmadinejad, candidat à sa réélection. Sur les trottoirs, les réverbères illuminaient leurs sourires. Il y avait des guirlandes couleur rouge à lèvres sur les arbres, des tapis de tracts à chaque carrefour. En chemin, le chauffeur de taxi nous confia son soulagement à la simple idée que le président va-t-en-guerre puisse être écarté du pouvoir : « À cause de lui, les Occidentaux nous prennent pour une bande de fanatiques. Quel que soit son remplaçant, il ne sera que meilleur. »

C'était une drôle de vague qui déferlait sur Téhéran. Un frémissement inespéré, comme un air de fête ressuscitée. En quelques jours, la vague prit la couleur du vert. Symbole de l'islam. Et de l'espoir, aussi. Partout, des rubans verts, des T-shirts verts, des foulards verts, des vernis à ongles verts… À l'origine, le vert était la couleur de Mir Hossein Moussavi. L'adversaire principal du président sortant l'avait pioché par hasard à la loterie des candidats. Ahmadinejad avait hérité du rouge, Mehdi Karoubi, l'ex-président du Parlement, du blanc, et Mohsen Rezaï, l'ancien chef des Gardiens de la révolution, du bleu. Le vert, un présage de plus au cœur de ce qui ressemblait étrangement à un nouveau printemps iranien ?

Le 3 juin, il se produisit un second « miracle ». C'était aux environs de 22 h 30. Nous venions d'allumer notre téléviseur. Ahmadinejad y occupait la moitié de l'écran, Mir Hossein Moussavi l'autre moitié. C'était le premier d'une série de débats télévisés comme on n'en avait jamais vu en trente ans. Pour créer un semblant de démocratie, le Guide suprême avait lâché du lest sur les médias. Un peu hésitant, le dos courbé, Moussavi m'a d'abord frappée par son manque de charisme. De cet ex-Premier ministre des années quatre-vingt aux cheveux grisonnants et au costume sombre, on savait peu de chose. Après une traversée du désert de presque vingt ans, il avait remplacé au pied levé Khatami après qu'il eut hésité à se représenter au scrutin. Piètre orateur, il semblait presque perdu face à un Ahmadinejad très agressif. Fidèle à sa réputation de provocateur, le président en profita pour brandir, face caméra, un document illisible : la « preuve », disait-il, que l'épouse de son adversaire avait triché pour entrer à l'université. Moussavi s'est aussitôt métamorphosé. Il a bondi sur sa chaise. Ses yeux pétillaient de colère. D'une traite, il a rétorqué : « Vous êtes en train de mener le pays sur la voie de la dictature ! » Et là, dans un élan d'audace inattendue, il l'a accusé, pêle-mêle, d'aventurisme, d'instabilité, d'extrémisme et de superstition.

À la fin du duel, nous sommes allés faire un tour du côté de l'avenue Vali Asr, près des studios de la télévision nationale où le débat avait été filmé en direct. Les rues étaient bondées de grappes de jeunes drapés de vert qui criaient leur espoir d'une liberté retrouvée. Rompant avec l'autocensure en vigueur, une jeune femme a entonné : « Gouvernement de patates, je n'en veux plus ! » Sa façon à elle de dénoncer la distribution gratuite de pommes de terre par les pro-Ahmadinejad. Rassemblée autour de l'Iranienne effrontée, la foule a repris la formule en chœur. Soudain, c'étaient quatre ans de colère retenue qui se déversaient sur le trottoir. À l'unisson, les badauds ont enchaîné : « Moussavi ! Moussavi ! » Ce soir-là, un nouveau « héros » était né.

Alors que j'écrivais mon reportage, une fois de retour à la maison, Mamani m'a appelée de Paris. Elle brûlait d'envie d'en savoir plus sur la campagne électorale. Dans sa voix, j'ai senti le regret de ne pas être à Téhéran. Mais ses opinions politiques n'avaient pas changé. « Ce n'est pas une élection. C'est une sélection », a-t-elle maugréé au bout du fil. Elle disait que le scrutin était faussé d'avance. Que les candidats, quels qu'ils soient, devaient préalablement passer par le filtre du Conseil des Gardiens avant d'être approuvés par le Guide. Qu'il n'y avait donc aucune raison de s'enthousiasmer de cet engouement passager. Je connaissais son refrain par cœur.

Jour après jour, la vague s'est pourtant mise à gonfler de plus belle. À la nuit tombée, des bandes joyeuses inondaient les rues à grand renfort de slogans et de « youyous » festifs. Jusqu'au soir où la vague a fini par déborder jusque sous nos fenêtres. Happée par le brouhaha, je suis descendue dans la rue. Au bout de notre impasse, l'avenue Pasdaran grouillait de monde. Une discothèque à ciel ouvert. « Ahmadi-bye-bye ! Ahmadi-bye-bye ! » fredonnaient les badauds, en faisant claquer leurs doigts vers le ciel. J'ai levé les yeux vers une pancarte qui dansait au-dessus des têtes. « Je te reconstruirai ma patrie », disait le slogan inspiré d'un poème de la grande Simin Behbahani. En me retournant, mon regard a croisé celui d'une personne au visage particulièrement familier. Je me suis frotté les yeux pour mieux voir. Fatemeh, la milicienne bassidji ! Elle était là, au milieu de cette foule en émoi, avec son foulard bleu nuit qu'elle avait assorti à un manteau audacieusement cintré à la taille. Épinglé à sa boutonnière, un drapeau d'Iran et une photo de Moussavi.

« *Khoch Amadi !* Bienvenue ! » a-t-elle hululé en me serrant dans ses bras. Nous ne nous étions pas revues depuis 2007. En réalité, il y avait à peine de quoi s'étonner de la retrouver là, elle qui se métamorphosait au fil des années. Je lui ai demandé où était Mahmoud. Elle a haussé les épaules d'un air désabusé, puis elle a pointé son menton en direction du trottoir d'en face. Là-bas, de l'autre côté de la rue, j'ai reconnu son époux. Il était debout, au premier rang d'un attroupement aussi dense que le nôtre. À la différence près que les pancartes affichaient le visage barbu d'Ahmadinejad. Et que les filles portaient des voiles plus austères. Fidèle à son idole, Mahmoud portait le même blouson informe que lui. « Tchiz ! Tchiz ! Tchiz ! » scandait-il d'une seule voix avec la foule, pour se railler du léger bégaiement du rival Moussavi. De part et d'autre, les cris chantaient la division, celle d'un pays tiraillé entre repli nationaliste et désir d'ouverture. Deux faces inversées d'une même pièce. Deux poids égaux sur une même balance. À quelques jours du scrutin, l'Iran était coupé en deux, à l'image du couple bassidji, et vraisemblablement destiné à un second tour entre les deux principaux adversaires.

Et puis, ce déclic inattendu : tous ces Iraniens, ces désillusionnés, cette masse silencieuse déçue des réformes, grands absents des urnes de 2005, qui, renonçant à leur tentation de boycotter le scrutin, commençaient à se faire de nouveau entendre. « Entre le mal et le pire, mieux vaut choisir le mal », disait leur nouvel adage. Parmi eux, beaucoup de femmes, de jeunes, portés par cette envie commune de reprendre en main leur destin. Chaque jour, ils étaient plus nombreux à défiler dans les rues, sautant d'une chaîne humaine à un concert pro-Moussavi. Ils défilaient, comme surpris par leur propre courage, gamins sur les épaules, et des sourires plein les poches. Ils défilaient en inventant des slogans comme on compose une mélodie. Souvent, leurs slogans se déclinaient en blagues. « Pourquoi Ahmadinejad porte-t-il la raie au milieu ? Pour séparer les poux mâles des poux femelles », disait l'une d'elles. Après quatre ans de retenue, l'espace public était une arène de tous les possibles.

Le 10 juin, dernier jour officiel de campagne, je retrouvai brièvement Sepideh, mon amie journaliste, entre deux interviews. Depuis le début de la campagne, elle sautait de meetings politiques en rassemblements de rue. Ce nouveau climat de détente lui permettait enfin d'écrire à nouveau des reportages sans avoir à s'autocensurer. Elle exultait : « On a gagné d'avance. C'est le plus beau jour de ma vie ! » Dans ses éclats de rire, j'ai aussitôt reconnu le même enthousiasme que celui de la fin des années quatre-vingt-dix, cette soif de vie qui m'avait bouleversée dès notre première rencontre. Et puis, elle s'est interrompue en regardant sa montre. « Il faut que je file, je suis déjà en retard pour écrire mon article du jour. Rendez-vous le jour de la victoire ! J'apporterai les gâteaux ! » a-t-elle lancé, avant de m'embrasser. J'étais captivée par son énergie bouillonnante qui contrastait avec la morosité de ces quatre dernières années. C'était un printemps sans pastiche, une saison de panache. Je commençais à y croire autant que les Iraniens. Après tout, Moussavi avait peut-être toutes ses chances de l'emporter dès le premier tour.

Dans la foule, pourtant, ces caméras de plus en plus présentes qui filmaient les badauds, ces barbus à moto qui zigzaguaient d'un attroupement à l'autre. Le matin même, un responsable des Gardiens de la révolution avait osé comparer la campagne de Moussavi à une « révolution de velours ». Mais personne n'y prêtait attention, tant la joie avait chassé la peur.

Le 12 juin, jour du vote, le même engouement s'est déversé dans les urnes. À plusieurs reprises, les autorités durent prolonger l'ouverture des bureaux de vote. À leur fermeture, à 22 heures, les sondages évoquaient déjà un taux de participation record de 85 %. C'était comme si un nouvel Iran était en train de renaître. Contaminée par l'euphorie ambiante, j'ai regagné l'appartement de l'avenue Pasdaran. Mon taxi roulait le long des gratte-ciel, fenêtres ouvertes au vent.

Dans un concert de klaxons, une voiture nous a doublés. J'ai relevé la tête. Assise en amazone sur la portière arrière, une jeune femme agitait d'une main espiègle son foulard vert dans la nuit. Sous les étoiles, ses boucles brunes dansaient la farandole. Libres, légères, insolentes. Dernier « clic » d'une ville enivrée d'espoir. Dernière vision nocturne, à la lisière du surréel, que j'ai gardée de ce soir-là.

– C'est un coup d'État !

Au bout du fil, Sepideh était en pleurs. Il devait être aux environs de 22 h 30, ce 12 juin. Les mots brouillés par les larmes, elle a ajouté :

– Le quartier général de Moussavi a été attaqué par les bassidjis. C'était il y a quelques minutes. J'y étais. Ils ont cassé les ordinateurs, arraché les posters des murs... Des responsables ont été embarqués par la police... On ignore où ils sont maintenant.

Sa voix s'est perdue dans un épais silence. J'ai tenté de la rappeler. Sans succès. Son téléphone sonnait dans le vide. Quelques minutes plus tard, le mien a sonné. J'ai décroché à la hâte. C'était un représentant de Moussavi. Organisée au pied levé, une conférence de presse allait se tenir dans quelques minutes. Il nous implorait de nous y rendre au plus vite. En route, nous avons enchaîné les appels. Des amis bien informés ont confirmé les craintes de Sepideh : dans son édition du lendemain, le journal conservateur *Keyhan*, déjà sous presse, titrait sur la victoire d'Ahmadinejad.

– J'ai remporté l'élection. Il y a eu fraude électorale ! a lancé Moussavi de sa tribune improvisée.

Il venait juste d'entamer son discours quand nous sommes arrivés. Dans le réduit de ce petit bureau, en plein cœur de Téhéran, une foule de journalistes étaient entassés autour du candidat réformiste. Statistiques à l'appui, ses conseillers disaient qu'ils détenaient la preuve de sa victoire. Le vote massif des jeunes et des femmes avaient nettement joué en sa faveur. Les yeux cernés, le visage éteint, Moussavi a ajouté qu'il refusait l'échec, qu'il se battrait jusqu'au bout. Et puis il s'est éclipsé par une petite porte dérobée. Dehors, un silence de plomb écrasait la ville, abasourdie. Sur le chemin du retour, j'ai rappelé Sepideh. Elle a enfin décroché.

– Cette fois-ci, les bassidjis ont attaqué le bâtiment de *Qalam-e Sabz* (*La Plume verte*), le journal de Moussavi ! Je crains le pire, a-t-elle lâché.

À ces paroles, j'ai compris que quelque chose de redoutable était en train de se passer. Mais nous étions bien incapables d'en mesurer l'ampleur.

Le lendemain matin, l'onde de choc avait traversé Téhéran. À la radio, le présentateur passait en boucle l'annonce de la « réélection » haut la main d'Ahmadinejad, tandis que la rumeur courait déjà sur l'assignation à résidence de Moussavi et des autres candidats modérés. Dans la rue, les taxis collectifs s'étaient métamorphosés en défouloirs. Borzou et moi en avons pris un, à la volée. Une fois la portière close, j'ai allumé mon enregistreur. Les passagers étaient en colère, ils voulaient tous parler. Hors de lui, l'un d'eux s'est mis à raconter que d'autres permanences de campagne avaient été saccagées. Un deuxième a affirmé avoir eu vent de l'arrestation d'activistes. Il disait qu'il avait vu aussi, de ses propres yeux, des membres du camp réformiste se faire refouler, la veille, de nombreux bureaux de vote. Un autre encore a râlé de ne plus pouvoir envoyer de textos, intégralement bloqués dans tout le pays. Et puis cette incompréhension collective : comment prétendre à une élection transparente, lorsque les résultats tombent au même moment que la fermeture des urnes ? « Ils n'ont même pas pris la peine de compter les voix ! » a étouffé de rage le chauffeur. « Il y a eu fraude. Je vous le jure, il y a eu fraude ! Écrivez-le dans vos journaux ! Les nôtres sont en voie d'extinction », a renchéri l'un des passagers. Il portait un T-shirt vert sur un blue-jeans où la lettre *mim*, l'initiale de Moussavi, avait été brodée dans la même couleur. Il était hors de lui. Il disait que Khamenei était derrière la fraude. Qu'il avait été dépassé par l'ampleur de l'engouement pro-Moussavi. Qu'aux yeux du Guide, la victoire du nouveau « héros » mettait en péril le régime. Alors, il y avait fait obstacle. Comme ça. Sans négocier.

Mon téléphone a vibré. Une nouvelle conférence de presse allait se tenir, cette fois-ci au siège du quotidien *Etelaat*. J'ai demandé au chauffeur de me rapprocher. Le temps d'y accéder, la police avait déjà quadrillé les lieux. Avec Borzou et quelques confrères, nous nous sommes retranchés dans un café de l'avenue Vali Asr. Sur le trottoir, un jeune distribuait des tracts à la sauvette. Calligraphié en lettres noires, le message disait : « Rendez-vous place Vanak pour dénoncer le coup d'État. » Nous étions à quelques encablures du point de ralliement. Nous y avons foncé.

« Où est mon vote ? » Le poing tendu vers le ciel, une jeune femme a déchiré le silence de sa voix cassée. Ses mots ont immédiatement décousu les lèvres closes des premiers arrivants. « Où est mon vote ? » a répété la foule en chœur. « Mort au dictateur ! », « Mort au coup d'État ! », ont renchéri d'autres manifestants. Ils étaient plusieurs centaines rassemblés sur Vanak. Un essaim de mécontents qui grossissait à vue d'œil. Des hommes en bleu de travail, des étudiants déboussolés, de vieux messieurs en savates. Et puis soudain, ce hurlement métallique, celui de chaînes qui fouettent les pavés. J'ai levé la tête. À cheval sur leurs Honda, les bassidjis chargeaient les manifestants. Quelqu'un a crié qu'il fallait se disperser. Vite. Nous avons couru avec la foule. Un mouvement désarticulé, sans queue ni tête, qui zigzaguait entre les voitures. Le vrombissement des motos nous poursuivait. Le long de Vali Asr, les magasins baissaient leurs rideaux de fer à la même allure que notre course effrénée. Je ne sais par quel miracle, nous avons atterri dans une librairie. Le propriétaire a refermé la porte derrière nous, en éteignant les lumières. Dans le noir, je ne distinguais que des ombres. Quelques rescapés coincés comme des sardines entre les livres. À côté de moi, une femme a explosé en larmes. Elle portait un long tchador, aussi noir que l'hématome qui lui cernait l'œil droit. Elle venait de prendre un coup de matraque. Elle sanglotait en disant que le régime l'avait « trahie » : « J'ai fait la révolution. J'ai cru en Khomeyni. J'ai donné des martyrs à ce pays : mon mari, mon frère… Et voilà comment on me remercie ! En m'agressant parce que j'ai défendu mon droit de vote ! Le régime est en train de dévorer ses enfants. La confiance est rompue. » J'ai sorti un mouchoir de ma poche. Je le lui ai tendu. Face à son désespoir, c'est le seul geste que j'ai su faire.

Le soir, j'ai rappelé Sepideh. Je connaissais trop bien sa fougue. Je voulais m'assurer qu'elle était saine et sauve. Son téléphone était éteint. Pas même une tonalité. Et Mahmoud et Fatemeh ? Où se plaçaient-ils dans cette affaire ? Se sentaient-ils victimes d'une « trahison », à l'instar de cette ex-partisane du régime, qui criait sa déception face à un système qu'elle avait soutenu toute une vie ? Ou bien étaient-ils de ces miliciens enragés, qui chassaient les contestataires au pas de charge ? L'un après l'autre, j'ai composé leurs numéros à plusieurs reprises. Ils n'ont jamais décroché.

Ce soir-là, une crise d'insomnie tint tout Téhéran éveillé. De part et d'autre de la ville, des foyers de contestation avaient éclos. Avec Borzou, nous sommes ressortis dans la rue. Des heures durant, nous avons longé les rues en colère, traversé des nuages de gaz lacrymogène, contourné des bennes en feu. Sur un pont, manifestants et bassidjis s'affrontaient à coups de pierres. Une véritable guérilla urbaine, comme je n'en avais jamais vu en Iran. Plus loin, des fourgonnettes de la police embarquaient des manifestants blessés, on ne savait où. Au niveau de la place Mohseni, les forces anti-émeutes, aux allures de RoboCops, faisaient des rondes. Nous les avons contournées en empruntant les contre-allées. Au détour d'une ruelle, le danger nous a rattrapés. Une vingtaine de bassidjis à moto ont fait irruption à un carrefour. Borzou m'a tirée par la manche. Juste à temps pour nous cacher dans une porte cochère. Dans le noir, je les ai entendus gifler l'air de leurs chaînes en fer, comme des lions sortis d'une cage, avant de repartir à la poursuite des manifestants.

Le souffle coupé, nous avons marché jusqu'à l'avenue Jordan. Derrière leur volant, des centaines d'automobilistes manifestaient en klaxonnant. Quand les miliciens sont réapparus sur leurs motos, nous avons sauté dans le premier taxi pour échapper à leurs coups. Il roulait vers le nord. En passant devant l'immeuble en pierre, l'illustre repaire des renseignements, j'ai frémi. Monsieur Finger était-il à sa fenêtre, à se railler de ce printemps assassiné ?

Et puis, à quelques mètres de là, il s'est passé quelque chose que je n'oublierai jamais. Un protestataire est tombé, inconscient, sous un torrent de coups. Ils étaient dix miliciens, peut-être plus, à s'acharner sur le pauvre homme. Sortie de nulle part, une manifestante en foulard noir s'est précipitée contre la vitre de notre taxi. Elle ne voulait pas de notre aide, elle a juste jeté son sac à dos sur la banquette, en nous suppliant d'en prendre soin. Et elle est repartie, tête baissée, vers le groupe de bassidjis, avant de s'écrouler à son tour sous leurs coups. Dans le chaos, le taxi a redémarré. Nous n'avons rien pu faire pour la sauver.

Une fois à la maison, impossible de trouver le sommeil. À force de tourner autour du sac, nous avons fini par l'ouvrir. Sans nous connaître, la jeune inconnue nous avait confié toute sa vie : téléphone portable, portefeuille, clefs de son appartement, carte d'identité. Sur un document plastifié, il était indiqué qu'elle était architecte. Et maintenant, où se trouvait-elle ? Je ne pouvais m'empêcher de songer au pire. Je l'imaginais disparue à jamais. J'ai pensé à ses parents, rongés d'inquiétude. J'ai ouvert son carnet d'adresses en quête d'un numéro à appeler. Je voulais leur remettre ce qui restait de leur fille. Le carnet était vide. Vers 4 heures du matin, j'ai fini par m'assoupir, la tête posée sur les feuilles vierges. C'est une mélodie inattendue, entre réveille-matin et sonnerie de portable, qui m'a arrachée du sommeil. J'ai ouvert les yeux. Il était midi passé, ce 14 juin. Le cellulaire de l'inconnue était en train de vibrer de manière ininterrompue. J'ai décroché.

– Salam, c'est Anoucheh.

Anoucheh ! Mon cœur a bondi jusqu'au plafond. J'ai reconnu le nom qui était imprimé sur la carte d'identité.

– Salam ! ai-je répondu enthousiaste, comme si j'avais retrouvé une vieille copine.

– Vous… Vous avez mon sac ?

– Oui, bien sûr ! ai-je répondu en lui donnant aussitôt notre adresse.

Quelques heures plus tard, elle a sonné à l'interphone. J'ai appuyé sur le bouton pour lui ouvrir. Dans l'escalier, j'ai vu arriver une jeune femme qui montait les marches en boitant, les yeux plissés de douleur. Je lui ai pris le bras, en refermant la porte de l'appartement derrière nous.

– Regarde ce qu'ils m'ont fait ! a-t-elle gémi.

Elle a alors soulevé son manteau, baissé son pantalon : ses jambes étaient lacérées par les traces de coups.

– Je ne manifestais même pas… J'étais juste accourue pour aider mon frère. Il venait d'être arrêté. Quand je l'ai vu s'effondrer, j'ai foncé pour lui porter secours. Les bassidjis m'ont rouée de coups… Ensuite, ils nous ont embarqués tous les deux dans une fourgonnette. On nous a gardés toute la nuit, avant de nous libérer.

Son visage diaphane trahissait un profond manque de sommeil. Je n'en revenais toujours pas qu'elle nous ait fait une telle confiance en nous remettant son sac.

– Oh, un réflexe de survie ! a-t-elle répondu. S'il m'arrivait quelque chose, je voulais qu'on sache au moins à quel endroit j'avais disparu. Et puis je crois en mon peuple. L'Iran est un pays d'âmes bienveillantes. En manipulant le scrutin, le régime n'a remporté qu'une seule victoire : celle de tous nous rapprocher. À partir d'aujourd'hui, je vais manifester tous les jours, par solidarité envers mes concitoyens.

– Tu as voté ?

– Non. Je n'ai jamais cru en ce système. Faute de pouvoir le changer, j'avais fini par m'en accommoder.

– Alors pourquoi descendre dans la rue ?

– Là, il se passe quelque chose de différent : les Iraniens se sont laissé bluffer par un semblant de démocratie. Ils sont allés déposer leur bulletin dans les urnes. Et on veut maintenant les punir d'avoir voté. C'est inacceptable ! Si je manifeste, c'est pour que le choix de mes compatriotes soit respecté. Et pour en finir avec Ahmadinejad, ce pion de Khamenei ! Vous avez entendu son discours du jour : il a osé traiter ses opposants de « détritus ». Scandaleux ! Nous n'en pouvons plus de son arrogance. Elle est en train de réveiller même les plus endormis.

Je la regardais parler en agitant les mains. Parfois, un rictus trahissait sa douleur. Anoucheh était une de ces héroïnes de l'ombre, enclines à défier la souffrance comme le danger. Les Iraniennes comme elle auraient-elles raison de ce régime ?

– La boîte de Pandore est ouverte, a soufflé Anoucheh. Le génie ne rentrera pas si facilement dans la lampe.

Le lendemain, l'inimaginable s'est dessiné sous mes yeux. Un de ces instants magiques où tu aurais trouvé toute ta place, toi le grand-père épicurien, l'aspirant poète, le démocrate amoureux. C'était le 15 juin, le 25 Khordad dans le calendrier iranien. La date est restée encerclée à l'encre indélébile dans mon agenda d'alors. En dessous, j'avais griffonné un petit mot qui t'était adressé. Je t'y disais mon émotion d'avoir retrouvé toutes tes idées réunies en une seule manifestation, la plus risquée et la plus belle que j'aie jamais connue...

Le matin même, le « héros » Moussavi avait annulé un rassemblement de colère par crainte d'un bain de sang. Mais les plus téméraires s'étaient donné rendez-vous place Enqelab en fin d'après-midi. Avec Borzou, nous avions rejoint le centre-ville, nos carnets de reporters dissimulés dans la poche. Les forces anti-émeutes étaient aux aguets. Éparpillés autour de l'Université de Téhéran, des étudiants formaient des grappes mobiles. Leurs visages figés disaient l'incertitude du moment. Ils avançaient lentement, frôlant les vitrines des bouquinistes, échangeant quelques mots furtifs, pour repartir ensuite un peu plus loin. Il y avait des filles, beaucoup de filles. Avec des foulards bleus, des foulards rouges. Et des verts, aussi. J'ai baissé les yeux. Elles portaient toutes des baskets. Un signe : ces filles-là étaient de celles qui s'étaient préparées à manifester. Et à courir si besoin. Le long de l'avenue Enqelab, nous avons suivi leurs pas, comme on avance vers l'inconnu, en direction de la place Azadi. Un silence obstiné accompagnait notre marche. Au carrefour d'après, des badauds égarés se sont joints au mouvement. On eût dit qu'ils attendaient ce rassemblement pour redonner un sens à leur journée de misère. Et puis, nous sommes passés par d'autres intersections, d'autres rues, d'autres immeubles. Et d'autres manifestants. J'ai vu affluer des grands-mères voilées de la tête aux pieds, des hommes d'affaires avec attaché-case, des ouvriers en bleu de travail, des invalides de guerre en chaise roulante, des enfants sur les épaules de leurs parents. Je les observais, les regards vers le ciel, la bouche en forme de lune, prêts à dégainer leurs slogans au moindre signal.

En moins d'une heure, ces petits maillons désarticulés ont fini par former une immense chaîne humaine. À côté de nous, deux vieux messieurs se sont mis à marteler : « Rendez-nous notre vote ! » en se tenant par la main. L'un d'eux répétait qu'il n'était pas sorti de chez lui depuis un an. Il a ajouté : « Combien d'années ai-je rêvé de ce jour ? Il m'est arrivé de fermer les yeux, de pleurer, d'imaginer cet instant. Et le voilà sous mes yeux. Tout peut m'arriver maintenant. Si je meurs, je mourrai de façon paisible… » Il était tout tremblant, stupéfait par son geste. Et moi, je l'écoutais comme si c'étaient tes paroles. Plus loin, une femme a dit qu'elle arrivait tout droit de Shahriar, à une heure de Téhéran. Avec ses voisines de quartier, elle avait loué un minibus pour venir manifester. Son mari n'était pas au courant. « À bas le dictateur ! » a-t-elle lâché. « Hé, l'athlète atomique, va te coucher, tu es fatigué ! » a renchéri une de ses compagnes. En persan, le slogan rimait. Même quand ils manifestent, les Iraniens sont capables de s'exprimer en poèmes.

Borzou et moi sommes montés sur un pont. La vague humaine déferlait à perte de vue. Au milieu de l'avenue, entassés sur les trottoirs, montés sur les abris de bus, des centaines de milliers d'Iraniens piétinaient. Derrière nous, quelqu'un a murmuré qu'ils étaient un million, peut-être deux millions. Penchés sur leurs balcons, les curieux applaudissaient l'absence de police. Dissuadée par l'ampleur de la foule, celle-ci elle avait fini par s'évaporer. Seuls quelques hélicoptères rasaient de temps en temps les toits des immeubles. Plus tard, on apprendrait que Moussavi avait même osé une brève apparition publique, avant de s'éclipser de nouveau. J'ai repensé aux manifestations de 1999 sur Enqelab. Dix ans plus tard, l'appel étouffé des étudiants s'était mué en un cri de colère national qui transcendait les générations. Pour la première fois, c'était tout l'Iran qui était dans la rue. Un océan d'insoumis.

À l'approche d'un bâtiment gardé par les bassidjis, le mouvement a ralenti. Dans la fourmilière, quelques jeunes se sont portés volontaires pour former une colonne de protection. À pleine voix, une femme a chanté : « N'ayez pas peur, n'ayez pas peur. Nous sommes tous ensemble ! » Comme un refrain, la foule a répété son mot d'ordre. Et là, tout ce qui restait de crainte et de tristesse s'est éteint sous les pas des manifestants. La rue palpitait. Le soleil éclaboussait les visages. La lumière était chaude et rassurante. Je me suis laissé aveugler, guidée par le seul bruit des pas sur les pavés. J'avais perdu Borzou dans la cohue. J'étais seule au milieu de tous ces inconnus. Mais, à l'inverse de 1999, je comprenais tous les slogans, tous les mots, tous les gestes. Pour la première fois, je comprenais l'Iran dans son intégralité. Il m'avait fallu attendre toutes ces années pour en percer les secrets. Sous mes yeux, dans cette foule rebelle, c'était un pays entier qui se dévoilait. Un peuple fier, épris de démocratie, qui découvrait qu'il existait, qu'il se réveillait à l'unisson. Des vieillards, des bigots, des bourgeois, des barbus désenchantés, des chômeurs. L'étau pouvait se refermer, les balles pouvaient siffler, je me suis dit que jamais, plus jamais, le flot battant de la vie ne pourrait être étouffé.

À cet instant, cher Babai, quelque chose en moi a achevé de se déchirer. L'angoisse m'avait quittée. Je me sentais comme un petit maillon dans cette chaîne d'insoumis. Je trouvais dans leur combat quelque chose qui ressemblait à tes convictions. Et aux miennes aussi. Ils marchaient. Nous marchions. Je marchais. Vers cet inconnu dont nous ne doutions plus. Sur cette avenue Enqelab que j'avais vue rouge de roses, puis de sang, il n'y avait plus que le présent, évident, la force d'un désir de justice qui grossissait de seconde en seconde. L'horizon était illimité. Cette marche, bien que lente, ressemblait à une course folle, une danse effrontée, incertaine, effrayante et heureuse. Elle m'aspirait, me remplissait. Le monde avait grandi autour de moi, comme un terrain vierge dont les frontières n'en finissaient pas de reculer. Au milieu de tous ces anonymes, j'en avais oublié mon nom, mon métier, qui j'étais, d'où je venais. Ma vie s'était fondue dans la leur. J'étais iranienne. Nous étions tous iraniens.

En rentrant à la maison, ce soir-là, ton souvenir a continué à escalader ma mémoire. À l'entrée de notre rue, habituellement si calme, un concert d'« Allah-o-Akbar » pleuvait du ciel. Ce n'était pas l'appel traditionnel de la mosquée du quartier. C'était une clameur douce, sinueuse, un chant qui glissait le long des murs, caressait les feuilles des arbres, et enveloppait la mélodie du *djoub*. Intriguée, j'ai ouvert la porte de l'immeuble et j'ai monté deux à deux les marches qui menaient à notre toit, celui qui cachait la parabole interdite. Le chant s'amplifiait, il se rapprochait, s'intensifiait. « Allah-o-Akbar… Mort au dictateur ! » Les voix se répondaient d'un toit à l'autre, dans une désynchronisation parfaitement orchestrée. En un mouvement circulaire, j'ai scruté les autres toits. À travers les mailles du rideau noir de la nuit, j'ai reconnu tous ces visages que j'avais croisés sans les connaître pendant tant d'années. Les voisins bigots d'à côté qui nous insupportaient avec leurs litanies lors des fêtes religieuses de l'Achoura. Les bourgeois apathiques d'en face qui collectionnaient les belles voitures. La vieille dame du bout de la rue qui ne sortait jamais de chez elle. « Allah-o-Akbar... Mort au dictateur ! » Ces gens-là s'étaient toujours ignorés, peut-être détestés. Sans doute ne s'étaient-ils jamais parlé. Les voilà qui subitement chantaient « Dieu est plus grand » d'une seule voix. D'une maison à l'autre, d'un toit à l'autre, ils reprenaient en chœur ce cri de ralliement, étrange écho à la révolution de 1979.

J'ai repensé à cette période. À la révolte de ta génération. À cette époque où, à l'heure du crépuscule, Téhéran résonnait du même chant dans l'espoir de renverser le chah. À force de manifester, de résister, les contestataires avaient fait tomber le monarque. En serait-il de même cette fois-ci ? Les Iraniens seraient-ils entendus ? Cet étonnant réveil national aurait-il raison, sinon du Guide suprême, du moins d'Ahmadinejad ? En 1979, les passions s'étaient cristallisées autour d'un homme, Khomeyni, et d'une idéologie, l'islam. Une raison pour laquelle tu étais resté hors jeu, peu enclin à vendre ton âme au nom d'un quelconque dogme. À présent, la révolte était différente. Le mouvement n'avait ni leader ni motivation autre que le respect des choix du peuple. C'était sa faiblesse, mais aussi sa force. Je me suis demandé quel rôle tu y aurais joué. Si, comme tous ces insoumis, tu aurais rejoint les toits de la contestation. Si tu aurais fredonné « Allah-o-Akbar », un chant de résistance dorénavant dépouillé de sa texture religieuse.

J'ai eu envie d'appeler Mamani. J'étais curieuse de l'entendre. Dans son appartement parisien, elle trépignait de ne pas être à Téhéran. Comme lorsqu'elle était en Iran, elle passait ses journées à zapper entre les différentes chaînes satellitaires qu'elle s'était fait installer. Au fil de notre conversation, c'est elle qui m'apprit qu'en fin de journée, la manifestation de l'avenue Enqelab avait basculé dans la violence après avoir atteint la place Azadi. Plusieurs manifestants étaient même tombés sous les balles des bassidjis.

– Comment ça, tu n'es pas au courant ? C'est toi, la journaliste !

À Téhéran, le blocage des textos et le brouillage de BBC farsi et de Voice of America compliquaient l'accès à l'information. Quant au filtrage d'Internet, il rendait notre tâche encore plus difficile qu'avant. À part les documentaires animaliers et les vidéoclips à la gloire des martyrs de la guerre Iran-Irak, la télévision d'État ne montrait pas grand-chose.

– Ah, et tu connais la dernière ? On dit que certains diplomates iraniens en poste à l'étranger commencent à rendre leur tablier, a enchaîné Mamani, triomphale.

Au bout du fil, sa voix avait rajeuni. Elle me confia qu'elle avait eu vent de ces nouvelles défections en série lors de la manifestation du jour qui s'était tenue devant l'ambassade de la République islamique, avenue d'Iéna, dans le XVIe arrondissement de Paris. J'ai cru avoir mal entendu. Je lui ai fait répéter.

– Tu veux dire que tu es allée manifester ? lui ai-je demandé.

– Ben oui, a-t-elle rétorqué, comme si ce geste allait de soi.

J'étais abasourdie. Mamani aussi avait rejoint la farandole des indociles. La jeune Anoucheh avait vu juste : c'est tout un peuple qui était en train de se réveiller. Y compris ton épouse, grincheuse professionnelle, transformée sur le tard en Jeanne d'Arc iranienne. Avant de m'endormir, j'ai repensé à ses paroles. Si tu avais encore été de ce monde, comment aurais-tu accueilli sa métamorphose ? Je me suis alors autorisée à rêver que tu aurais été séduit par son ardeur. Et que tu serais peut-être tombé amoureux d'elle, cette fois-ci pour de bon.

Le jour suivant, j'ai enfin revu Sara, ma professeure de persan. Depuis mon retour à Téhéran, nous ne cessions d'ajourner nos retrouvailles, sans cesse compromises par les événements qui nous prenaient de court. Sara était particulièrement occupée. La journée, elle manifestait. La nuit, elle partait en quête de ses amis disparus : elle frappait à la porte de leurs parents, faisait la tournée des hôpitaux, visitait les morgues, rôdait autour des prisons.

– Tiens, c'est pour toi, a-t-elle dit en sortant de son sac un masque chirurgical.

C'était le nouveau bouclier des manifestants. Une modeste armure pour se protéger des tirs de gaz lacrymogène. En chemin, elle avait pris sur son temps précieux pour s'arrêter à la pharmacie de son quartier avant la rupture de stock. À Téhéran, ces masques battaient les records de vente. Sara voulait me convaincre d'en porter un aussi.

– Tu me vois avec ce truc ? lui ai-je répondu.

En réalité, son offre tombait à pic. Le matin même, toutes les accréditations de presse avaient été révoquées. Plusieurs journalistes avaient reçu la visite des renseignements dans leurs chambres d'hôtel. D'autres avaient été escortés jusqu'à l'aéroport. Au ministère de la Guidance, la consigne avait été donnée de ne plus mettre les pieds dans les manifestations. Il me fallait bien trouver un moyen de continuer à faire mes reportages sans être vue. Le visage face au miroir, j'ai plaqué le carré de tissu sur ma bouche. Et comme d'habitude, j'ai encadré ma chevelure d'un foulard noir. Avec mes lunettes de soleil en plus, j'étais méconnaissable.

– Parfait ! a dit Sara, fière de son acquisition, en m'invitant à l'accompagner au rassemblement du jour.

Par précaution, le carnet de notes et l'appareil photo resteraient cette fois-ci à la maison. Sara m'a assuré que mon téléphone portable me suffirait amplement. J'ai suivi ses conseils. Avant de sortir, je me suis retournée vers elle. À part la couleur de nos foulards, nous étions habillées comme des sœurs jumelles.

Le cortège démarrait place Vanak, aux environs de 17 heures. Sara en avait récupéré les détails, inscrits au feutre vert, sur un billet de banque. En l'absence de textos, c'était le nouveau moyen de faire passer des messages. Parfois, les coupures se déclinaient en pamphlets anti-régime. Ou en poèmes libertaires pour les plus inspirés. En arrivant sur place, j'ai retrouvé le même mélange de crainte et d'audace que la veille, les mêmes slogans effrontés. Sur une pancarte qui dépassait des têtes, quelqu'un citait le Mahatma Gandhi : « D'abord ils vous ignorent, ensuite ils vous raillent, ensuite ils vous combattent et enfin vous gagnez. » Plus loin, un autre protestataire arborait le portrait de l'ayatollah Montazéri. La veille, le vieux sage en turban de Qom était sorti de sa réserve en appelant à trois jours de deuil national en mémoire des morts de l'avenue Enqelab. Avec Sara, nous avons plongé dans la vague. Nous marchions côte à côte, complices de la même quête. Un calme solennel accompagnait nos pas. La foule était dense, les visages en alerte. J'ai pensé à cette scène extraordinaire que je ne pouvais photographier. À tous ces yeux pétillants que j'aurais tant voulu immortaliser. J'ai alors vu Sara lever une main en l'air, l'objectif du téléphone portable dirigé vers la foule. Une deuxième l'a suivie. Et une troisième. Et encore une quatrième. Et puis des dizaines d'autres. Ces mains étaient celles de protestataires. Équipés de simples caméras et d'appareils photo intégrés à leurs cellulaires, ils filmaient à bout de bras l'Histoire en marche, cette Histoire que nous, reporters professionnels, n'avions plus le droit de documenter. De vrais citoyens journalistes, à la fois acteurs et témoins de leur propre Histoire. À notre insu, par la force des événements, un étonnant transfert s'était réalisé. Sara, photographe par défaut. Moi, manifestante improvisée.

Les jours d'après, le petit rituel s'est reproduit, déteignant même sur les provinces endormies. À l'issue de chaque marche, celle du lendemain était annoncée par le bouche à oreille. Parfois, sur de simples bouts de carton, échangés dans les manifestations entre deux rames de métro. C'était un moment de grande convivialité. De nouvelles amitiés se tissaient. Des collègues qui ne s'étaient jamais adressé la parole se découvraient mutuellement. Il suffisait qu'un manifestant apprenne qu'un journaliste était parmi eux pour qu'il lui offre jus de fruits et accolades. Mais chaque jour, la nervosité du régime nous poussait à redoubler de prudence. Avec Borzou, nous sortions souvent séparément, pour tromper les services de renseignements. Dans la foule, il se faisait appeler Behrouz. Moi, j'étais Élahé. Pour la première fois, j'endossais mon second prénom, iranien.

Notre quotidien avait progressivement pris la forme d'une pièce de théâtre où nous étions condamnés à nous masquer pour informer. Et pour rester en vie. C'était un temps d'espoir et d'appréhension. Nous étions sans nouvelles de la plupart de nos amis. On disait que la prison d'Evin débordait de prisonniers. Jamais nous n'avions été si proches des barreaux. À ce jour, j'ignore encore ce qui nous a poussés à descendre dans la rue malgré tout : la passion du métier, l'amour du pays, l'accoutumance au risque, l'adrénaline. Ou bien tout cela en même temps.

Le 19 juin, le Guide suprême a fini par trancher. Après une semaine de silence, l'ayatollah Khamenei s'est rangé du côté d'Ahmadinejad. Malgré les appels à la tenue d'un nouveau scrutin. Malgré les milliers d'insoumis dans la rue. Il a suffi d'un discours, un seul, prononcé à la grande prière du vendredi. Avec ses mots à lui, il a dit que la fête était finie. Que les rassemblements devaient cesser. Sous peine d'être sévèrement réprimés. Un discours sous forme de blanc-seing aux pasdarans et à leur milice parallèle, les bassidjis, contre tous ceux qui s'opposaient à la réélection au forceps de son protégé.

Le lendemain, Téhéran a aussitôt changé de visage. Comme une prison à ciel ouvert, la ville était quadrillée par la police et les forces anti-émeutes. Mais les opposants s'obstinaient. De part et d'autre, des attroupements s'improvisaient en défiant les tirs de gaz lacrymogène. Il y avait de l'indignation dans les regards blessés des manifestants. Pendant deux heures, j'ai marché à travers les rues affolées avant de rejoindre l'avenue Karegar, jalonnée de pneus brûlés. Dans les slogans, ce n'était plus seulement Ahmadinejad qui était visé, mais aussi le Guide suprême. En une nuit, les espoirs d'une résolution pacifique de la crise s'étaient mués en cris de rage contre la République islamique. Au milieu de la chaussée, un manifestant avait déversé sa haine à la craie blanche. « Mort à Khamenei », disait son message en calligraphie persane. Au milieu de l'attroupement venu applaudir l'œuvre subversive, un homme a hurlé : « Ahmadinejad commet des crimes. Le Guide le soutient. » Et il a jeté des pierres en direction des forces anti-émeutes. Un vrombissement de motos a étouffé son cri. Matraque en main, les bassidjis ont foncé sur la foule. L'homme est tombé à la renverse, le visage en sang. La vague s'est brisée, elle s'est fracassée contre le pavé des rues adjacentes. Avec d'autres manifestants, nous avons échoué contre la porte d'un immeuble. Elle a cédé sous notre poids. Nous nous sommes engouffrés dans la cage d'escalier. Au premier étage, une grand-mère en tchador nous a tendu des jus d'orange sur un plateau en plastique. Une autre distribuait des mouchoirs en papier aux manifestants égratignés. Une de ces scènes surréalistes qui disait l'élan d'entraide, qui était né à tous les échelons de la société. Nous avons poursuivi notre ascension jusqu'au toit. Il était bondé. Un refuge de fortune entre deux batailles de rue. Le gaz lacrymogène s'y était infiltré par la grille. Il piquait les yeux.

– Je ne vois plus, je ne vois plus ! gémissait une femme, quand la première balle a sifflé.

Un silence de plomb a immédiatement étouffé ses pleurs. Notre petit groupe s'est figé. C'est la première fois que j'entendais en Iran un tir si rapproché. Une balle réelle, c'était certain. J'ai frissonné en pensant à l'inconnu qui l'avait reçue en pleine rue. Et puis, il y a eu d'autres rafales, cette fois-ci plus lointaines, suivies d'un brouhaha confus qui montait de la rue. Un mélange de bruits de chaînes, de cris et de pleurs. J'ai jeté un coup d'œil à travers le grillage. En bas, les derniers protestataires se dispersaient dans un élan de panique. « Ils nous tuent ! Ils nous tuent ! » a hurlé l'un d'eux. Au loin, les miliciens ne formaient plus que de petites ombres noires. Du toit, nous avons suivi leur trajectoire avant de les voir disparaître au détour d'une ruelle. Quelqu'un a murmuré qu'il était plus prudent d'attendre sur les toits avant de ressortir. Alors nous sommes restés là, cadenassés par l'effroi, enfermés dans la même pensée macabre : à quelques minutes près, cette balle aurait pu tuer l'un de nous. À Téhéran, plus personne n'était à l'abri du tonnerre de violence qui déferlait sur la ville.

Une demi-heure plus tard, nous avons reconnu avec soulagement le concert familier des klaxons. Dehors, la vie reprenait progressivement. Une normalité troublante, comme si de rien n'était. À la queue leu leu, nous avons quitté notre abri. Dans la rue, nous avons croisé une femme, le visage hagard. Elle nous a affirmé qu'une jeune fille était tombée par ici sous un tir de sniper, le même tir que nous avions entendu. Le long de Karegar, j'ai suivi à pied d'autres badauds égarés. Les trottoirs étaient tristes et sévères. Partout, des larmes de détritus. Sous un arbre à moitié calciné, quelques feuilles éparses jonchaient le sol. Des taches de verdure assassinée, alignées comme des cadavres sur l'asphalte égratigné.

Une fois à la maison, j'ai retrouvé Borzou. Il était penché sur son ordinateur, la tête dans les mains.

– Tu as vu ce qui s'est passé ? a-t-il dit en fixant son écran.

J'ai pris une chaise pour m'asseoir à côté de lui. Il était parvenu à surfer sur Internet. Même mauvaise, la connexion fonctionnait mieux la nuit. Grâce à la magie des proxys qui déjouaient la censure, Borzou avait même pu ouvrir Facebook et Twitter. La photo d'une jeune femme inondait l'écran de son ordinateur. Il m'a fait signe d'ouvrir une autre page. Elle y est réapparue, son visage de porcelaine encadré d'un foulard noir.

– Tiens, regarde ici aussi, a ajouté Borzou.

J'ai ouvert un autre site. Je l'ai vue de nouveau. Le portrait de l'inconnue était partout, sur tous les réseaux sociaux. J'ai fini par cliquer sur un lien vidéo qui l'accompagnait. Elle était encore là, la jeune fille au visage d'ange, à terre cette fois-ci, les yeux grands ouverts tournés vers le ciel. Le sang coulait de sa bouche, inondait ses joues. J'ai plissé les paupières. Allongée au sol, elle agonisait devant la caméra d'un amateur, un de ces citoyens journalistes qui avait filmé sa mort en direct, avant de la poster sur Internet. En dessous, une légende disait qu'elle s'appelait Neda. Qu'elle était allée manifester avec son professeur de piano. Qu'elle avait été tuée en fin d'après-midi d'une balle dans la poitrine aux alentours de l'avenue Karegar. Alors, c'était donc elle qui avait reçu le coup fatal. Elle qui était tombée à quelques mètres de notre cachette. Elle, la victime innocente d'un tir de bassidji ! Comme des milliers d'autres Iraniennes, Neda avait ignoré les injonctions de sa mère. Elle était descendue dans la rue pour réclamer son vote. Elle avait rejoint la foule avec son maître de musique. Sur la vidéo, il l'implore de rester en vie. En vain.

J'étais sous le choc. Neda, ce n'était pas l'icône de bravoure qu'elle est vite devenue par la force du destin, tant sa photo a fait le tour de la planète. Ce n'était ni une militante ni une combattante. Neda, c'était une fille comme les autres, une héroïne de tous les jours. Une simple manifestante, rien de plus. C'était Sara, c'était Sepideh, c'était Anoucheh. Une jeune femme iranienne qui rêvait d'un avenir plus souriant. Elle n'avait que 26 ans.

Au matin, le téléphone a sonné. Au bout du fil, la voix de Fatemeh.

– Je ne te dérange pas ? a-t-elle murmuré.

J'étais statufiée. Après de vaines tentatives, j'avais renoncé à la rappeler. J'en avais déduit qu'avec le discours de Khamenei, mon amie milicienne était rentrée dans le rang.

– Pauvre Neda… a-t-elle ajouté.

Ces deux mots ont tout dit. Ils ont suffi à résumer son état d'âme. Fatemeh avait donc choisi son clan. Elle réfutait la violence. Elle s'opposait à la répression par le sang. La mort en direct d'une jeune femme l'avait bouleversée autant que nous. Peut-être même plus.

– Voyons-nous, veux-tu ? lui ai-je proposé.

Je brûlais d'envie de lui parler en tête à tête. Il fallait qu'elle m'explique. Je voulais qu'elle me dise ce qui se passait dans la tête des bassidjis. Pourquoi cette brutalité, pourquoi ce gâchis, pourquoi tous ces morts inutiles ? Quelques jours plus tôt, on avait appris que les miliciens avaient tué d'autres jeunes, en plein dortoir d'Amir Abbad. Une rafle comme celle de 1999. Sauf que, cette fois-ci, une vidéo circulait déjà sur Internet. Avec les nouveaux médias, on ne pouvait plus rien cacher.

– En ce moment, mieux vaut éviter de se voir… Je suis désolée, a rétorqué Fatemeh.

Je l'ai sentie gênée. Sa voix était hésitante. Elle m'a dit qu'elle ne bougeait pas beaucoup de chez elle. Qu'on lui avait déconseillé de sortir. J'ai repensé à son père, un chef bassidji de la banlieue. Il devait lui avoir donné des consignes. Je n'ai pas insisté. Elle prenait déjà un grand risque en m'appelant. Je me suis juste enquise de sa santé, selon le *târof*, cette politesse iranienne d'usage.

– Oh, je passe mes journées devant mon téléviseur. Avec une préférence pour les chaînes du satellite, quand elles ne sont pas brouillées. Parce que la télévision iranienne, c'est vraiment n'importe quoi !

J'ai bien reconnu son audace voilée. Sa façon de me dire qu'elle n'était pas dupe. Qu'elle n'avait pas succombé à la soupe de propagande que le régime déversait quotidiennement. Du matin au soir, les Gardiens de la révolution démultipliaient les apparitions télévisées en affirmant avoir dévoilé un complot « ourdi par les ennemis de l'Iran », une « révolution de velours » orchestrée par les États-Unis et Israël. « Preuves » à l'appui, ces images du « crime » qui défilaient sur le petit écran à longueur de journée : du matériel satellitaire, des armes blanches, des ordinateurs portables saisis au domicile des manifestants. Quelques jours plus tard, on y apprendrait même que Neda avait été tuée par « un tueur à gages embauché par le correspondant de la BBC ».

– Et Mahmoud ? ai-je demandé.

La question me démangeait, même si j'avais peur de connaître déjà la réponse.

– Mahmoud ? a-t-elle répété. Il est très occupé. Je le vois peu en ce moment…

Il y a eu un long silence. J'ai pensé qu'elle hésitait à trop parler au téléphone. Et puis, elle a ajouté :

– Je crois qu'il ne me désire plus… Tu sais, j'ai renoncé à avoir des enfants…

Je me suis assise, l'oreille plaquée contre le téléphone. Téhéran s'effritait et Fatemeh, la milicienne repentie, ouvrait son cœur fissuré en basculant dans d'intimes confidences. Cherchait-elle à faire diversion, ou était-ce sa façon à elle de crier son désespoir ? J'ai répondu :

– Tu veux dire que tu songes au divorce ?

– Je ne sais pas… En même temps, c'est un bon gars. Il ne me bat pas. En temps normal, il me donne ma liberté. Je peux même sortir avec mes amies… Le seul problème, c'est qu'il a épousé le Bassidj avant moi… En fait, il me trompe avec le Bassidj !

Je la sentais déboussolée, au point de briser la frontière de rigueur entre public et privé.

– Tu veux dire que Mahmoud a suivi les ordres du Guide ? ai-je ajouté, en allusion à son prêche du vendredi.

Fatemeh m'a donné la réponse que je craignais :

– L'autre jour, il est rentré très tard à la maison… Sa chemise était couverte de sang.

Je n'ai su comment réagir. J'en savais déjà trop. À eux deux, Fatemeh et Mahmoud formaient cet Iran qui se déchirait de l'intérieur. Sur le ring, ce n'était plus « islam contre islam ». C'était « Iran contre Iran ». Ou plutôt turbans contre pasdarans : une majorité pacifique qui aspirait à une ouverture sur le monde, et que soutenaient d'éminents clercs ; une minorité belliqueuse, remontée contre l'Occident, qui préférait l'isolement et la violence au nom d'une idéologie caduque. Lequel des deux clans finirait par l'emporter ? Il me démangeait de parler directement à Mahmoud. Lui, l'aspirant guerrier s'était-il transformé en assassin ? En raccrochant, j'ai maintes fois composé son numéro. En retour, ce n'étaient que sonneries sans réponses. Le soir, alors que j'écrivais mon article sur Neda, il m'a rappelée.

– Quelles nouvelles ? a-t-il dit sur ce ton détaché que je lui connaissais bien.

Derrière lui, j'ai reconnu le brouhaha discontinu de la rue. Il était encore dehors à cette heure tardive.

– Je me dois de te poser une question, ai-je dit tout de go.

– Oui, je t'écoute, a-t-il répondu, surpris.

– Tu n'es pas trop méchant avec les manifestants, hein ?

Il a ri jaune. Il avait dû deviner que j'avais parlé à Fatemeh.

– Mais non, t'en fais pas ! Je me contente d'emmener les blessés à l'hôpital… Parfois, ça tache la chemise.

Je suis restée muette. Je n'avais plus rien à ajouter. J'étais convaincue qu'il me mentait, mais c'était peut-être le fruit de mon imagination. Je ne savais pas si je devais le détester, lui en vouloir ou lui exprimer mes soupçons. Mais était-il raisonnable de poursuivre la conversation ? C'est lui qui a repris la parole :

– Ne t'en fais pas ! Le chaos ne va pas durer. Tu verras, dans quelques jours, tout va rentrer dans l'ordre.

Et sur ces mots, il a raccroché.

C'était le 22 juin au matin. Je n'oublierai jamais. Dans le salon, la télévision iranienne était allumée sur les informations. Épuisée par un trop plein de nuits blanches, j'écoutais le bulletin d'actualités d'une oreille distraite. Comme un refrain rouillé, la voix du présentateur accompagnait mon petit-déjeuner. Quand j'ai entendu « journaliste », je n'ai pas réagi immédiatement. Le son était faible. Et puis le mot est revenu à plusieurs reprises. Une répétition anormale. J'ai relevé la tête. Ma photo occupait la moitié de l'écran. J'ai fait un bond sur ma chaise. Je crois que le bol de thé a valsé. J'ai agrippé la télécommande. Je voulais augmenter le son. Écouter le commentaire qui accompagnait l'image. Le présentateur parlait trop vite. D'autres photos défilaient à la même allure. Je n'ai pas reconnu les visages. J'ai juste saisi quelques bribes : « complot occidental », « manipulation par les médias étrangers », « agents du Mossad et du Grand Satan ». Suffisamment pour comprendre que le danger se rapprochait.

J'ai appelé Borzou. Il était sous la douche. Quand il est entré dans le salon, les pieds mouillés, l'actualité s'était envolée ailleurs. Je n'ai pas eu besoin d'en dire beaucoup. À mon regard abattu, il a su qu'il y avait de quoi s'inquiéter. La veille, Maziar Bahari, le correspondant de *Newsweek* en Iran, avait été arrêté à son domicile. Il était irano-canadien. Avec lui et une petite dizaine d'autres reporters de double nationalité, nous étions parmi les derniers représentants de médias occidentaux sur le territoire iranien. Les jours précédents, tous les visas presse avaient expiré, les derniers envoyés spéciaux expulsés. Nous les avions regardés partir, les uns après les autres, en choisissant de rester. Notre heure avait-elle sonné ? Officiellement, nous étions en droit de prolonger notre séjour. Notre passeport iranien nous épargnait la contrainte d'un voyage à durée limitée. Mais il nous exposait aussi au risque d'être arrêtés. À notre insu, nous étions devenus les otages d'un régime aux abois. J'ai tressailli en repensant à ce qu'avait dit Mahmoud. C'était peut-être ça, le retour à l'ordre dont il parlait.

Le lendemain, un ami de confiance est passé nous voir, affolé. D'une main grelottante, il a déplié un journal sur la table. C'était le dernier exemplaire de *Keyhan*, la voix du régime. Il l'a feuilleté à la hâte, et il a posé son index sur la page qu'il voulait nous montrer.

– Tenez, lisez ça, a-t-il dit.

C'était un petit article. De ces entrefilets auxquels on prête rarement attention. Quelques mots tracés de gauche à droite, aussi brefs qu'abrupts. « Les médias occidentaux dépêchent leurs reporters binationaux en Iran pour espionner et glaner illégalement des informations », disait le texte. Pas la peine, pour une fois, de s'arracher les cheveux à lire entre les lignes. Le message était clair.

– Ça sent le cramé, a dit Borzou.

L'ami s'est retourné vers nous, le regard grave.

– Au lieu d'accepter les demandes du peuple, nos dirigeants ont préféré imaginer une grande pièce de théâtre dont le titre pourrait être *La révolution de velours fomentée par l'Occident*. Un conseil : partez, partez avant d'être désignés d'office au casting des meilleurs comédiens ! a-t-il dit.

Et puis, d'une voix gênée, il nous a soufflé qu'il y avait d'autres raisons de s'inquiéter pour nous.

– Lesquelles ? ai-je demandé.

– J'ai reçu un appel d'un type des renseignements qui vous connaît…

Monsieur Finger ! Mon interrogateur en chef. Je l'avais quasiment oublié. Avec les années, j'avais presque réussi à le chasser de ma mémoire. Sa réapparition ne présageait rien de bon.

– Il veut nous voir ? l'ai-je interrompu, en pensant aussitôt à une convocation.

– Non, c'est pire.

Nous étions suspendus à ses lèvres. Il a poursuivi :

– Il m'a dit de vous mettre en garde. De vous dire qu'il n'était plus aux commandes. Ni lui ni ses acolytes. Que c'étaient d'autres « services », beaucoup plus pernicieux, qui avaient pris le relais. Ces gens-là ne rigolent pas. S'ils vous attrapent, personne ne pourra rien faire pour vous.

À ces mots, nous avons aussitôt compris. C'étaient les Gardiens de la révolution qui pilotaient le pays. L'appel de Monsieur Finger était un signal d'alarme. Le dernier avant la prison. Nous devions partir sur-le-champ. Ne plus marchander quelques jours de plus. Nous étions déjà restés trop longtemps.

En quelques heures, nous avons organisé notre départ. Il serait groupé, avec les derniers autres reporters de double nationalité. Nous nous sommes consultés par Skype, le moyen qui semblait le plus sécurisé. D'un commun accord, nous avons réservé le même vol de nuit pour Dubaï. Il décollait au petit matin. Puis nous avons fait nos valises. D'ailleurs, nous ne les avions jamais vraiment défaites. Rongés par l'inquiétude, Borzou et moi nous sommes assis une dernière fois à la table du salon pour rédiger un courriel adressé à nos proches : c'était un démenti des « aveux » qu'on risquait de nous exhorter par la force en cas d'arrestation. Le document servirait, nous l'espérions, à nous défendre.

En fin d'après-midi, Sara est passée nous dire au revoir. Je voulais l'embrasser avant de partir. Lui souhaiter tout le courage que je n'avais plus. Je l'ai serrée très fort. Je pouvais sentir ses os sous sa chemise.

– Tu as encore maigri, lui ai-je dit.

– Tu connais la dernière blague ? Les Iraniens ont lancé un régime dernier cri : manifester pour perdre du poids. Et en plus, ça ne coûte rien !

Son humour m'impressionnait. Un bouclier contre la tyrannie. Avant de prendre congé, Sara a glissé un papier dans ma poche. « Mon dernier poème », a-t-elle murmuré. Je me suis dit que j'aurais tout le temps de le lire. Dans l'avion ou en prison.

Sepideh est arrivée dans la foulée. Elle était essoufflée. Elle avait passé sa journée à courir après les mauvaises nouvelles. Autour d'elle, elles tombaient comme des couperets. Les leaders de l'opposition étaient assignés à résidence. Leurs conseillers, derrière les barreaux. Et ses amis de plume en route vers la frontière turque. Elle aussi se savait recherchée. Chaque soir, elle changeait de toit pour éviter d'être attrapée.

– Partez, partez avant qu'il ne soit trop tard, a-t-elle insisté.

– Et toi ? lui ai-je demandé d'une voix chevrotante.

J'étais un catalogue ouvert d'émotions.

– T'en fais pas, j'en ai vu d'autres ! a ri Sepideh, en faisant craquer son épaule, celle qui ne s'était jamais remise de son premier démêlé avec un milicien, dans les années quatre-vingt-dix.

J'étais immobile. Je n'arrivais pas à sourire. Ni à pleurer d'ailleurs.

– Sauf qu'aujourd'hui, ils sont bien plus violents, ai-je dit.

– Fais-moi juste une promesse, a-t-elle ajouté : ne nous oubliez pas !

Je l'ai prise dans mes bras. Elle a blotti sa tête contre mon épaule, le visage enfoui dans mes cheveux. J'ai senti ses larmes inonder mon T-shirt.

– C'est la fatigue. C'est la fatigue, a-t-elle marmonné.

À ce moment-là, j'ignorais qu'elle serait arrêtée quelques jours après notre départ.

Quand le taxi est arrivé, en pleine nuit, une boule d'angoisse me nouait la gorge. L'impensable s'était mué en évidence : nous partions pour de vrai. Mes années précédentes avaient été une accumulation de faux départs. Cette fois-ci, après cet interminable cache-cache avec l'Iran, je faisais pour de bon voler en éclats le puzzle des souvenirs recomposés. En fermant la grille de l'immeuble, j'ai jeté un dernier coup d'œil sur la bâtisse familiale, dont j'étais la dernière occupante. Qui viendrait arroser les plantes du jardin ? Qui nourrirait les poissons rouges du bassin ? Aurais-je un jour la possibilité de revoir Téhéran autrement qu'en photo ?

Borzou s'est assis à côté du chauffeur. J'ai pris place à l'arrière du véhicule. Dehors, Téhéran était couleur chagrin. Elle portait son voile de deuil. Front contre la vitre, j'ai photographié du regard cette ville que j'avais appris à aimer et qui se dérobait à nouveau. Les rues étaient désertes, les réverbères évanouis. Le chauffeur a ralenti au passage d'un poste de contrôle improvisé par les miliciens. Dans la pénombre, juste avant d'emprunter l'autoroute qui menait à l'aéroport, il a slalomé prudemment entre les poubelles calcinées, les voitures incendiées. Derniers clichés d'une cité à l'agonie. Dans un frisson, je me suis dit que, bientôt, il n'y aurait plus de témoin pour raconter. Sous mon foulard, je tremblais. Tout en moi se révoltait contre le tour que prenait l'Histoire iranienne, mon Histoire.

Le taxi roule le long de lignes grises. J'ai peur. Je connais par cœur cette route de l'aéroport, maintes fois empruntée. Mais je sais que c'est ici, aussi, que disparaissent les gens qui dérangent. Collée à la vitre, je fixe ces lignes grises en torturant les franges de mon foulard. Le temps paraît si long quand on n'est plus capable de contrôler ses émotions.

Une demi-heure plus tard, peut-être un peu moins, une lumière aveuglante inonde le taxi. Nous sommes arrivés. Le gigantesque terminal de verre grouille de passagers, le chariot jonché de bagages, de gâteaux et babioles en tout genre. Nous slalomons à travers la foule. Bouche cousue, nous vérifions l'heure du départ sur l'écran lumineux, puis nous passons à la fouille corporelle. Au contrôle des passeports, ce léger soulagement : nous reconnaissons notre petit groupe d'amis reporters. Tels des moutons de Panurge, nous intégrons la queue tous ensemble. Les oreilles en alerte, je guette la voix du haut-parleur. J'attends le barbu qui viendra me chercher. J'essaie d'imaginer la suite : m'escortera-t-il vers une petite pièce pour m'interroger ? Ou m'emmènera-t-il directement à la prison d'Evin ? Je n'ai pourtant commis aucun crime. Aucun mandat d'arrêt ne pèse contre moi. Mes papiers sont en règle. Mais je sais qu'à cet instant même, tout peut m'arriver.

Nous finissons par passer sans entrave, les uns après les autres. Sauf le dernier d'entre nous. Derrière une vitre, un préposé à la sécurité lui fait signe de le suivre. Nous le regardons disparaître dans une petite pièce en retenant notre souffle. Nous osons à peine chuchoter. Cinq minutes plus tard, l'ami réapparaît. Fausse alerte. À la queue leu leu, nous rejoignons machinalement la salle d'attente. Il fait terriblement chaud et lourd sous les néons. Mon cœur cogne dans ma poitrine. Un mélange d'angoisse et de fatigue. Plus que quelques minutes à tenir. Derrière son comptoir, une hôtesse en voile bleu nuit prévient les passagers que l'appareil est enfin prêt pour l'embarquement. À l'ouverture des portes, nous nous engouffrons dans l'avion comme des fugitifs.

Au décollage, mon foulard glisse furtivement sur mes épaules. Je ne le retiens pas. Cette douce sensation du cuir chevelu qui respire à nouveau, de la liberté retrouvée. Je m'appuie contre le hublot. Vu du ciel, le gigantesque mausolée de Khomeyni illumine la nuit. Comme des antennes pointées vers le ciel, ses minarets scintillent comme si de rien n'était, pour finir par se perdre derrière les nuages. Dans son tombeau, l'imam tout-puissant rit certainement de notre détresse.

Je m'enfonce dans mon fauteuil, un coussin sous la nuque. Je fouille dans ma poche. Je ressors le poème de Sara, celui qu'elle m'a donné avant de partir. Je le lis :

> La bombe lacrymogène a du bon
> Comme le coup d'envoi d'une course
> Tu cours
> Tes yeux brûlent
> La première fois, tu as peur
> – Comme la matraque, comme le câble pour la torture –
> Les prochaines fois tu apprends à sortir
> Ta cigarette
> Tu fumes
> Les voisins crient à la fenêtre : « Ils arrivent ! »
> Tu cours encore
> C'est si bon de courir
> À travers les platanes de l'avenue Vali Asr
> – sans trace des patrouilles bien-pensantes –
> Depuis les librairies de l'avenue Enqelab
> – Combien de livres interdits y avons-nous dénichés ! –
> Nous courons
> Si seulement vous pouviez courir à nos côtés
> Vous, les amis exilés
> Nos grands frères qui avez donné votre vie
> Pour un simple manifeste
> Ou au front
> Ou derrière les murs d'Evin
> On vous a séparés de nous
> Nous courons
> Vous nous manquez
> Le flambeau a maintenant changé de main
> Que vive cette course
> Nous courons
> Les yeux remplis de larmes
> Vers la liberté

J'ai un pincement au cœur. En 1997, j'étais arrivée en Iran avec un poème. Douze ans plus tard, c'est un poème qui accompagne de nouveau mon voyage. Il chante la fureur de vivre. L'espoir d'un pays qui refuse les ténèbres. Une petite luciole dans la nuit incertaine.

Post-scriptum. Paris, le 2 septembre 2014.

Le cimetière du Montparnasse crépite du chant des oiseaux.

Depuis ta mort Babai, il y a quatorze ans, c'est la première fois que je me recueille en solitaire sur ton tombeau. Dire qu'il aura fallu tout ce temps, tous ces kilomètres, la distance nécessaire avec ton pays retrouvé pour t'écrire cette lettre. Et venir la déposer sur ce marbre froid qui protège tes derniers secrets.

Je m'accroupis, main posée sur ta stèle. Je me la rappelais plus lisse. Avec les années, la pluie en a érodé la surface. Je la parcours du regard. Un soleil de fin d'été y chatouille la petite mosaïque d'Ispahan, subtile tache de couleur au milieu du carré funèbre. Sur le socle, quelqu'un a déposé des fleurs. Un ancien confrère de l'Unesco ? Une de tes ex-conquêtes ? Encore un de tes mystères qui resteront à jamais ensevelis.

Je ferme les yeux. Dans le désordre des souvenirs, je revois ton visage, ton sourire à l'infini. Il croise d'autres visages de défunts, imprimés pour toujours dans ma mémoire. Ardéchir, l'acrobate « suicidé » au cœur libre. Neda, la jeune Madone aux rêves brisés. Et puis tous ces autres aspirants à la démocratie partis trop vite pendant la répression des manifestations de 2009. Combien sont-ils à avoir payé de leur vie leurs rêves de liberté ? Combien sont-ils à avoir été privés de funérailles, parfois même de cimetière, parce que le pouvoir considérait leur mort aussi dangereuse que leur vie ? Toutes ces injustices t'auraient révolté autant que moi.

Je repense à mon départ précipité d'Iran, au terme de ce long périple dont tu étais l'initiateur. Le 25 juin 2009, je refermais contre mon gré la porte d'un pays condamné à la page blanche. C'est la crainte de tous ces souvenirs périssables qui m'a poussée à prendre la plume pour te dédier ce récit. Petite, je me souviens, je t'adressais mes lettres de Paris, rongée par la peur que tu ne disparaisses de ma mémoire, toi qui habitais dans cet Iran si lointain. Je glanais alors tout ce que je trouvais d'Histoires, d'anecdotes, de détails, parfois anodins, pour les garder éveillés sur du papier. J'étais persuadée que, par ce moyen, je parviendrais à te maintenir en vie. Des années plus tard, alors qu'à Téhéran on venait de me pousser définitivement vers la sortie, la même obsession m'animait : écrire pour ne pas oublier.

Mais j'étais contaminée par la censure qui touchait mes amies. Quelques jours avant son arrestation, fin août 2009, Sepideh avait écrit sur son blog : « Mon stylo est mon totem. » Isolée dans sa cellule de la prison d'Evin, elle était interdite de visite, interdite de lumière naturelle, interdite de papier et même de stylo. Libérée au bout de quatre mois, elle me raconterait son cauchemar par l'entremise d'une amie commune : les appels au secours qui s'écrasent contre la porte en fer, les interrogatoires à rallonge, les yeux bandés contre le mur, les mains baladeuses de son geôlier… Et puis cet ultime affront du juge le jour du verdict : « Ne perds pas ton temps à écrire. Tu commences à vieillir, tu devrais songer à avoir des enfants. Jure-moi d'en faire ta priorité ! »

Sara aussi avait été assignée à la page blanche. Le poème qu'elle m'avait offert ne fut jamais publié en persan. Au ministère de la Culture, le comité de censure s'était contenté d'en faire un cadavre de plus, enterré au fond d'un tiroir. Elle m'en fit part un soir de 2010 alors que nous conversions sur Skype, sa dernière fenêtre sur le monde extérieur. Réfugiée dans son petit appartement téhéranais, elle avait repeint les murs de son salon d'une couleur pistache. Ses nuits d'insomnie, elle improvisait des quatrains qu'elle calligraphiait d'une encre verte sur le carrelage blanc de sa salle de bains. Des mots rebelles et éphémères qui s'effaçaient immédiatement sous le jet de la douche.

Au bout de quelques mois, même les plus effrontés des manifestants finirent par se taire, sous le poids d'une répression sans merci, assortie de procès collectifs et d'aveux forcés à la télévision. Une chercheuse française, Clotilde Reiss, avait même atterri sur le banc des accusés. Arrêtée à l'aéroport quelques jours après notre départ, elle était devenue l'otage que j'aurais pu être.

Et toi, comment aurais-tu réagi à ces coups de ciseaux ? Aurais-tu puisé dans *Le Divân* de Hafez un ultime réconfort ? Moi, j'étais dans la fuite. Au début du « printemps arabe », je suis repartie sur la route du reportage, en direction d'autres révoltes : tunisienne, égyptienne, libyenne, syrienne… Rongée par la peur de rouvrir la valise iranienne et d'affronter le noir souvenir des amis disparus, j'écrivais sur d'autres martyrs, dont la mort était tout aussi violente, parfois plus. En réalité, l'excès de linceuls m'avait fait oublier le vrai sens de la vie. Il était temps de marquer une pause au milieu de cette course folle. Au début de l'été 2011, j'ai posé mon sac de reporter dans notre appartement libanais. Et pour la première fois de ma carrière, j'ai pris de vraies vacances au pays du Cèdre, loin du fracas de l'actualité et sans ordinateur. Me découvrir enceinte, un mois plus tard, fut le plus beau des cadeaux.

Si tu avais encore été des nôtres, tu serais aussitôt tombé sous le charme de Samarra. Elle est née à Beyrouth au mois de mars 2012, les bras ouverts sur le monde, comme on annonce l'arrivée d'un nouveau printemps. Son prénom signifie « Heureux celui qui la voit » (*Soura Man Raa*) en arabe littéraire. Un clin d'œil à cette ancienne cité de Mésopotamie où nous avions passé du temps avec Borzou lors de nos séjours en Irak. La vie est ainsi faite, jalonnée de symboles qu'avec un poème offert avant ton dernier souffle tu m'avais appris à apprécier.

Au mois d'avril, un mois après la naissance de Samarra, nous avons déménagé au Caire, où nous habitons désormais. Au bout de quelques jours, je déballais enfin la malle à souvenirs, profitant des siestes de ma fille pour fouiller ma mémoire et remplir les premières lignes grises de la page blanche. À ma surprise, les mots s'enchaînèrent sans peine. Les barrières ne m'étaient plus aussi insurmontables. Samara m'avait redonné la force d'écrire. C'était comme s'il m'avait fallu attendre de mettre au monde ce petit être pour oser accoucher de ce bébé de papier.

La suite, imprédictible, t'aurait comblé : au printemps 2014, comme un rêve auquel nous avions renoncé, nous l'avons emmenée à Téhéran. Quelques jours de vacances pour célébrer Nowrouz, le nouvel an persan. Bien des choses avaient changé depuis notre départ. En juin 2013, après quatre années de sinistrose, Hassan Rohani avait remporté l'élection présidentielle. Dans cet Iran des imprévus, ce religieux modéré prônait désormais l'ouverture et le dialogue. Comme si la chute des dictateurs de cette région et le renforcement des sanctions internationales sur le pays avaient contraint le Guide suprême à endosser ces changements.

Du haut de ses deux ans, Samarra s'émerveillait de tout : les poissons rouges, les grenades séchées, les brindilles en flammes qu'on enjambe pour chasser le mauvais œil. Les rues étaient en fleurs, jalonnées de *Hadji Pirouz*, ces petits troubadours au chapeau rouge, qui chantaient le renouveau aux vitres baissées des voitures. Quelle émotion de revoir la capitale à travers les yeux d'un enfant. De retrouver Sara et ses poèmes qu'on lui promettait enfin de publier. D'embrasser Sepideh, qui avait fini par récupérer son permis de travail et ses kilos perdus en prison. Même les murs de la ville chantaient discrètement le printemps recouvré. « C'est le printemps de la liberté, Neda, tu es à nos côtés », disait un graffiti mural.

Ce voyage fut aussi l'occasion de revoir Fatemeh. Elle nous donna rendez-vous en « famille » dans les jardins de l'ex-palais du chah, sur les hauteurs de Niavaran. Je la vis arriver main dans la main avec un enfant, Mahsa, sa fille de quatre ans, et Mahmoud à leurs côtés. À l'image des acteurs politiques du pays, le couple de bassidjis s'était réconcilié. Du moins en apparence.

J'ai aussitôt reconnu en Mahsa la même fougue que sa mère. Cette fille n'avait peur de rien, escaladant les statues de lionceaux qu'il était interdit d'approcher, s'immisçant dans une partie de football entre adolescents. De deux ans sa cadette, Samarra l'observait avec une admiration candide. Nos filles seront-elles amies un jour ? Auront-elles la curiosité de fouiller dans leur Histoire familiale, tout comme j'avais fait remonter la tienne à la surface de ma mémoire ?

À chaque passage à Paris, Mamani est, avec ma grand-mère française, une des premières personnes à qui nous rendons visite. J'aime écouter Samarra lui répondre en persan quand elle lui chante des comptines iraniennes. Ensemble, elles s'amusent à cueillir les fleurs du jasmin que Mamani fait pousser sur son balcon en souvenir de Téhéran.

L'écho d'une cloche m'arrache à mes pensées. Je rouvre les paupières. Il est déjà 17 h 45, un quart d'heure avant la fermeture du cimetière. Assise sur ta stèle, je rassemble mes idées en regardant l'été s'éloigner. Autour de moi, les arbres commencent déjà à brunir. Le soleil a baissé, dessinant dans le ciel une traînée rosâtre. Dans son sillage, un nuage a pris la forme d'une vague. Il caresse quelques derniers souvenirs : celui d'Ali Jafarian, le merveilleux chef d'orchestre shirazien, brutalement décédé à cause d'un cœur fragile ; celui de Moses Baba, l'antiquaire juif aux jerricanes magiques, également parti trop vite. Et puis Ali Montazéri : même sa mort, fin décembre 2009, a bien failli ébranler le pouvoir. Aux funérailles de l'ayatollah éclairé, jamais Qom n'avait vu autant de monde se déverser dans ses rues. Signe d'une révolution silencieuse qui n'a pas dit son dernier mot…

De temps en temps, des connaissances réapparaissent, par la magie de Facebook. Comme le mollah au blouson de cuir, exilé en Europe, où il œuvre actuellement pour la paix entre les religions. Comme Niloufar, la « marraine » des jeunes. Il y a quelques années, nous nous sommes retrouvées à la terrasse d'un café parisien. Elle a alors prononcé ces mots que je n'ai jamais oubliés : « L'Iran, c'est comme un verre brisé dont on a recollé les morceaux. Pour l'instant, ça tient. Mais il peut se fissurer à tout moment. »

Monsieur Finger, lui, ne s'est plus jamais manifesté. Et c'est bien mieux ainsi. Quant à mon ordinateur volé à Paris, je n'ai jamais eu aucune nouvelle à son sujet, à part ce courrier de la police judiciaire, reçu un matin par la Poste, m'annonçant que l'affaire avait été classée sans suite.

La cloche retentit de plus belle. Au loin, le gardien du cimetière du Montparnasse me fait signe qu'il m'attend pour fermer la grille. Il est 18 heures. La prochaine fois, je viendrai plus tôt. Et j'amènerai Samarra. Ensemble, nous lirons des poèmes de Hafez et je lui parlerai de celui qui m'a fait redécouvrir ma part d'invisible.

Remerciements

Cet ouvrage a bien failli ne jamais voir le jour. « Je pense que vous ne ferez plus ce livre sur l'Iran. Trop lointain. Trop de temps. Trop de retard », m'écrivait, il y a deux ans, un de mes anciens éditeurs, exaspéré par ma lenteur.

Près de sept années se sont effectivement écoulées entre l'ébauche de ce projet, en 2007, et le point final, en 2014. Sept années d'écriture discontinue, d'introspection, de gribouillage et de réécriture pour aboutir à un fil narratif beaucoup plus personnel que le simple témoignage journalistique auquel je me prédestinais.

Par souci d'objectivité, la reporter que je suis avait acquis le réflexe d'envelopper ses peurs dans du papier d'emballage, préférant se réfugier derrière les faits plutôt que d'exprimer son ressenti. Présent aussi, ce souci constant d'écrire sur tout, de n'omettre aucun détail, de relayer toutes les voix de l'intérieur, sans exception. Jusqu'au soir où, à la table des souvenirs partagés, mon amie romancière, Hyam Yared, m'incita à sortir de ma carapace : « Et si tu concentrais ton récit iranien sur ton Histoire, sur celle de ton grand-père ? » C'est grâce à elle que j'ai trouvé le courage d'exprimer ce « moi » enfoui sous un voile de pudeur. De me raconter pour mieux raconter les autres.

D'autres amies chères m'ont accompagnée dans cette longue épreuve. À commencer par la cinéaste Katia Jarjoura, la seule à avoir suivi ce texte du début à la fin. Plus qu'une relectrice, elle s'est révélée une incroyable conseillère, de la sélection des personnages du livre à la construction de la trame du récit, ce fameux « arc » auquel nous avons consacré tant de soirées. Rigoureuse, généreuse, elle m'a été d'une aide exceptionnelle.

Je suis également extrêmement reconnaissante envers ma consœur colombienne, Catalina Gomez, elle aussi passionnée d'Iran, pour son appui moral tout au long de la genèse de ce projet. J'aimerais aussi remercier ma « sœur » de reportage, Manon Loizeau, pour son enthousiasme et son soutien permanent.

Je tiens aussi à signifier ma gratitude à l'incroyable Hala Moughanie qui a eu la gentillesse de relire et d'annoter l'ensemble de l'ouvrage lors de sa phase finale. Ses remarques et ses suggestions se sont avérées infiniment précieuses.

Un merci tout particulier à mon talentueux confrère de *Paris Match*, Alfred de Montesquiou, qui, alors que mon manuscrit était à mi-parcours, eut la délicatesse d'en parler aux Éditions du Seuil.

Je tiens à remercier tout particulièrement mes amis iraniens, nombreux à m'avoir ouvert leurs portes et à m'avoir fait partager leurs rires, leurs larmes, leur quotidien. Il y a ceux qui apparaissent au fil des pages de ce livre, désignés par leur vrai nom ou bien protégés par un pseudonyme, comme c'est le cas pour Fatemeh, Mahmoud, Niloufar, Sepideh, Leyla et Kouroch (ils se reconnaîtront sans nul doute). Il y a aussi ceux dont l'ombre plane sur cet ouvrage et qui ont joué un grand rôle dans cette passion iranienne qui s'est étoffée au fil des années. Il me faudrait des pages entières pour les citer. Mais je me dois d'exprimer ma fidèle reconnaissance envers mes incontournables camarades iraniennes : la sociologue Masserat Amir Ebrahimi et les photographes Newsha Tavakolian et Zohreh Soleimani. Leur énergie et la beauté de leur âme resteront à jamais un modèle de courage, une source d'inspiration.

À l'Ershad, le ministère iranien de la Culture, j'ai eu la

chance de compter sur l'aide efficace et courtoise de plusieurs personnes bienveillantes, y compris lors de mes tracas administratifs. Je pense notamment à Ali Reza Shiravi et Efat Eqbali.

De Téhéran, j'ai également rapporté un souvenir exceptionnel des différentes équipes de l'ambassade de France. Les ambassadeurs François Nicoullaud et Bernard Poletti, avec qui je partage le souci d'une meilleure compréhension de l'Iran, ont toujours été d'une disponibilité et d'une ouverture d'esprit incroyables.

Dès mes débuts iraniens, en 1997, j'ai eu la chance de pouvoir compter sur l'appui de Marc Crépin et Gérald Roux, journalistes à Radio France, les premiers à m'avoir encouragée à partir en Iran et à me commander des reportages. Un grand merci à l'équipe de *L'Humanité* qui, à son tour, m'a permis de publier mes premiers papiers. Je suis évidemment immensément redevable au *Figaro*, à qui j'ai commencé à vendre mes « piges » en 2001, et que j'ai fini par rejoindre à plein temps en 2009. J'ai toujours pu compter sur le professionnalisme et le soutien de mes rédacteurs en chef respectifs : Pierre Rousselin, Luc de Barochez, Philippe Gélie et Arnaud de La Grange.

Je garde une dette immense envers Farhad Khosrokhavar, directeur d'études à l'EHESS, et Fariba Adelkhah, directrice de recherche à Sciences Po-CERI, les premiers à m'avoir initiée aux rouages de la politique iranienne. Je remercie également Bernard Hourcade, directeur de recherche au CNRS, et Azadeh Kian, professeur de sociologie à l'Université Paris VII, dont la fine connaissance de l'Iran contemporain m'a beaucoup servi pour mieux appréhender ce pays.

Je souhaite bien sûr remercier ma famille, et tout particulièrement Mamani. Malgré nos débuts difficiles, elle est une grand-mère exceptionnelle, une femme que j'admire beaucoup et dont l'Histoire personnelle a été riche d'enseignements. Je suis également très reconnaissante envers mon père qui, bien que sur le tard, m'a été d'une aide précieuse pour réveiller les souvenirs de Babai, mon grand-père.

Mais c'est à mon mari, Borzou, que je réserve mes plus sincères remerciements. Il s'est toujours montré solide comme un roc, supportant mes états d'âme avec un flegme exceptionnel. Sa patience et ses encouragements m'ont été d'un incroyable secours.

Enfin, que ceux qui se sentiront écorchés dans ce livre me pardonnent. Pour certains, cette Histoire semblera peut-être apocryphe. C'est un petit morceau de mon Histoire, baignée d'une réalité douloureuse. Mais, sans douleur, il n'y a pas de récit.